# 성공 커넥션
4단계 알고리듬

The Connection Algorithm

# 성공 커넥션

## 4단계 알고리듬

제시 워렌 티블로우 지음 | 이동진 옮김

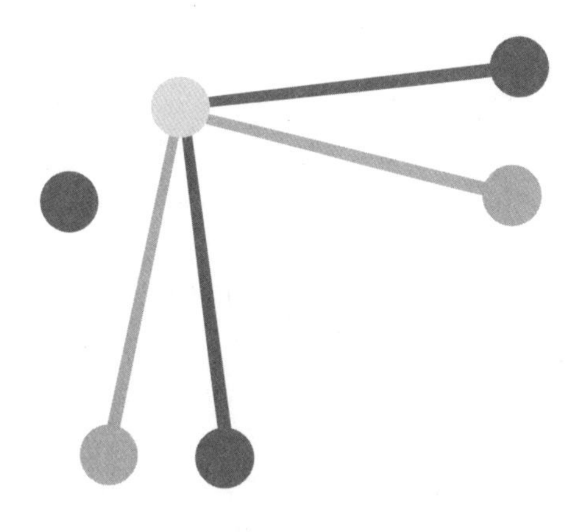

이 책은
거창한 일을 하는 데 필요한 사고방식으로
당신을 무장시키고,
그 일을 시작할 도구들을 제공한다!

이너북

나에게 신앙심을 심어 주신 어머님께,

나의 사고방식을 길러 주신 아버님께,

내 삶의 의미가 되어 준 배리에게.

너의 믿음은 너의 생각이 된다.

너의 생각은 너의 말이 된다.

너의 말은 너의 행동이 된다.

너의 행동은 너의 습관이 된다.

너의 습관은 너의 가치가 된다.

너의 가치는 너의 운명이 된다.

— 마하트마 간디 Mahatma Gandhi

## 들어가는 글

2007년의 세계는 예전과 전혀 다른 세계였다. 9·11 테러를 겪은 지 겨우 6년밖에 지나지 않았고, 미국은 안정을 찾으려고 애쓰는 중이었다. 그런 와중에 '격심한 경기 침체'라고 부르는 2008년의 재정 위기가 닥쳤다. 이런 상황에서, 새로운 회사를 설립하는 것이 현명한 조치인지 아닌지에 관해 활발한 논쟁이 벌어졌다. 이때 전혀 다른 두 가지 견해가 대두되었는데, 그 무렵이 새 회사를 설립하기에 가장 유리한 시기라는 견해와 가장 불리한 시기라는 견해였다. 한쪽은 불안정한 경제와 소비보다는 저축에 더 편향된 소비자 계층을 보았고, 다른 한쪽은 더 낮아진 임금과 더 완화된 경쟁을 본 것이다.

나는 테크스타즈TechStars를 설립하기로 결정했을 때, 2007년이라는 특별한 시기가 새로운 회사를 설립하기에 적합한 때인지 아닌지 여부에 관한 타당성은 전혀 고려하지 않았다. 다만 콜로라도 주 보울더에 새로 조성된 스타트업startup(창업 초기 기업) 산업단지에 그런 회사가 필요하다고 판단하여 밀어붙였을 뿐이다. 그 후 테크스타즈는 전 세계에서 가장 우수한 기술 액셀러레이터들 가운데 하나가 되었고, 테크스타즈의 네트워크는 수백 개의 회사를 길러냈다. 이 회사들은 일괄하여 수십 억 달러가 넘는 벤처 자본을 조달하는가 하면 수천 개의 일자리를 창출했으며, 파국적 상황이라는 악조건 속에서도 테크스타즈와 관련 회사들은 번창했다. 나는 테크스타즈의 경험을 통해, 어느 시기든 회사 설립에 가장 유리한 때가 될 수도 있고 가장 불리한 때가 될 수도 있음을 알았다. 그러니까 유리한 때가 따로 있는 것이 아니라, 그 선택은 오로지 자기 자신에게 달려 있다는 말이다.

테크스타즈의 주춧돌은 언제나 가입 회원들, 그리고 우리 네트워크의 힘이다. 이 책의 저자인 제시는 2007년에 테크스타즈의 최초 과정에 참여했고, 나는 그의 참여를 기쁘게 받아들였다. 그는 자신의 저서를 통해 통찰력이 번득이는 여러 가지 지적들을 하고 있는데, 특히 아래에 인용된 말은 무척 설득력 있게 들렸다.

"흔히 단순한 진리들은 눈에 잘 띄지 않고, 간과되기 쉬우며, 쉽게 잊혀진다."

단순한 진리 — 제시가 얘기하는 메시지의 핵심이 여기 있는데, 그것은 우리의 선택과 결정이 곧 지금의 우리가 누구인지를 정한다는 것이다. 성공과 실패, 우정과 놓쳐버린 인연, 행복과 불행, 장애물과 그 돌파 등을 가로지르는 경계선은 우리가 상상하는 것보다 훨씬 더 가늘기 때문이다.

우리가 가진 사고방식, 그리고 그 사고방식에 따라 내려지는 결정들은 우리의 인생행로에 엄청난 영향을 미친다.

나는 독자 여러분이 ≪성공 커넥션 — 4단계 알고리듬≫에 제시된 모든 원칙을 각자의 인생 길잡이로 삼기 바란다.

데이비드 코헨 David Cohen
〈테크스타즈 창업자 겸 최고경영자〉

:: 차 례 ::



## 서 론



## 현재 주어진 상황



## 제1단계 : 선택해라 Choose

## 제2단계 : 몰두해라 Commit

## 제3단계 : 창조해라 Create

## 제4단계 : 연결해라 Connect

## 결론적 생각들

# 서 론

"네가 할 수 있는 것 또는 꿈꿀 수 있는 것이 무엇이든 간에 지금 그것을 시작해라.
그러한 대담함이 곧 천재성이며, 그 안에는 힘과 마법이 숨어 있다.
그러므로 지금 그것을 시작해라."

— 괴테 Johan Wolfgang Von Goethe

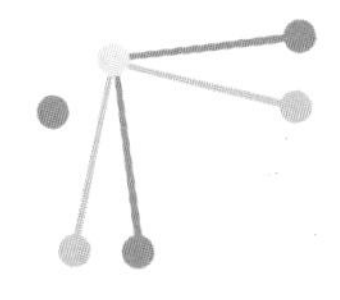

나는 나한테 전화를 걸거나 이메일 메시지를 보낸 발신인들을 살펴볼 때마다 깜짝 놀라곤 한다. 거기에는 친지들과 대학 친구들 이외에 사회적으로 명망 높은 CEO(최고경영자)들, 유력한 벤처 자본가들, 국회의원들, 그리고 억만장자들의 이름이 들어 있기 때문이다. 나는 지금 서른한 살이다. 그런데 어떻게 이런 일이 가능할까? 사회초년생에서 벗어난 지 얼마 되지 않은 내가 어떻게 이토록 대단한 인물들과 친분을 맺게 되었을까? 나는 천재인가? 아니다. 나는 천부적인 특별한 재능을 지니고 있는가? 아니다. 그렇다면 나는 금수저를 물고 태어났는가? 그것도 그렇지 않다.

그렇다면 누구의 덕분이란 말인가? 나는 밑바닥에서 시작하여 수백만 달러 재산 가치의 회사를 일으키는 험한 항로에 나를 끌어들인 공동창업자에게 감사해야만 하는가? 아니면, 나를 그 공동창업자에게 소개해 준 매니저에게? 혹은 한참 번창하는 자신의 스타트업(창업 초기 기업)에서 근무하도록 나를 채용해 준 회장에게 감사해야 하는가? 또는 영향력을 발휘한 고문들과 모교의 교수들에게? 그렇다면 나의 부모님에게는?

나는 이 모든 분들에게 크나큰 빚을 지고 있다. 그래서 기도할 때나 직접 만났을 때나 자주 감사한 마음을 표현한다. 그들이 나의 개인적 성장과 행운에 기여했다는 것은 의심의 여지가 없으니까 말이다.

그러나 여기에는 고려해야 할 중요한 진실이 내재되어 있다. 즉 그들이 나의 삶을 구체화시키는 과정에서 도움을 주었다 해도, 그들과 교류하고 그들로부터 배우는 것은 언제나 나의 결정에 의해 좌우되었다는 점이다. 내가 맺은 인간관계들은 나의 발전에 크나큰 영향을 미쳤지만, 분명한 것은 이 모든 것이 나 자신의 선택에 의한 결과라는 것이다.

이러한 깨달음은 매우 중요하다. 그것은 우리가 놀라운 일을 해내는 데는 천부적 재능을 가져야 한다거나 엄청난 부잣집에 태어나야만 가능한 것이 아니라는 사실을 의미하기 때문이다. 다만 우리는 놀라운 일의 성취를 기대하면서 그에 걸맞은 행동을 취하면 된다는 말이다.

나는 어른이 된 이후 무의식중에 그렇게 행동했고, 그렇게 하다 보니 그것은 어느새 나의 사고방식으로 자리 잡게 되었다. 그리고 거기서 필연적으로 도출되어지는 결과야말로 당신에게 드리는 나의 선물이 되었으며, 나는 이것을 '성공 커넥션 — 4단계 알고리듬' 이라고 부른다.

## 이 책은 어떤 책인가?

'성공 커넥션 — 4단계 알고리듬' 은 당신을 뜬눈으로 밤을 새우도록 만드는 번뜩이는 아이디어다. 이것은 당신을 몰두할 수 있게 만드는 취미다. 당신이 그토록 참석하고 싶어 하던 회의다. 당신의 삶을 변화시킨 블로그 포스트다. 당신의 사업계획에 동참하는 투자가이다. 호기심 · 용기 · 실패 그리고 성공이다. 한마디로 '성공 커넥션 — 4단계 알고리듬' 은 당신을 지배하는 사고방식으로 자리 잡게 될 것이다. 그리고 이 책은 그러한 사고방식을 자연스럽게 갖게 하는 방법을 알려줄 뿐만 아니라 자신에게 유리하게 적용하는 노하우를 가르쳐 주는 교과서 역할을 할 것이다.

당신이 이러한 사고방식을 갖게 된다면, 당신이 개인적으로 성장하는 것은 물론이고 소위 성공했다고 말하는 인물들과 자연스럽게 교류할 수 있게 될 것이다. 또한 정해진 출퇴근 시간을 지키면서 일해야 하는 족쇄에서 당신을 해방시키면서 새로운 생활방식에 눈을 뜨게 만들 것이다. 이 말이 너무나도 그럴듯해서 헛소리로 들린다면, 그렇게 받아들여도 상관없다. 어쨌든 기회라는 것은 극소수의 사람들만 잡는 법이고, 바로 그렇기 때문에 '성공 커넥션 — 4단계 알고리듬'이 제 기능을 발휘하게 되는 것이니까.

아무쪼록 당신의 생각이나 입장이 다음과 같은 경우에 해당된다면, 이 책이 주는 가치가 무엇인지를 깨닫게 되리라 믿어 의심치 않는다.

- 당신은 자신의 개인적 성장과 교육의 효과를 기대하는 젊은이다.
- 당신은 힘든 문제들을 해결해야 하는 사업가인데,
  균형 감각과 자신감을 유지하는 더 좋은 방법이 없는지를 찾고 있다.
- 당신은 영향력 있는 인물들과 친분 쌓기를 바란다.
- 당신은 리더가 되기를 바라면서, 자신의 리더십이 보다 돋보이기를 바란다.
- 당신은 자신이 하고 있는 일이 이젠 쳐다보기도 싫을 만큼 지겹게 느껴진다.
- 당신은 자신의 열정을 쏟아 부을 수 있는 일을 하고 싶지만,
  현재로서는 가망성이 없는 것처럼 보인다.
- 당신은 현재 자기가 하고 있는 일을 계속해야만 하는지,
  아니면 새로운 일을 시도해야만 하는지를 놓고 고민 중이다.
- 당신은 정해진 근무시간 동안 일해야 하는 사무실 일의 굴레에서 벗어나고 싶어 한다.
- 당신은 자신이 하고 있는 일을 보다 효과적으로 하고 싶어 한다.

- 당신은 보다 건강한 삶을 살고 싶어 한다.
- 당신은 실패에 대한 자신의 두려움을 극복하고 싶어 한다.
- 당신은 자기 회의에 빠지거나 의기소침해지는 모습을 떨쳐버리고 싶어 한다.
- 당신은 후회 없이 살고 싶어 한다.

## 이런 책은 아니다!

'이것은 네트워킹에 관한 책이 아니다.' 네트워킹 기술을 향상시키고 싶다면, 당신은 잘못 찾아왔다.

사회적 연결고리를 찾는 일이 잠시 논의되는 동안, 당신은 이 책이 주로 당신 자신 안에서 이루어져야 하는 연결에 관한 것임을 깨닫게 될 것이다. 또한 당신의 정신이 정상적으로 작동한다면, 탐색을 마친 당신은 위험부담을 감수하고라도 4단계 알고리듬과 커넥션하고 싶은 본능적 욕구가 샘솟을 것이다. 관계의 구축은 퍼즐의 마지막 한 조각일 뿐, 그 중요성이 그리 크지 않기 때문이다.

당신을 움직이는 것은 당신을 지배하고 있는 사고방식으로, 그것은 당신의 행동양식 그리고 거기서 파생되는 모든 것을 움직이는 엔진이다. 이것이 결정적인 핵심인데, 안타깝게도 대부분의 사람들은 이 점을 소홀히 하는 경향이 있다.

'이것은 자기 구제에 관한 책이 아니다.' 자기 구제에 관한 책은 사람들의 제반 문제를 해결하기 위해 고안된 법칙들, 계획들, 그리고 그 목록들로 가득 차 있다.

'성공 커넥션 — 4단계 알고리듬'은 내가 공식이라고 정의하기는 했지만 문제들을 해결하기 위한 공식은 아니다. 이것은 당신의 인생 항로를 변경시켜 줄, 더 넓게 생각하는 방법을 가르쳐 주는 열쇠일 뿐이다.

자기 구제란 당신이 어떤 어려운 문제를 안고 있다는 뜻을 내포하고 있는데, 나로서는 그것이 무엇인지 추측하는 것은 주제넘은 짓이라는 생각이 든다.

이 책은 자기 구제보다는 자기 계몽의 성격이 강하고 스스로가 자신의 사고방식에 관해 더 깊이 생각해 보도록 도와줄 것이므로, 그런 의미에서 생활양식을 바꿔 주는 책이라고 말할 수 있을 것이다.

뿐만 아니라 이 책은 내가 제시하는 개념들을 당신의 것으로 만들도록 초대하므로 당신 스스로가 그 개념들에 대해 질문을 던지고, 그것들을 시험하고, 그것들에 관한 당신 자신의 의견을 형성하게 도와주는 다이어리 같은 것이 될 것이라고 추측된다.

'이것은 단시간 내에 많은 돈을 버는 방법을 가르쳐 주는 책이 아니다.' 나는 단시간 내에 많은 돈을 버는 비결 따위를 제시하진 않을 것이다. 내가 아는 한, 그런 비결이란 오로지 복권 추첨을 할 때에만 통할 테니까 말이다.

오히려 나의 목적은 당신의 사고방식을 바꿔서 단시간 내에 많은 돈을 버는 것에 대한 당신의 관심을 줄여주거나 아예 없어지도록 하는 것이다.

'이것은 거창한 발견에 관한 책이 아니다.' 이 책에 제시된 개념들은 새로운 것이 아니다.

말콤 글래드웰 Malcolm Gladwell은 격찬 받은 그의 베스트셀러 ≪티핑 포인트 The Tipping Point≫에서 연결자들에 관해 논의하고 그 정의를 내린다. 또한 팀 페리스 Tim Ferriss와 알렉시스 오하니언 Alexis Ohanian을 비롯한 수많은 저명한 블로거들과 사업가들은 관계의 구축을 위한 여러 가지 수단들을 제시한다.

나의 목적은 이미 널리 논의된 이러한 주제들을 가지고 새로운 틀을 만드는 것인데, 이 틀은 특히 다음과 같은 것을 모색한다.

1. 개인적 성장의 도구가 되는 위험부담과 인간관계 구축.
2. 상기 항목을 극대화하는 데 필요한 사고방식과 행동양식.

우리는 자신의 열정에 따라서 사는 것이나 자신이 영웅시하는 사람들과 연결되는 것이 불가능하다고 너무나 쉽게 단정하는 경향이 있다. 그리고는 이것이 어린 시절의 환상, 즉 꿈이라고 단정하고 포기하고 만다.

하지만 이 책은 이러한 단정들을 정면으로 반박하는가 하면, 어떻게 하면 위험부담을 감수하고서라도 이러한 꿈을 현실로 전환시킬 수 있는지를 같이 고민한다.

## 나는 어떤 사람인가?

나는 워싱턴 시 외곽의 작은 마을에서 자랐다. 공립학교 과정을 힘겹게 마친 다음 미시간 대학교에 들어갔고, 4년 뒤 학비를 부채로 잔뜩 진 채 내가 바보가 아니라고 말해 주는 얇은 증명서 한 장을 받고 졸업했다.

대학 졸업 이후의 생활은 고통스러울 정도로 지루하고 무의미했다. 졸업한 지 2년이 지날 무렵 나는 뉴욕 시의 어느 컨설턴트 회사에 근무하고 있었는데 이런 일을 하려고 빚을 져가면서 공부를 했는가 싶을 정도로 회의가 컸다. 그래서 직장을 때려치운 다음 컴퓨터 회사를 설립하는 데 공동으로 참여했다. 그런데 이 회사가 수백만 달러를 벌게 되었던 것이다. 나는 그 회사에서 7년 동안 일했다.

하지만 나도 스스로 인정하지만, 따지기를 좋아하고 별로 쓸모가 없다는 이유로 사실상 쫓겨나고 말았다. 그래서 극심한 두려움에 시달리면서 내 자신에 대한 회의와 씨름하는 시간을 제법 보냈고, 얼마 후 나는 다시금 용기를 내어 이 책을 쓰기로 작정했다.

살아오는 동안 나는 위험을 감당하면서 몇 가지 일에 도전했지만 대개는 실패로 끝났다. 그러나 세상은 결코 나를 완전히 좌절시키지는 못했다. 나는 실패를 겪은 다음에 오히려 새로운 기회를 잡았으니까 말이다. 그러한 과정에서 나는 여러 가지 단점에도 불구하고 나의 노력을 지속적으로 지원해 주고 응원해 주는 몇몇 영향력 있는 사람들을 만났다.

## 이런 사람은 아니다!

나는 법칙을 설교하는 사람이 아니다. 이 책은 나의 신념들로 가득 차 있다. 신념이란 논의되고, 굽혀지고, 꺾이고, 수정되고, 추종되고, 무시되고, 수락되고, 배척되는 것이 가능하다. 하지만 법칙들은 그럴 수가 없다.

나는 나의 신념들이 당신의 심금을 울리거나 옳다고 여겨지기를 바라지만, 어떤 것들은 당신을 불쾌하게 만들지도 모른다. 이 두 가지 반응은 예상 가능한 것이고, 모두 다 환영한다.

내가 신념을 드러내는 목적은 특정의 행동양식을 강요하려는 것이 아니라, 오히려 생각을 정리하여 우리가 가져야 할 관점을 확보하기 위함이니까 말이다.

## 주요 핵심

위험부담은 가능하면 피하고 싶지만 그렇게 할 만한 가치가 있는 일이라면 기꺼이 감수해야 한다. 앞을 향해 도약하는 유일한 방법은 곤두박질칠 가능성을 예상하고 그것을 용납하는 것이다. 당신이 자기 자신에 대해 회의를 품었거나 인생에서 무엇인가를 좀 더 바란다면, 이 책과의 만남을 행운이라 여겨도 괜찮을 것 같다.

이 책은 우리는 아무리 어려운 난관이라도 그것을 극복할 수 있으며, 원래 예상했던 것보다 더 큰 성과를 거둘 수 있다는 사실을 증명한다. 그렇기 때문에 우리는 망설이지 않고 도약의 길을 선택할 수 있다는 말이다.

이 책에서 내가 의도하는 것은 개인적 발전을 둘러싼 기존의 많은 고정관념들에 도전하고, 또한 오전 9시에 출근해서 퇴근할 때까지 수행하는 일반적인 업무를 대체할 수 있는 새로운 생활양식을 제시하는 것이다.

이것은 오전 9시부터 오후 5시 또는 6시까지 정해진 시간 동안 일하는 일반적 사무직이 나쁘다는 말이 아니다. 그러한 직업은 어떤 사람들에게는 더 없이 좋다. 그러나 모든 사람에게 적절한 것은 아니다. 하지만 많은 사람들이 거기 빠져 들어가는 이유는 다른 사람들이 기대하는 일이기도 하려니와 그렇게 하는 것이 속편하기 때문이다.

오전 9시부터 오후 5시 또는 6시까지 정해진 시간에 일하는 직업이 모든 사람에게 적합하지 않은 것과 마찬가지로 내가 제시하는 생활양식도 모든 사람에게 적합한 것은 아니다. 그러니까 나의 제의를 조금은 에누리해서 듣고, 심사숙고한 후 결단을 내리라는 말이다.[1]

앞에서도 말했지만 나는 엄청난 위험을 부담하면서 일한 적이 여러 번 있다. 나는 통상적으로 경력을 쌓는 길은 걷지 않았다. 24세 때 오전 9시부터 오후 5시 또는 6시까지 일하는 직업을 버렸고, 테크스타즈TechStars의 최초 과정에 참여했으며, 새로운 회사를 설립했다.[2]

중요한 것 — 즉 이 모든 것의 핵심을 말하자면 — 은 내가 공동창업자로 참여한 일들이 결국에는 실패에 그쳤다 해도 위험부담을 감수하고 선택한 이러한 도약에 대해 결코 후회하지 않는다는 것이다. 컴퓨터 회사를 창업하는 일에 참여한 덕분에 나는 놀라운 경험들과 탁월한 인물들로 가득 찬 세계와 직면하게 되었는데, 이때의 도약이 없었다면 그러한 경험과 인물들을 결코 만나지 못했을 것이다.

---

1) 오전 9시부터 오후 5시 또는 6시까지 정해진 시간 동안 일하는 직업이라는 용어를 사용할 때마다 나는 지루한 사무 직업을 떠올렸다. 하지만 나는 오전 9시부터 오후 5시 또는 6시까지 일하는 것 자체를 반대하는 것은 아니다. 나는 형편없는 직업을 반대하는 것이다.

2) 테크스타즈는 스타트업(창업 초기 기업)의 액셀러레이터(창업 투자 · 보육 업체), 그러니까 스타트업들의 신병 훈련소다. 미국과 해외에 프로그램을 제공하는, 전 세계에서 가장 크고 가장 성공적인 액셀러레이터다. 또한 어떠한 액셀러레이터에 대해서든 가장 큰 고문 역할을 하는 네트워크들 가운데 하나이기도 하다.

실패의 결과는 엄청났다. 하지만 실패의 초기 충격이 가시자 내가 택했던 위험부담의 가치가 더할 나위 없이 분명하게 드러났다. 나 자신만이 가지고 있는 고유한 지식 기반이 확보되었는가 하면, 전 세계에서 영향력이 큰 사업가들 몇몇과 견고한 우정관계가 맺어졌던 것이다.

내가 위험부담을 감수한 대가는 쉽게 누릴 수 없는 자유도 나에게 선사했다. 회사를 떠난 뒤 1년 이상이나 무직 상태였는데도 돈의 어려움을 겪지는 않았다. 그래서 오전 9시부터 오후 5시 또는 6시까지 틀에 박힌 일을 하는 직업을 갖는 대신에 바닷가에서 살면서 이 책을 집필할 수 있었다.

이 책을 집필하는 내내 나는 나와 비슷하게 통상적인 경력이 없음에도 불구하고 성공한 다른 사업가들을 찾아보았다. 작가들, 소프트웨어 디자이너들, 음악가들, 체력단련 전문가들을 비롯하여, 기타 각종 분야에서 찾아보았다. 깊이 파고들면 들수록 나는 '성공 커넥션 — 4단계 알고리듬'의 원칙들이 마치 태엽 장치처럼 반복적으로 작동하는 것을 확인했다. 이토록 뚜렷한 패턴을 보고 나자, 나는 이 책을 끝까지 마무리해서 위험을 감수하고서라도 앞으로 도약하길 원하는 당신에게 나의 이 체계를 넘겨주어야겠다는 충동을 더욱 강하게 느꼈다.

다른 분야의 창작은 물론이고, 책을 집필하는 데 있어서 좋은 점들 가운데 하나는 누군가의 허락이나 허가를 받을 필요가 없다는 것이다. 글을 쓰는 데는 딱히 자격증도 필요 없다. 글을 쓰려는 충동과 의지 이외에는 아무것도 필요 없다는 말이다. 자, 그러니까 우리는 축배를 들자. 우리가 공유할 신념들을 위해 축배를 들자.

건배!

캘리포니아 주 산타 모니카에서

제시Jesse

# 현재 주어진 상황

"이것이 너의 마지막 기회다. 이것 이후에는, 다시 돌이킬 수 없다.
네가 푸른 알약을 먹으면 이야기는 끝나고, 너는 네 침대에서 잠을 깨고,
네가 믿고 싶은 것은 무엇이든지 믿는다.
붉은 알약을 먹으면 너는 기이한 나라에 머물러 있고,
나는 토끼 굴이 얼마나 깊이 파고 들어가는지 너에게 보여준다."

— 모피어스Morpheus, 〈매트릭스Matrix〉에서

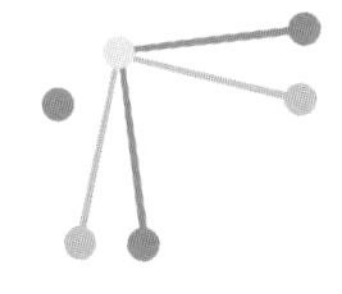

## 좀비나라

당신은 안전한가? 안락한가? 당신의 대답이 '그렇다' 라고 한다면, 나는 먼저 사과하겠다. 나는 이제부터 당신을 불안하게 만들려고 하니까.

'좀비나라ZombieLand' 에서 안전이란 환상일 뿐이다. 그런데 당신은 지금 그 좀비나라에서 살고 있을 가능성이 매우 높다. 내가 말하는 좀비나라란 제도화된 미국, 즉 대기업, 공립학교, 사무직업, 케이블 TV, 그리고 타블로이드판 잡지들을 가리킨다. 좀비나라는 당신이 현재 하고 있는 일에 관심이 없거나, 스스로를 무용지물이라고 느끼게 하는 곳이다. 그것은 현상유지이며, 그곳은 열정이 죽어 버리는 곳이다. 우리 가운데 많은 사람들은 좀비나라가 경력을 쌓기에 안전한 곳이라고 단정하지만, 불행하게도 그런 형태의 안정성은 이미 과거의 일이다.

좀비나라에서 당신은 한 책상머리에 앉아 있다. 그 결과, 당신은 배우는 것이 극도로 적다. 당신은 한 회사 또는 한 가지 기술에 얽매여 있고, 은퇴 후에 안락한 생활을 유지할 수 있을 것이라고 믿는다.

하지만 유감스럽게도 그렇게 될 가능성은 거의 없다. 현재의 노동시장에서 근로자들은 평균적으로 4년마다 직업을 바꾼다. 최근에 대학을 졸업한 사람들의 경우에는 '2년마다' 직장을 옮긴다. 직업의 '불안전성'은 새롭고 정상적인 것이다.[3] 지금은 더 이상 1950년대가 아니고, '직업 안전성'이라는 말도 빛을 잃었다.

솔직히 말해서 좀비나라에서 일한다는 것은 디폴트default(본래 해야만 하는 것을 하지 않는 것) 선택, 즉 게으른 선택이다. 그것은 기술이 전문가 세계의 모든 분야를 휩쓸고 있는 판이라서 쓸모없는 것이 되고 있다. 물건을 파는 사람들은 시대에 뒤진 사람이 되고 있는 반면에 전문가들, 이단아들, 지식산업 종사자들이 날로 더욱 각광받고 있다.

당신이 속해 있는 좀비나라와 안전성 보호막은 현실의 실물이 아니다. 그것은 과거의 유물이며, 언제든지 박탈당할 수 있는 것이다. 그런데 왜 당신은 하필 그 밑에 숨어 있는가? 이러한 안정이 허구임을 인정하는 것이, 당신이 사무실 너머로 시선을 돌리고 당신 자신을 해방시키는 첫 단계다.

---

3) http://tinyurl.com/ng5j2ot

당신은 미국이라는 거대한 회사의 일원이 되는 것이 한층 더 실질적이라고 주장할지도 모른다. 좋다. 무슨 말인지 알겠다. 학교교육제도는 우리를 좀비나라로 내몰고 있다. 대학을 졸업하고, 이력서를 입사 심사위원에게 제출하고, 우리 수준에 가장 적합한 사무 직업에 정착하라고 우리는 배웠다. 실질적인 것? 그렇다. 그렇다면 당신이 원하는 생활양식을 확보하는 데는 효과적일까? 반드시 그렇지는 않다. 나는 — 나 자신을 포함하여 — 너무나도 많은 사람이 날마다 반복되는 일과를 지겨워한다는 사실을 잘 알고 있다.

우리 사회는 직업 안정성이 행복과 상호 연관관계에 있다고 설교하지만, 언제나 그러한 것은 아니다. 우리의 작업 풍토가 변화함에 따라 이런 종류의 안정성은 날로 정착과 상호 연관이 깊어지고, 정착은 지루함을 거쳐 흔히 '불행'으로 이어지기 마련이다.

'성공 커넥션 — 4단계 알고리듬'은 열정을 통해서 행복을 주려고 한다. 그것은 안정성을 보장하지는 않지만, 지루함을 피하게 함과 동시에 더욱 좋은 기회를 만나게 도와줄 것이다. 당신이 안정감은 느끼지만 지루해서 죽을 지경이라면, 이 반가운 뉴스에 관심을 가져봐라. 좀비나라에서 썩는 것이 유일한 선택이 아니라는 것을 알게 될 것이다. 최근에는 스타트업 액셀러레이터들, 대중 기부금 기반들, 공동부담 경제 등의 지원을 받는 새로운 길들이 등장하고 있으며, 새로운 안정성이란 과감한 결정들과 적응 능력, 고유한 경험들을 기반으로 형성되기 때문이다.

그리 오래되지 않은 예전에는 대학 졸업 직후에 벤처기업을 창업하겠다는 생각을 한 사람은 얼마 되지 않았고, 설령 그러한 생각을 했다고 해도 그것을 실행한 사람은 거의 없었다.

'그것은 위험부담이 너무 크다. 그걸 내가 어떻게 시작할 수 있겠는가?'

안전하게 처신하기, 줄서서 기다리기 식의 이러한 사고방식은 기업 환경이 날로 거칠어지는데 따라서 급속도로 사라지고 있다. 나는 누구나에게 기업을 일으켜야만 한다고 권하지는 않는다. 창업이란 사실 생각 이상으로 어렵고, 대부분은 그런 일을 할 자질을 타고나지 않았기 때문이다.[4]

그건 그렇다고 치고, 중요한 점은 좀비나라를 버리고 떠나는 것이 날이 갈수록 더욱 용이해지고 수익도 더 많다는 사실이다.

목표는 무조건 일을 열심히 하는 것이 아니다. 목표는 자신이 살고 싶어 하는 삶을 사는 것, 그리고 자기 자신의 삶을 통제하는 것이다. 그러기 위해서 자신의 삶을 불행하게 만드는 요소들을 제거하고, 사실을 있는 그대로 바라보라는 것이다.

대부분의 경우, 우리 삶을 불행하게 만드는 것은 지루하게 여겨지는 직업이다. 과감해야 하고, 심지어는 위험부담까지 감수해야 하는 일이지만, 직업을 바꾸기에 요즘처럼 적절한 시기는 미국 역사상 일

---

4) 기업은 넓은 의미에서 사용되는 용어다. 여기서 내가 말하고자 하는 기업은 한두 명을 고용하는 회사가 아니라 수많은 종업원을 거느린 대기업을 지칭한다.

찍이 없었다. 직업 안정성이 어느 시기보다도 낮은 만큼, 잃을 것이 별로 없는 대신 얻을 것이 많다는 말이다.

좀비나라가 바로 눈앞에 있다는 이유만으로 그것을 목발로 삼으려 하거나 졸업 후의 디폴트 계획으로 삼지는 마라. 그리고 당신이 이미 좀비나라에 들어가 있다면, 그곳을 떠날 수 없다는 생각으로 자기 자신을 속이지도 마라. 당신이 자신의 열정을 탐색하겠다거나 무엇인가 비상한 일을 하겠다는 꿈을 꾸어 본 적이 있다면, 좀비나라는 당신이 피해야 하는 바로 그곳이다.

## 연결자들의 영향력

"당신이 무엇을 아는 지가 아니라 누구를 아는 지가 중요하다."는 말을 누구나 한 번쯤은 들었을 것이다. 무슨 말이든 그렇기 마련이지만 이 말도 전적으로 옳은 것은 아니다. 하지만 우리가 영향력이 크고 인맥이 두터운 인물들을 알고 지낸다면 인생길에서 더 멀리 뻗어갈 수 있다는 점은 대부분 수긍할 것이다. 말콤 글래드웰 Malcolm Gladwell은 자신의 저서 ≪티핑 포인트 Tipping Point≫에서 이러한 인물들에게 명칭을 부여하는데, 그는 그들을 '연결자' 라고 부른다. 나도 똑같은 용어를 이 책 전반에 걸쳐서 사용하겠지만, 그 정의는 내 나름대로 달리 내린다. 즉 내가 말하는

'연결자'란 사상적 지도자들, 전문가들, 그리고 특정 분야 또는 일정한 범위의 분야들에서 영향력을 발휘하는 사람들을 뜻한다.

알고 지내는 연결자들이 없는 경우, 당신의 삶은 다음에 제시하는 모습 중 하나일 가능성이 높다.

1. 학교에 다닌다.
2. 취직한다.
3. 승진하려고 애쓴다.
4. 현재 당신이 하고 있는 일이 무엇이든 그 안에서 열정을 발견하려고 애쓴다. (심지어 그 일에 대해 별로 관심이 없다고 해도 그렇다.)
5. 청구서들을 기한 내에 처리하고, 은퇴에 대비해서 충분한 돈을 저축하기를 바란다.
6. 3항에서 5항에 이르는 일의 고리에서 결코 벗어날 수 없다는 것을 깨달으면서, 이 고리의 일을 지속적으로 반복한다.

친숙하게 들리는가? 솔직해지자. 이것은 우리들 대부분이 살아가는 삶의 모습이며, 많은 사람들의 경우 이것을 바꿀 수 있기를 바란다. 다행스럽게도, 연결자들은 이 궤도에서 우리를 해방시킬 수 있다. 또한 그들은 우리의 영감에 불을 붙여줄 현명한 사람들을 우리 주위에 배치할 수 있으며, 그들은 우리가 새로운 계획을 추진하고 회사를 설립하도록 도울 수 있다. 아울러 그들은 우리가 배우고 탐색하고 위험을 부담할 기반을 마련해 줄 수 있다. 나는 직접 체험을 해보았기 때문에 이 사실을 잘 안다.

그래서 여기에서 이런 질문을 던진다. 연결자들과 인간관계를 구축하는 것이 회사의 단조로운 굴레에서 우리를 해방시키는 데 도움이 된다는 사실에 동의한다면, 그리고 회사의 단조로운 굴레를 결코 좋아하지 않는다고 수긍한다면, 왜 연결자들과 상호교류를 해서 기회의 문을 활짝 열지 않는가? 대부분의 사람들이 이러한 조치를 취하지 않는 이유는 우리 머릿속에서 작은 목소리가 그것은 불가능한 일이라고 속삭이기 때문이다.

일반적으로 우리는 우리의 삶이 우리에게 미리 규정되어 있다고 생각하고 받아들인다. 우리는 허구의 세력이 지배하는 일련의 자의적 규칙들을 따른다. 성장하는 과정에서 어느 단계에 이르면 우리는 이러한 규칙들이 하늘이 내린 계명들이라고 해석한 다음, 맹목적으로 그 규칙들에 따라서 우리의 삶을 영위한다.

우리가 일반적으로 옳은 것이라고 받아들이는 명제들을 살펴보면 다음과 같은 것들이 있다.

- 학교는 배우는 데 가장 적합한 곳이다.
- 가치 있고 인정받는 일을 하기를 바란다면
  고등학교, 대학교, 그다음에는 대학원에 다녀야만 한다.
- 스펙이 화려한 이력서를 구비하는 것이 취직하는 데 제일 좋은 방법이다.

- 회사의 서열 사다리를 올라가는 것이 경력을 쌓는 데 가장 좋은 방법이다.
- 우리는 일주일에 5일, 오전 9시부터 오후 5시 또는 6시까지 일을 해야만 한다.
- 휴가는 평소의 근무시간에서 벗어난 짧은 기간으로 한정하지 않으면 안 된다.

위 명제들은 사회체계를 구축하기 위해 오래전에 개발된 사회적 복합개념들을 선언하는 것이다. 그러나 이러한 명제들은 현재 집단적 현상유지, 즉 우리 사회를 가두기 위해 만든 새장이다. 그리고 우리가 이것들을 용납하는 한 새장은 조금도 손상되지 않은 채 튼튼한 상태를 고스란히 유지할 것이다.

이미 당신이 알아차렸겠지만, 나는 기존 관행을 맹목적으로 용납하는 열렬한 추종자가 아니다. 기존 관행의 용납은 대개 평범함, 제한된 사고방식, 불행 등의 원천이다. 많은 사람들이 깨닫지 못한다 해도, 이러한 규칙들에서 벗어나는 것은 그렇게 하려고 결단을 내리는 것과 마찬가지로 아주 간단하다. 이 지구 위의 어느 곳에서 출발을 했든, 또는 현재 어디에 있든 상관없이, 당신은 거창한 일을 하고 대단한 인물들과 인간관계를 구축할 능력이 있다.[5]

당신의 인생 방향을 정하는 데 가장 큰 영향력을 발휘하는 것은 당신이 내리는 '결정들'이지, 당신 부모의 재력이나 당신이 마실 수 있는 술의 주량이 아니다. 당신이 적극성, 탁월함 그리고 열정을 의식적으로 구비한다면, 당신의 삶은 극적으로 변화할 것이다. 직업적으로든 개인적으로든 당신은 그럴 수도 있을 것이라고 생각했던 것보다 훨씬 더 많은 능력을 갖출 것이다.

좀비나라에서의 탈출은 힘든 일이지만, 당신이 생각하는 것보다는 훨씬 더 쉬운 일이다. 당신은 회사를 소유하거나 부유한 가문의 출신이거나 천재일 필요도 없으며, 일류 대학원을 졸업하거나 끊임없이 격무에 시달리며 일할 필요는 더더욱 없다. — 사실 당신은 스트레스를 주는 일을 모조리 피해야만 한다.

당신의 성공과 행복을 보장해 주는 공식이나 목록 따위는 없지만, 당신이 기회를 붙잡는 데 필요한 몇 가지 행동양식들이 있다. 그것은 선천적 재능과는 아무런 관계가 없지만, 열정을 잃지 않고 줄기차게 도전하는 것, 끝까지 버티는 것, 진정한 지원 체계를 구축하는 것 그리고 사회 규칙들을 당신에게 유리하도록 이용하는 방법을 아는 것과는 긴밀한 관련이 있다.

---

5) 워런 버핏 Warren Buffet, 오프라 윈프리 Oprah Winfrey, 버락 오바마 Barack Obama, 에릭 슈미트 Eric Schmidt 등과 같이 현실을 뛰어넘어 원대하게 생각해라. 당신이 많은 저명인사들과 친하게 지내는 것이 비록 나의 목적은 아니라 해도, 거창한 생각을 한다는 것은 중요하다.

## 늪지대, 산 그리고 해변

앞으로 나아가기 위해서는 당신의 출발지가 어디인지를 먼저 알아야만 한다. 대부분의 사람들의 출발지는 다음 세 군데 중 한 곳일 것이다.

- 늪지대
- 산
- 해변

당신은 사는 동안 이 지역들을 한 번 이상은 통과할 것이다.

아래에 묘사된 글을 읽어 보고, 어느 지역이 당신의 현재 상황을 가장 잘 묘사하고 있는지 생각해 보기 바란다.

### 늪지대

늪지대 사람들은 평생 동안 고단한 인생길을 걸어가고 있다. 그들은 날마다 반복되는 일상에서 벗어나고 싶어 하지만, 그것을 바꿀 수는 없는 것처럼 보인다. 그들은 진퇴양난에 빠진 느낌이다.

당신이 늪지대에 자리하고 있다면 — 당신이 늪지대에 자리하는지의 여부는 쉽게 알 수 있다. 그 사실을 부정하지 마라. — 가능한

한 빨리 거기서 벗어나지 '않으면 안 된다.'

늪지대는 지속적인 불행의 장소다. 당신은 획기적인 변화를 일으키지 않고서는 행복해질 도리가 전혀 없다는 사실을 깨닫는 것이 중요하다.

당신의 보통 이하 수준의 인간관계가 갑자기 완전한 것이 되지는 않을 것이다. 당신이 지겹게 여기는 상관이 갑자기 재미있게 모시고 일할 캐릭터로 바뀌지도 않을 것이다. 당신의 별 볼일 없는 일과가 하루아침에 흥미진진한 일로 변하지도 않을 것이다.

현재 당신이 어떤 방향을 향해서 가는 중이건 그것과는 상관없이 당신은 배를 갈아타지 않으면 안 된다. 주변 여건에 대해 현재 불만족스럽게 생각하고 있다면, 당신은 해변으로 향하기 전에 적어도 잠시 동안만이라도 산에 들어가지 '않으면 안 된다.'

### 산

산 속에 위치하고 있다면 당신은 흥분과 행복을 찾고 있는 중이다. 이 지역에서 당신은 믿기 어려울 정도로 높이 올라갈 수도 있지만, 거기에는 끊임없는 인내가 요구된다. 그것은 위험한 일이기도 하다. 당신은 어느 때라도 발을 헛디디고 추락할 수 있기 때문이다. 등산을 시작하지 않았더라면 좋았을 것이라는 생각이 수도 없이 들 것이다. 그러나 당신은 산꼭대기에 도달하고 나면 어려움을 견뎌낸 데 대해 감사할 것이다. 그것은 두렵고 힘든 일이지만 보람 있는 일일 테니 말이다.

산에서 당신은 보다 나은 삶을 위해 분투할 것이다.[6] 그렇게 하려면 스트레스를 받는 일이 많겠지만, 당신이 현재 만족을 느끼지 않는 한 그것만이 당신을 행복으로 이끌어 주는 유일한 방법임을 기억해야 한다. 그런 만큼 산 속에 계속해서 머무는 데는 용기가 필요하다.[7]

#### 해 변

해변에 자리하고 있다면 당신은 만족감을 느낄 것이다. 해변은 시야가 툭 트여 있으며, 평평하다. 모든 것이 단순해서 밋밋하게 여겨지지만 위험성은 없는 것처럼 보인다. 이 지역에 자리하고 있다면 당신은 아마도 이미 산과 늪지대를 통과했을 것이다. 어떤 사람들은 자신이 해변에 자리하고 있다는 것을 깨닫고 나면 결코 거기서 벗어나려고 하지 않는다. 가끔 나는 이러한 사람들을 부러워한다. 그러나 해변이 안락하고 아름답기는 하지만, 고통스러울 정도로 지루한 곳이라는 사실도 명심해야 한다.

해변에 자리하게 되면 당신은 그곳에서 즐기고 싶어 한다. 축하할 만한 일이다. 당신은 행복을 발견했다는 사실을 자랑스럽게 여겨도 좋다. 다만 행복이란 마음의 상태일 뿐이지 최종 목표는 아니라는

---

6) 향상된 삶은 사람에 따라 그 의미가 다르다. 그것을 추구하기 전에 먼저 그것이 당신과 관련된 일이라는 것을 분명히 파악해라. 두려워하거나 염려할 필요는 조금도 없다. 당신이 그렇게 하는 것을 이 책이 도와줄 테니 말이다.

7) 해변의 안락함을 느끼지 않더라도 산 속에 영원히 머물면서 행복을 발견하는 것이 가능하고, 심지어 흔히 그러하다는 것을 주목할 필요가 있다. 어떤 사람들의 경우, 자기 자신이 살아 있다고 느끼기 위해서는 끊임없는 분투가 필요한데, 그것은 그런 대로 좋고 전혀 문제가 없다. 현재로서는 내가 그러한 상태에 있다. 나는 결국에 가서 해변에 정착할는지도 모른다. 그러나 지금은 산을 올라가는 중이다.

점을 명심해야 한다. 뿐만 아니라 당신은 어제와 마찬가지로 오늘도 행복한지의 여부에 대해 끊임없이 자문자답해야 한다. 당신의 행복이 상당한 기간에 걸쳐 쉴 새 없이 줄어든다면, 당신은 잠시 동안이나마 산에 들어가는 모험을 하고 싶어 할지도 모르기 때문이다.

### 경계선들에 대한 최종 생각

이 세 가지 지역은 경계선들과 관련하여 관찰할 수 있다. 자신을 둘러싸고 있는 경계선에 대해 해변에 있는 사람들은 만족하고, 산속에 있는 사람들은 끊임없이 도전한다. 늪지대에 있는 사람들은 불만이 있어도 그것을 넘어서려는 일은 전혀 하지 않는다.

우리는 언제나 경계선을 직접 대면하고 있는데, 행복은 기존의 경계선을 (항복하는 것이 아니라) 용납하거나 또는 다른 경계선을 찾기 위해 기존의 경계선을 끊임없이 옮길 때 유지할 수 있다. 바람직하지 않은 경계선을 옮기려는 노력을 전혀 하지 않는 것은 치명적인 결정이다.

하지만 놀랍게도 대부분의 사람들은 이런 식으로 살고 있다. 늪지대는 좀비나라와 동의어이고, 당신은 늪지대에서 발전할 수가 없다. 이 지역에 자리하고 있다면 당신은 반드시 벗어나는 길을 찾아내지 않으면 안 된다. 용기를 내라. 그리고 당신의 경계선들과 대결해라. 그러한 분투는 좋은 위치로 당신을 이끌어 줄 것이다.

## 4단계 알고리듬

좀비나라에서 탈출한 당신을 발전하게 도와주는 네 가지 구름다리가 있는데, 나는 이것들을 '4단계 알고리듬' 이라고 부른다.

1단계 : 선택해라 Choose

2단계 : 몰두해라 Commit

3단계 : 창조해라 Create

4단계 : 연결해라 Connect

**1단계 : 선택해라** Choose

당신은 우선 도약을 선택하지 않으면 안 된다. 도약은 당신이 두려움을 직시하고, 실패의 위험을 감수하며, 이미 인식하고 있는 자신이 가진 능력의 한계를 넘어 돌진하려는 의욕을 드러내는 것이다.

도약하기 전에 당신은 먼저 자신이 무엇을 향해 도약할 것인지를 결정해야만 한다. 당신은 자신이 꿈에 그리던 조직에 참여하려고 계획하고 있는가? 당신이 만든 제품을 팔려고 하는가? 무엇인가를 발명하려고 하는가? 당신 자신의 회사를 설립하려고 하는가? 공직을 맡으려고 하는가? 운동을 전개하려고 하는가?

당신의 열정이 어느 곳으로 향할는지를 결정하기 위해서는 상당히 심사숙고해야 한다. 어쩌면 당신은 이미 해답을 알고 있을지도 모른다. 그러나 그것이 어느 쪽이든 간에, 다음 장에서 설명하는 것들은 당신에게 적잖은 도움이 될 것이다.

### 2단계 : 몰두해라 Commit

도약하겠다는 결정을 내린 다음에는 그것에 몰두해야 한다. 당신은 자신이 가진 모든 것을 던져서 몰두할 필요가 있는 것이다.

이 단계의 세부 사항들은 당신의 생활 여건, 그리고 당신이 무엇을 달성하려고 하는가에 따라 달라질 수 있다. 대학을 갓 졸업한 사람과 두 아이를 데리고 혼자 사는 어머니의 사정이 다를 테니 말이다.

그러나 당신이 어떤 상황에 있든 자신의 구체적인 시나리오와는 상관없이 가능한 한 깊이 몰두해야 한다. 그러기 위해서는 정신을 산만하게 하는 모든 요소를 제거하고, 현재 사용하고 있을지도 모르는 목발은 전부 내던져야 한다. 그리고 모든 예비 계획을 포기해야만 한다.

또한 자신은 실패하기 마련이라고 체념하지 마라! 오히려 기회를 잡아야만 하고, 희생을 치르지 않으면 안 된다는 사실을 깊이 인식해야 한다. 물에 발을 담근다고 해서 물이 칼처럼 발을 베는 것은 아니므로 일정한 단계에 접어들면 다이빙을 해야만 하는 것이다.

몰두한다는 것을 다른 말로 표현하면 끝까지 버텨야 한다는 뜻이다. 우수한 벤처 자본가들은 창업자들과 CEO(최고경영자)들의 특성을 분석할 때 지능보다 끈질긴 인내심을 더 높이 평가한다. — 당신은 이것을 알아들었는가? 아마 마지막 문장을 다시 읽어보기를 바랄지도 모른다. — 이것은 문제를 해결할 능력이 없는 것보다 압력에 짓눌려 붕괴되는 것이 더 위험한 일이므로 끈질긴 인내는 극도의 정신적 강인함을 요구한다.

놀라운 성공을 거둔 사업가이자 작가, 그리고 벤처 자본가인 벤 호로위츠 Ben Horowitz의 견해를 소개한다.

『CEO로서 당신은 사업을 포기하고 싶을 때가 적잖을 것이다.

나는 CEO들이 스트레스를 감당하기 위해 폭음을 하거나, 사표 또는 사업 포기 등의 방법으로 문제를 해결하려 하는 경우를 수도 없이 보아왔다. 그 어느 경우든, 그런 CEO들은 자기가 위축된 사정이나 사업을 포기하는 이유를 매우 그럴듯하게 포장하여 자기 합리화에 급급했다. 하지만 두말할 나위 없이 그렇게 해서는 결코 탁월한 CEO가 될 수 없다.

탁월한 CEO들은 고통을 직시한다. 그들은 숱한 밤을 잠 못 이루고, 식은땀을 흘리며, BEA 시스템의 전설적인 창업자이자 CEO이고 나의 친구인 탁월한 알프레드 정 Alfred Chung이 '고문'이라고 부르는 것과 씨름하게 마련이다. 나는 성공적인 CEO들을 만날 때마다 그들에게 이를 어떻게 대처했는지 물어본다. 평범한 CEO들은 자신의 멋진 전략이나 직관적인 사업 감각, 또는 자기자랑 식의 각종 해설을 늘어놓는다. 하지만 탁월한 CEO들은 누구나 똑같은 대답을 하는 경향이 있다는 점에 주목해야 한다. 그들은 한결같이 "나는 포기하지 않았다."고 말한다.[8]』

위 구절은 사업가들과 특히 관련되는 것이면서 동시에 누구에게나 적용되는 것이다. 당신이 이 구절을 이해하기가 어렵다면 CEO라는 말을 '지도자'라는 말로 바꾸어서 다시 읽어 봐라. 당신이 자신의 삶을 이끄는 지도자가 되기를 바란다면 — 나는 당신이 그렇게 하기를 바란다. — 위 구절은 당신에게도 어김없이 적용된다.

당신이 현재 무엇이든 보람 있는 일을 하고 있다면, 당신은 어느 단계에서는 그만두고 싶은 생각이 들지도 모른다. 하지만 그만둔다는 결정은 진지하게 내려야만 한다. 그런 결정의 합리적 이유들에 관해서는 나중에 논의하겠지만 — 당신은 포기가 마지막 수단, 즉 어떠한 대가를 치르더라도 피해야만 하는 것이라고 여기는 사고방식과 대결할 필요가 있단 말이다.

두려움을 두려워해라. 불편한 여건에 기대라. 포기하고 싶다는 충동을 전혀 느끼지 못한다면 당신은 중대한 위험을 부담하고 있는 것도 아니라는 얘기다.

8) 벤 호로위츠 Ben Horowitz ≪하드씽 — 경영의 난제 The Hard Thing About Hard Things≫(하퍼비즈니스, 2014)

### 3단계 : 창조해라 Create

당신이 자신의 진로를 정하고 거기에 몰두했다면, 그다음 단계로는 가치 있는 어떤 것을 창조하지 않으면 안 된다. 이것은 분명히 가장 중요한 단계다.

가치 창조에 반드시 구체적인 산물이 따르는 것은 아니지만 당신의 일은 중요한 것일 필요가 있다.

만일 당신이 진심으로 신뢰하는 계획에 조금이라도 기여하고 있다면, 그것 또한 가치를 창조하고 있는 것이다. 만일 당신이 공유하는 신념 주위로 사람들을 끌어 모으고 있다면, 그것은 가치를 창조하고 있는 것이다. 만일 당신이 사람들의 삶을 좀 더 나은 것으로 변화시키고 있다면, 그것은 가치를 창조하고 있는 것이다.

목적을 발견하는 일, 그리고 그 목적을 통해서 적극적인 변화를 끌어내는 일이 당신의 목표가 되지 않으면 안 된다.

이 책은 당신이 어떻게 '가능한 한 최소의 비용' 으로 당신의 열정이 추구하는 가치를 창조할 수 있는지를 가르쳐 줄 것이다.

### 4단계 : 연결해라 Connect

당신은 자신의 진로를 선택하고, 거기 몰두하고, 가치를 창조한 다음에는 당신의 일을 공유하지 않으면 안 된다. 청중을 확보할 필요가 있고, 그다음에는 연결자들, 즉 당신이 무슨 일을 하든 그 주위에서 고도의 영향력을 발휘하고 있는 사람들과 친분 쌓기를 시작할 필요가 있다는 말이다. 그런데 이것은 유기적으로 이루어져야만 한다.

자료용 인쇄물을 구하러 다니지 마라. 접촉 대상 인물들의 명단을 작성하려고도 하지 마라. 그 대신에 당신이 진심으로 존경하는 사람들과 친분을 쌓아라. 그런 사람들이야말로 당신이 따라 하고 싶고, 만찬에 초대하여 여러 시간 동안 대화를 나누고 싶은 사람들이다.

또한 이것이 최초의 단계가 아니라 마지막 단계라는 사실에 주목해라. 그 이유는 커넥션이 다음과 같은 경우에만 유용하기 때문이다.

1. 자기 자신이 어떤 사람인지를 아는 경우.
2. 당신이 가치 있는 무엇인가를 제공할 수 있는 경우.

이것은 다른 모든 관계와 마찬가지다. 데이트를 할 때, 상대방이 당신의 삶에 끌어들이고 싶을 만한 사람인지를 어떻게 알겠는가? 가장 기초적인 단계에서 당신은 자기 자신의 됨됨이와 어울리는지, 당신과 균형을 이루는지, 당신이 발전할 수 있도록 도와줄 만한 특성들을 가졌는지를 탐색한다.

당신이 위의 두 가지 항목을 미처 깨닫지 못했다면 대부분의 인간관계는 실패하기 십상이다.

이 책의 나머지 부분은 4단계 C, 즉 '4C'를 차례로 논의할 것이다. 그중 제1단계는 '선택해라'는 것이다.

제1단계 : 선택해라 Choose

# 열정과 목적

"네오! 나는 네 정신을 해방시켜 주고 싶지만,

내가 너에게 할 수 있는 일은 문을 보여줄 수 있는 일뿐이다.

그 문을 통해서 걸어 나가는 것은 바로 너다."

— 모피어스Morpheus, 〈매트릭스Matrix〉에서

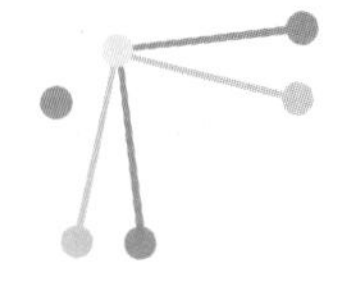

## 작업 일지 1 — 진퇴양난

나는 회사를 공동으로 창업하기 전에 좀비나라에서 진퇴양난에 처해 있었다. 뉴욕 시에서 근무하고 있었는데 나의 일은 견디기 힘들 정도로 지루했다. 내가 속한 부서 전체는 독창성이 없어서 우리는 그저 주어진 일과를 따라가고 있을 따름이었다. 일종의 불안감을 해소하려는 노력의 일환으로 나는 그날그날 일어나는 일들을 내 이메일에 일지로 기록하기 시작했다. 의심을 받지 않기 위해 이메일 문서의 초안인 듯이 일지를 기록했다. 그래서 매니저나 남의 일에 간섭하기를 좋아하는 동료가 내 곁을 지나갈 때마다 나는 받은 메일함으로 재빨리 옮겨놓곤 했었다.

이 책을 쓰기 시작할 때까지 나는 나의 비밀일지를 까맣게 잊고 있었는데, 오래된 이메일을 뒤지다가 우연히 발견했다. 예전에 내가 어떤 느낌을 받았는지 들여다보니 매우 흥미로웠다.

나의 적나라한 감정이 좀비나라의 고뇌를 철저하게 드러내주었기에, 나는 이것을 이 책 전반에 걸쳐 포함시켰다. 일지의 기재 사항들 대부분을 원래의 형태로 포함시켰고, 의미를 명확하게 하거나 문법적 문제가 있는 경우에만 수정했다.

일지는 거의 10년 전에 작성된 것이어서, 지금보다 좀 더 젊었을 때의 내 마음상태를 있는 그대로 들여다볼 수 있게 해주었다.

최초의 기재 사항은 다음과 같다.

### 2006년경, 근무 중에 작성한 내용들

나는 여기서 근무 중이지만 일을 하고 있는 것은 아니다. 나는 내 이메일을 나의 새로운 일지로 삼기로 했다. 이것은 직장 동료에게 중대한 메시지를 보내고 있다는 인상을 줄 수 있지만, 사실은 한 시간을 1분처럼 느껴지게 만들려고 필사적으로 애쓰는 중이다. 내가 그토록 열심히 일하고 공부한 결과가 고작 이런 것이라니 서글프기 짝이 없다. 나는 고등학교 시절에 식당에서 아르바이트할 때 지금보다 더 큰 자극을 받았었다.

내 직업이 무엇이냐고……? 자신은 없지만 설명해 보겠다. 나는 인터넷 컨설팅 회사에 다닌다. 이베이eBay 또는 시티그룹Citigroup 같은 큰 회사들이 우리 고객들이다. 그들은 자기네 웹사이트의 개선을 도와달라고 우리 회사에 요청한다. 흥미진진한 일로 보인다고……? 하지만 실제로 어떻게 돌아가고 있는지 말하겠다. 잠깐만! 나는 이제 회의에 참석해야만 한다…….

……. 방금 회의를 마치고 나왔다. 나의 매니저의 매니저가 방금 사직했다. 우리 부서 전체가 분명히 침체될 것이다.

어쨌든 소멸해 가는 이 부서가 어떻게 돌아가고 있는지 설명하겠다. X 회사의 제니Jenny가 우리에게 전화를 걸어 "이봐요, 우리 웹사이트를 개선해 달라 이거요!"라고 말한다. 그러면 우리는 화면에 달려들어 제니를 위한 작업을 개시한다. 특정의 온라인 여론조사들을 입력하고, 많은 데이터를 수집한 다음 알록달록한 색깔을 입혀 멋진 파워포인트powerpoint를 이용하여 프레젠테이션 자료를 만든다.

불행하게도 우리의 작업에는 창의성이 들어 있지 않다. 우리의 유일한 목적은 제니의 마음에 들고, 제니는 자기 보스의 마음에 들면 만사 오케이다. 그래서 다 같이 보수를 받고 집에 돌아갈 때 싸구려 식품을 사가지고 들어가 그것을 먹으면서 영화 한 편을 보고 안락의자에 누워 잠을 청한다. 그리고 다음 날 아침에 잠에서 깨면 어제 했던 일과의 전 과정을 다시 반복하는 것이다.

우리는 견실한 데이터를 제공하는 대신에 엉터리 데이터를 제공한다. 설문의 내용이 취지에 적합하지 않거나 편견이 담겨 있음에도 불구하고, 그 결과 데이터를 망칠는지의 여부는 상관하지 않은 채 제니가 원하는 대로 설문을 만들어 던진다. 우리는 문자 그대로 '강력한 보고서'를 어느 고객에게나 똑같이 토해낸다. 심지어 고객들이 여론조사를 수행할 때 전혀 다른 목적을 가지고 있는 경우에도 마찬가지다.

맹세코 말하지만 이런 일은 중학생들도 할 수 있을 것이다. 중학생들이 소프트웨어에 더 능숙하니까 말이다. 그들은 왜 학교에 다니는가? 우리는 그들을 사무실에 끌어들여 이 '평생'의 일을 일찌감치 수행하도록 만들 것이고, 그들은 결국 불가피하게 컴퓨터 앞에 앉게 될 것이다. 컴퓨터 숫자들을 이해하거나 거기 관심을 기울이려고도 하지 않을 어떤 사람들을 위해 컴퓨터 자판의 숫자들을 두드리게 될 것이 뻔한데, 학교에 다니면서 시간을 낭비할 필요는 없지 않은가? 우리는 이 모든 중학생들을 일찌감치 회사 직원으로 영입하지 않으면 안 된다!

그래, 나는 지금 냉소적이다. 맙소사! 내가 이러한 미래의 일을 미리 알았더라면, 수십 번이라도 8학년에서 유급했을 것이다.

## 당신의 적은 바로 당신 자신이다

우리 가운데 너무나도 많은 사람이 자기 직업을 지겹게 여기지만 현재 상황을 바꿀 만한 일은 전혀 하지 않는다. 당신도 그 가운데 하나라면, 그러한 현상을 타파할 능력을 지니고 있는 사람은 오로지 자신뿐이라는 사실을 깨달을 필요가 있다.

사람들은 자기 회의 또는 두려움 때문에 좀비나라에 계속해서 머문다. 그러나 탈출은 사람들이 생각하는 것만큼 그렇게 어려운 일이 아니다. 단지 머릿속으로 그럴 거라고 생각하기 때문에 그렇게 받아들이는 것뿐이다.

우리 시대의 가장 위대한 철학적 작품들 가운데 하나를 이용해서 그 사실을 증명해 보자. 여러분도 익히 알고 있는, 월트 디즈니 Walt

Disney에서 만든 애니메이션의 고전 '덤보Dumbo'를 언급하려 한다.[9]

엄청나게 귀가 큰 코끼리 덤보는 우스꽝스러운 외모 때문에 동료 코끼리로부터 끊임없이 조롱을 당한다. 그런 덤보가 가능할 것 같지도 않은 일, 즉 날아가는 일을 맡게 되자 자기 회의에 시달리면서 그것은 불가능한 일이라고 생각하며 실의에 빠진다.

그러나 두려움에도 불구하고 덤보는 날아가는 일을 배운다. 하지만 마술 깃털의 도움이 있는 경우에만 그렇게 한다. 그리고 서커스의 마지막 장면에서 그 깃털을 놓쳤을 때 덤보는 기겁을 한다. 깃털이 없으면 날아갈 수 없다고 생각했기 때문이다. 하지만 아래로 곤두박질친 덤보는 무슨 수를 썼는지 마지막 순간에 추락 상태에서 벗어나 엄청난 재앙을 피한다. 덤보는 깃털 없이도 서커스 무대를 날아다녔으며, 그 순간 자기에게 깃털은 처음부터 필요 없었다는 것을 깨닫는다.

그 깃털은 원래부터 마술 깃털이 아니었다. 그것은 덤보를 자기 회의에서 벗어나게 하려는 심리적 술책에 불과했다. 그는 원래부터 날아다닐 수 있었지만 그 사실을 받아들이지 못했기에, 그가 품고 있는 두려움을 물리칠 용기가 필요했던 것이다.

당신도 마술 깃털이 필요 없다. 그러니까 그런 것을 찾으러 다니지도 마라. 당신은 '지금 당장' 날 수 있다. 깃털 없이도…….

---

9) http/:en.wikipedia.org/wiki/Dumbo

## 내일로 미루지 말고, 바로 오늘 행동해라

"길을 안다는 것은 길을 걸어간다는 것과 다르다는 사실을,

내가 깨달았던 것처럼

너도 언젠가는 그것을 깨달을 것이다."

– 모피어스, 〈매트릭스〉에서

당신이 좀비나라에서 해방되는 것을 가장 크게 방해하는 것은 아무것도 하지 않는 것, 즉 어떤 일도 시작하지 않는 것이다. 기다리지 마라. 당신의 인생은 한 번에 하루씩 당신 곁에서 사라질 뿐, 지나간 날들은 결코 다시 돌아오지 않는다.

덴버에 있는 컴퓨터 신규회사들의 주간 행사가 2012년에 거행되었다. 웹사이트에 실린 그 행사의 모습을 여기 소개한다.[10]

> 콜로라도와 그 외 지역의 가장 창의적이고 가장 협조가 잘되는 혁신자들이 2012년부터 일주일 동안 모여서 연구 · 토론 · 네트워킹 등의 일을 했다.
>
> 2013년에는 5,500명이 넘는 이 지역의 컴퓨터 신규회사 직원들과 650개가 넘는 회사들이 지역사회가 주최하는 125종류가 넘는 행사

---

10) http://www.denverstartupweek.com/

에 참가했는데, 그들의 공통된 목적은 마일 하이 시의 모든 사업을
축하하는 것이었다.

풀 콘택트 Full Contact라는 회사의 CEO인 바트 로랭 Bart Lorang은 그 주간에 공동 토론자가 되어 컴퓨터 신규회사 콜로라도 공동체 기금에 관해 논의했다. 그 기금은 공동체 중심의 독창성을 지닌 기업가들을 지원하고 콜로라도에서 형성되는 컴퓨터 신규회사들의 생태계를 한층 더 안정시키기 위해 설립된 것이다.

토론 중에 바트는 자기도 모르게 '행위자주의Doerocracy' 라는 용어를 창안했다.[11] 그는 컴퓨터 신규회사 공동체의 성과주의적 · 활동 중심적 성격을 묘사하기 위해 이 용어를 사용한 것이다.

필은 어떻게 일을 계속하고 도움을 받을지에 대해 조언해 달라고
토론자들에게 요청했다.
내 차례가 되었을 때, 내가 한 대답은 간단했다.
"우리의 컴퓨터 신규회사 공동체는 행위자주의의 체제다.
성공하면 당신은 지도자가 될 수 있다."
'행위자주의' 라는 용어를 나는 그 즉석에서 만들어냈지만,
그것이 역동성을 잘 묘사하는 것이라고 생각한다.

---

11) http://tinyurl.com/pyefh2c

컴퓨터 신규회사 공동체에는 부사장 회원이 없다.

가입하기를 원하는 사람에게는 누구에게나 문이 열려 있다.

당신이 지도자가 되고 싶다면, 그냥 일을 해라. 다른 사람에게 허락을 구하지 마라.

'행위자주의' 란 바로 그것을 뜻한다.

나는 '행위자주의' 라는 용어가 정착되기를 바란다. 이것은 지도자의 사고방식을 묘사하는 멋진 수단이다. 또한 컴퓨터 신규회사에게만 적용되는 것도 아니다. 컴퓨터 신규회사가 지도력과 혁신을 상징한다면, 행위자주의의 개념은 모든 공동체와 기구들을 초월한다.

대부분의 지도자들은 어떠한 여건에서든 발전의 핵심요소란 가장 자명한 것, 즉 생각하기를 멈추고 행동하기 시작하는 것이라고 당신에게 말할 것이다.

## 그것이 무엇이든 계속해서 경험을 쌓아라

멀리 도약할 수가 없다? 그래도 좋다. 작게 시작해라. 그러나 반드시 '무엇인가를' 해라.

나는 실제로 책을 집필하기에 앞서서 이미 여러 해 전에 그럴 생각을 했다. 경험이 충분하기 않았기 때문에 먼저 행동으로 옮기지는 않았다. 하지만 나는 블로그 포스트들을 쓰기 시작했고, 또한 집필과 관련된 흥미 있는 아이디어가 떠오를 때마다 메모를 해뒀다. 나는 블로그 포스트들을 전혀 공개하지 않았다. 오로지 나 자신만을 위해서 보관했다. 나는 내가 좋아하는 글들을 나중에 인용할 수 있도록 저장해 뒀다. 그리고 나의 글쓰기 스타일을 발전시키거나 영감을 키우는 데 도움이 될 거라 여겨지는 책들을 읽었다.

이 모든 것은 책 한 권을 쓰겠다고 '결정하기 이전에' 이루어졌다. 그것은 다소 단조로웠지만 무척 재미있는 일이었다.

드디어 책의 집필에 들어가게 되었을 때는 글을 쓰는 데 필요한 것들이 대부분 준비된 뒤여서, 시작하는 데 어려움이 덜했고 진행도 생각보다 순조롭게 이루어졌다.

경험을 계속해서 쌓아라. 당신이 어떤 일에 관해서 진정으로 열정을 품고 있다면, 그것은 때가 되면 자연히 이루어지게 마련이다. 당신이 진정으로 하고 싶은 일에 대한 준비가 되었다면, 그것이 아무리 거창한 일이라고 하더라도 그다지 부담스럽지 않을 것이다. 그것은 다만 다음 단계라는 느낌을 줄 뿐이니까.

## 왜 그토록 쉽게 궤도에서 벗어났다고 느끼는가?

새뮤얼 스투퍼 Samuel Stouffer는 제2차 세계대전 때미 육군에서 행동양식의 연구를 한 사회학자다. 연구를 하는 동안 그는 특이한 점에 주목했다.

스투퍼는 헌병대에서 근무하는 군인과 육군 항공대(미국 공군의 전신)에서 근무하는 군인들에게 질문을 던졌다. 질문 내용은 '역량 있는 사람들이 인정받고 진급되는 것이 자신들에게 얼마나 좋은 영향을 미친다고 생각하는가?' 하는 것이었다.

답은 명확했다. 헌병이 육군 항공대 병사들보다 조직에 대해 훨씬 더 긍정적인 시각을 가지고 있었다.

헌병대는 군대 내 모든 분야 중에서 진급률이 최악인 곳인 반면, 육군 항공대는 사병이 장교가 될 수 있는 확률이 헌병보다 두 배나 더 높은 곳이었다. 그런데 왜 진급이 자주, 그리고 정기적으로 실시되는 육군 항공대보다 헌병이 더 만족감을 느꼈던 것일까? 진급하기가 쉬우면 더 만족스럽고 행복감을 느끼는 것 아닌가?

스투퍼의 설명에 따르면, 헌병은 자신을 다른 헌병하고만 비교한다는 것이었다. 그렇기에 진급이 매우 어려운 헌병대에서 진급을 하게 되면 당사자가 무척 행복해 한다는 말이다. 또한 진급하지 못하더라도 한 배를 탄 동료들 대부분과 마찬가지 상태이므로 스스로를 외톨이로 생각하지도 않고 그렇게 불행하게 느끼지 않는다는 것이다.

반면, 진급이 잘되는 여건에서는 진급 자체가 너무 흔한 일이기 때문에 누구에게도 특별한 행복감을 안겨주지 않지만 반대로 승진하지 못한 사람들은 심한 좌절감을 느끼면서 십중팔구 낙오자가 된 기분에 빠진다는 얘기다.

이처럼 자신이 '현재 처한 상황과 관련하여' 다른 사람과 비교해서 자기 자신을 별 볼일 없다고 평가하는 경향을 스투퍼는 '상대적 박탈감 Relative Deprivation : RD' 이라는 용어로 설명하고 있다. 우리는 지구적으로globally, 즉 가능한 가장 넓은 맥락 속에서 자신을 보는 것이 아니라 '한 배를 타고 있는' 사람들과 비교함으로써 국지적으로locally 우리의 인상을 형성하기 때문이라는 것이다.

'상대적 박탈감' 에 대해서는 말콤 글래드웰이 생존경쟁의 패배자들에 관한 저서 ≪다윗과 골리앗 David and Goliath≫[12] 에서도 논의한다.

그는 브라운 대학교에 다니는 젊은 여학생에 대해 매우 상세하게 다루었는데, 그녀는 절대적 기준으로 볼 때 지능이 매우 탁월한데도 불구하고 일류대학인 자신의 학교에서 자기보다 '더 영리한' 극소수의 다른 학생들에 비해 자신이 매우 뒤떨어진다고 느낀다.

이러한 현상은 전 세계적으로 일어나는 현상으로, 글래드웰은 행복지수가 높은 나라들 — 스위스, 덴마크, 아이슬란드, 네덜란드, 캐나다 — 의 자살률이 그보다 덜 행복하다고 알려진 나라들 — 그리스, 이탈리아, 포르투갈, 스페인 — 의 자살률보다 실제로 더 높은 이유를 설명한다. 왜 그런가?

---

12) Malcolm Gladwell, David and Goliath.(Little, Brown and Company, 2013).

그것은 행복한 나라에서는 아주 작은 불행마저도 비참하다는 느낌을 가질 수 있기 때문이다. 주위 사람들이 모두 웃고 있을 때 당신이 조금이라도 우울한 기분을 느낀다면, 그래서 분위기를 어색하게 만든다면, 당신이 외톨이가 된 느낌을 받는 것과 같은 이유라는 얘기다.

'상대적 박탈감'은 우리가 삶을 살아가는 동안에 끊임없이 부딪치기 마련이다. 직장 내의 경쟁은 위로 올라갈수록 당연히 더욱 치열해진다. 하지만 이것은 이미 예견된 것이므로 대부분은 자신이 잘 대처하고 있다고 생각한다. 그런데 과연 그럴까?

만일 현재 자신이 처한 상황을 좋지 않게 보는 편향된 시각에 스트레스를 받으면서도 그러한 상황을 스스로가 끊임없이 유지하고 있다면? 우리의 사회적 · 전문적 활동범위가 실제 상황보다 더 경쟁이 심하다고 느껴지거나 자신이 도달하기 어려울 정도로 화려한 것으로 보인다면?

불행하게도 이것은 '일반화된 친구의 역설 Generalized Friendship Paradox : GFP'이라고 불리는 것의 결과로서 바로 이 디지털 시대에 나타나는 증상 중 하나이다.

1991년에 미국 퍼듀 대학교의 사회학자인 스콧 필드 Scott Feld는 자신의 친구가 자신보다 더 많은 친구를 가진 것처럼 보이는 현상을 '친구의 역설 the friendship paradox'이란 개념으로 설명했다.

스콧 필드는 대부분의 사람들은 자기 친구들의 경우보다 평균적으로 더 적은 숫자의 친구들을 가지고 있다는 사실을 발견했다고 한다. 이것을 다른 각도에서 본다면 '내가 인기 없는 사람을 알고 있을 가능성보다는 인기 있는 사람을 알고 있을 가능성이 높다.' 는 것이다.[13]

이것은 다른 종류의 관계들에 대해서도 역시 그러하다. 예를 들면, 당신의 섹스 파트너는 당신보다 더 많은 섹스 파트너들을 가지고 있을 수도 있다. 이것은 말이 된다. 어떤 사람이 매우 많은 친구들을 가지고 있다면, 당신은 그의 친구들 가운데 속해 있기가 쉽다. 어떤 사람이 매우 많은 섹스 파트너를 가지고 있다면, 당신은 그의 섹스 파트너들 가운데 한 사람일 가능성이 높다는 말이다.

그렇다면 지능 · 재산 · 행복 등의 특성들은 어떠한가? 당신의 친구들이 당신보다 더 영리하고 더 부유하고 더 행복해 보이는가?

소셜 네트워크 과학자인 프랑스 툴루즈 대학교의 엄영호 박사와 핀란드 알토 대학교의 조항현 박사가 이미 이 질문에 대해 대답을 했는데, 그 대답은 '그렇다' 고 하는 것이다.

두 과학자는 우선 자신들을 포함한 물리학자들의 관계망을 분석했다. 친구의 역설에 따라 두 박사에 비해 그들의 동료 과학자들은 더 많은 친구를 가지고 있었다.

하지만 이뿐만이 아니었다. 동료 과학자들은 그들에 비해 논문에

---

13) http://en.wikipedia.org/wiki/Friendship_paradox

인용되는 횟수나 논물을 출판하는 경우도 더 많았다. 두 박사는 이를 '일반화된 친구의 역설 generalized friendship paradox : GFP' 이라고 정의했다.[14]

그리고 두 과학자는 이에 따라 '당신의 친구는 일반적으로 당신보다 부유하고 행복해 보인다.' 며 '이는 우리가 편향된 친구의 일부분을 보고 있기 때문' 이라고 설명했다.

이어 두 박사는 우리가 인기 · 수입 · 명성 · 행복 등의 요소에서 자신과 남을 비교할 경우 스스로에 대한 왜곡된 인식을 가질 수 있으므로 주의해야 한다고 조언했다.

가령 동네 헬스장에 갔을 때 나보다 몸이 좋은 사람이 많다고 해서 기죽을 필요가 없다는 것이다. 왜냐하면 운동을 하지 않는 사람들은 집에서 쉬고 있을 것이고, 내가 보고 있는 것은 한쪽으로 치우쳐진 일부분에 불과하기 때문이다.

여기서부터 이야기가 재미있어진다. 페이스북Facebook과 트위터Twitter와 같은 사회적 네트워크들은 고도의 소통이 가능한 네트워크들이기 때문에 우리는 '일반화된 친구의 역설' 을 일상생활에서 경험하면서 살고 있다. 그래서 이 모든 것을 종합해 보면 이렇게 된다.

우리는 자신보다 더 많은 친구들을 가진 친구들을 가지기가 쉽다. 그들은 우리보다 더 영리하고 더 부유하고 더 행복해질 가능성이 높

---

14) http://arxiv.org/abs/1401.1458

다. 이 친구들은 소셜 미디어에 더 자주 자신에 관한 글을 올리기도 쉽다. 하지만 이것은 다른 사람들이 그 행동양식을 모방하고 싶어 하는 상황을 초래한다. 심지어 성취감이나 행복감을 덜 느끼는 친구들마저 단순히 보조를 맞추기 위해서, 그들과 똑같이 행복감이나 성취감을 느끼는 듯이 보이려고 애쓸지도 모를 일이다.

당신은 이것이 어떻게 문제를 일으키는지 알 수 있다. '상대적 박탈감' 의 개념과 '일반화된 친구의 역설' 을 결합하면, 우리는 다음과 같은 파국의 수단에 직면한다.

1. 우리는 자신의 주변 사람들을 기준으로 자신의 능력을 측정하는 경향이 있다.

   — 상대적 박탈감

2. 우리는 자신보다 더 우월한 듯이 보이는, 사회적 네트워크 속에서 활발하게 활동하는 사람들을 항상 주시하고 있다.

   — 일반화된 친구의 역설

텔레비전과 잡지에서 유명인사들을 보는 것과 우리의 가까운 친구들과 동료들을 유명인사들이라고 느끼는 것은 전혀 별개의 문제다. 그럼에도 불구하고 자기 자신이 어느 자리를 차지하기에 부적합하다거나 능력이 의심스럽다고 느끼는 것은 조금도 이상한 일이 아니다.

그런데 여기서 우리가 반드시 고려해 봐야 하는 점이 두 가지 있다.

첫째, 당신은 자신의 삶에 대해, 쓸데없는 비교를 하지 않으면서 단지 만족하는지의 여부에 관해서만 스스로 질문을 던져야 한다. 당신이 자신의 직업을 싫어하는 이유가 그것이 자신에게 적합하지 않기 때문인지, 또는 당신의 페이스북 피드에 기가 막힌 사진들을 계속해서 올리는 스카이다이빙 전문가와 자기를 비교하기 때문인지를 확실히 짚어 봐야 한다.[15]

둘째, 이것은 한층 더 중요한 점이다. 당신이 만족하지 못하는 이유가 타당하다면, 이에 대해 왜 아무런 조치도 취하지 않고 있는지를 스스로 분명하게 답해야 한다. 현실 속에는 분별하기 힘든 요소들이 생각 외로 많이 널려 있고 인생길에는 우리의 판단을 흐리게 하는 장애물이 너무나도 많기 때문에 조심하지 않으면 안 될 뿐 아니라 중대한 결정을 하는 데는 언제나 불안이 따르기 마련이다. 그러나 그러한 결정 뒤에 도사리고 있는 불안의 정체가 무엇인지를 확실하게 이해한다면, 당신은 자신의 결정에 대해 보다 자신감을 가질 수 있을 것이 분명하다.

당신은 다른 사람들에 비해 지능 · 재산 · 행복해질 수 있는 요소가 부족하지 않지만, 다른 사람들이 가지고 있는 눈부신 겉모습에

15) 이것은 당신의 직업만이 아니라 다른 것에도 적용된다. 동일한 원칙이 당신의 애정생활, 업무 성취, 또는 당신이 당신 자신을 당신의 사회적 네트워크 내의 다른 사람들과 비교하여 측정하는 모든 것에 대해서도 적용된다.

질려 당신 자신이 불행하다고 느끼고 있는지도 모를 일이다. 그렇기에 당신은 소셜 미디어가 허위에 가득 찬 세상의 모습, 즉 환상적이면서 도달하기에 불가능해 보이는 세상의 모습을 끊임없이 당신에게 제공한다는 사실을 명심하지 않으면 안 된다. 따라서 당신은 겉으로 보이는 모습 너머를 바라보아야만 하고, 세상의 겉모습이란 대개 쓰레기라는 사실을 분명하게 깨달아야만 한다.

당신이 할 수 있는 최선의 길은 세상에서 벌어지는 그러한 모습을 무시하는 것이다. 가상세계에서 벌어지고 있는 것들은 현실에서 당신이 차지하는 평판, 당신의 능력, 또는 당신의 행복과는 아무런 상관이 없다. 이 모든 것은 '당신이 어떻게 결정하느냐'에 달려 있으며, 세상의 쓰레기들을 일단 외면해 버리고 나면 당신은 자신의 상황을 보다 정확하게 진단할 수 있게 될 것이다.

만약 회사를 설립할 생각이라면, 현재의 직장을 버릴 작정이라면, 별도의 사업계획을 추진하려고 한다면, 관계의 단절을 고려하고 있다면, 그리고 그 밖에 이와 유사한 모든 경우에 있어서 당신은 자신에 대한 외부 평판이나 명성을 자신의 결정에 영향을 미치는 요소로 삼아서는 안 된다.

그렇다면 무엇이 결정의 기초가 되어야만 하는가? 친구여, 그것은 바로 열정이다!

## 열정은 행복의 지름길

당신은 좀비나라를 탈출할 타당하고 충분한 이유가 없다고 느끼는가? 하지만 당신 혼자만 그러한 것은 아니다. 소셜미디어가 우리의 시야를 편향되게 만든다는 것을 안다면, 그것은 조심해야만 할 한 가지 이유가 되는 것이 분명하다. 하지만 현재의 직업을 지루하다고 느끼는 것이 목숨을 위협할 정도의 위험은 아니다. 그렇지 않은가? 속단하지 마라.

≪주 4시간 노동 The Four-hour Workweek≫이라는 책의 저자이자 뛰어난 학자인 팀 페리스 Tim Ferriss에 따르면, 행복의 반대는 불행이 아니라 지루함이다. 여기에 나는 100% 동의한다. 대부분의 사람들은 돈을 벌 필요가 있기 때문에 일을 하지만, 일하는 동안에는 지루해지기 마련이다. 우리는 너무나 많은 시간을 일하는 데 소비하기 때문에 불행해지기 십상인데, 이것은 사소한 문제가 아니다. '어마어마한' 문제다.

팀의 사고방식에 따르면, 행복을 유지하는 열쇠는 그냥 지루함을 피하는 것이다. 나는 열정 · 목적 · 오락 · 흥분이 좋은 치료제라는 것을 발견했다. 다행스럽게도 이 치료제의 대부분은 무료로 체험이 가능하다. 특히 열정이 그러하다.[16]

---

16) 당신이 실제로 엄청나게 비싼 물건들을 사려는 열정이 없는 한 그러하다. 만일 비싼 물건들을 사려는 열정이 있다면, 알아서 잘해 봐라.

문제는 우리 가운데 대부분이 어떻게 시간을 보내는가에 달려 있다. 만일 10분 동안만 지루한 일을 하고서 하루 중 나머지 시간을 열정에 따라 보내면서도 안락하게 생활할 수 있는 돈을 충분히 벌 수 있다면, 그것이야말로 행복이 유지되는 상태라고 볼 수 있을 것이다. 하지만 불행하게도 대부분의 사람들은 정반대의 경우를 체험하기 마련인데, 그것은 우리가 가진 시간의 대부분을 지루하거나 스트레스 받는 일에 소모하기 때문이다. 우리가 열정을 쏟을 수 있는 시간은 믿기 어려울 정도로 적은 시간에 불과하므로 우리는 이를 바로잡아야만 한다. 따라서 여기 높은 단계의 해결책을 제시한다.

나는 이것을 '행복 피라미드' 라고 부른다. 이것은 당신의 의사결정 능력을 향상시킬 것이며, 지루함의 대명사인 좀비나라에서 당신을 벗어날 수 있게 해줄 것이 분명하다. 당신은 이 피라미드에서 행복이 발견되지 않는다고 생각할지도 모르지만, 그것은 당신이 행복을 피라미드의 단계들 가운데 바로 가장 낮은 첫 단계에서 찾으려 하기 때문이다. 우리에게 필요한 것은 열정이 전부인데 말이다.

하지만 살아가면서 우리가 할 수 있는 것들 가운데 너무나 많은 것을 돈이 결정하기 때문에, 돈을 벌기 위해 열정 — 그리고 다른 모든 것들 — 을 지나쳐 버리고 있는 것이 우리가 가진 가장 흔한 시나리오다. 우리는 행복해지고 그래서 성공이 가능하도록 준비하는 대신에, 무작정 성공하고 그래서 행복해질 수 있도록 애쓴다. 하지만 이것은 거꾸로 접근하는 것이다.

우리는 주로 눈앞에 보이는 이익을 위한 일에 대부분의 시간을 소모하는 경향이 있는데, 그 기초에 열정이 없다면 배를 갈아타야 할 필요가 있다. 하지만 이익을 얻기 위해서나 피라미드 안의 다른 것을 얻기 위해서 분투하지 마라. 그 대신에 '시간'을 얻기 위해 분투하고, 그다음에는 그 시간을 열정으로 채워라. 열정의 튼튼한 기초를 일단 확보하고 나면, 당신은 피라미드 안의 다른 단계들을 향상시키기 위해 그 단계에 집중하기 시작할 테니 말이다.[17]

---

17) 열정에 집중한 다음 반드시 지식 · 커넥션들 · 영향력 · 이익 등을 추구할 필요는 없다. 이런 것들은 자연히 축적될 것이다. 문제의 핵심은 당신이 열정 위의 단계들을 추구하기 위해 열정을 결코 지나쳐 버려서는 안 된다는 것이다.

처음에는 열정을 당신 삶의 초석으로 삼는 것이 불가능한 것처럼 보일 수도 있다. 우리들 대부분은 현재의 직업을 버리고 태평양을 항해할 수는 없을 테니 말이다. 그래서 당신이 어떻게 시작을 할 것인지 그 방법을 여기에 제시한다. 즉 당신은 내가 '목적의 분출' 이라고 부르는 것을 확인할 필요가 있다는 말이다. 목적의 분출이란 당신이 정기적으로 하기를 좋아하는 단순한 활동들을 말하는데, 예를 들면 축구 경기의 관람 · 달리기 · 독서 등이다. 여기서 얻는 단순한 즐거움은 당신을 행복의 단계에 계속 머물러 있게 해줄 것이다.

물론 이것은 상식이며, 우리 가운데 대부분은 여기서 그치는 경우가 적지 않다. 우리는 목적의 분출을 위해 오로지 한 달에 한 번 시간을 내고 나머지 시간은 지루한 일로 채워질 것이라고 단정한다. 바로 그렇기 때문에 불행이라고 하는 만성적 질병이 자리를 잡는 것이다. 여기서 벗어나고 싶다면, 당신은 내가 '목적의 아크Arcs' 라고 부르는 것을 찾을 필요가 있다. 목적의 아크는 당신의 열정을 키워주는 더 광범위한 활동들을 일컫는데, 예를 들면 운동을 하거나 가르치거나 하는 일 등이다. 여기서 주목해야 할 점은 운동과 가르치는 일은 시작이나 끝이 없는 일반적인 활동인 반면, 축구 경기의 관람은 일정한 기간에만 한정되는 특별한 활동이라는 점이다. 그리고 일정한 기간 동안 분출을 아크와 구별시키는 것이다.

아크를 정의하는 것은 관련된 분출을 정의하는 데 도움이 되고, 그 반대의 경우도 마찬가지다.

| 아 크 | 분 출 |
| --- | --- |
| 가르치는 일 | x라는 제목으로 개인적 세미나를 3회 개최한다. |
| 운 동 | 매일 아침 40분 동안 운동 연습을 한다. |

분출은 아크를 달성하는 데 당연히 기여한다. 그렇기 때문에 당신은 상당한 수입을 만들어낼 수 있는 분출들을 찾아내는 것을 목표로 삼는 것이 바람직하다.

예를 들면, 개인적 세미나들을 개최하는 것은 '가르치는 일'의 아크를 달성한다. 이것은 당신이 열정 — 즉 행복 — 을 핵심에 둔 채 독자적으로 자금을 조달하는 생활양식을 영위할 수 있는 방법이다.

내가 이 책을 집필하는 것은 '분출'이었다. 나는 생활양식 설계에 관한 책들을 읽고, 흥미로운 글들을 모으고, 블로그 포스트를 쓰는 등 책의 집필보다 더 작은 분출들로부터 출발했다. 그런 다음에는 이러한 활동들을 더 큰 분출, 즉 이 책을 집필하는 데 집중했다. 이 책은 판매가 가능한 것이므로 나의 활동은 수입을 만들어내는 분출이 되기에 충분했다. 또한 그것은 나의 더 광범위한 목적의 아크들 가운데 하나, 즉 '지식의 공유'에 기여할 것이 분명하다. 수입을 만들어내는 이러한 활동은 근본적으로 열정이 유지해 준다. 이것은 엄청난 시간을 잡아먹는 일이지만, 나는 이 일을 무엇과도 바꿀 수 없을 정도로 좋아했다. 그것이 비결이다.

회사를 창업하는 것도 역시 작은 분출들의 집합이었다. 회사가 설립되기 전에 나는 아침마다 뉴스를 보는 대신에 컴퓨터 신규회사의 블로그들을 읽곤 했다. 그리고 나는 사업 아이디어들의 최신 목록을 작성했고, 그 아이디어들 가운데 많은 것은 특집기사들과 마케팅 계획들로 구성된 긴 문서로 발전했다. 나는 그러한 일을 즐기기 때문에 그 일에 열중했으며, 그것은 나에게 흥분과 희망을 주었다. 여러 해가 지난 뒤에 회사를 시작했을 때 실제로 그것은 수입을 만들어내는 분출이 되었다. 그것은 또한 다른 목적의 아크, 즉 '사람들을 즐겁게 하는 제품들을 만들어내는 일'에 기여하기도 했다.

'목적의 분출'이란 것이 우리가 일반적으로 '일'이라고 분류하는 범주에서 반드시 벗어난 것일 필요는 없다. 하지만 열정과 목적에 기초를 둘 필요는 있다! 당신이 요리하기를 좋아하고 직업이 요리사라고 한다면 그보다 더 좋을 수는 없을 것이다. 당신이 자기 자신에 대해 보다 정직하다면 당신은 자신의 재주를 좋아할 필요가 있다.

이와 마찬가지로 분출들이 반드시 일과 관련될 필요도 없다. 당신은 자기 자녀들을 돌보는 것을 좋아하는가? 그것은 정말 멋진 일이다. 만약 그렇다면, 당신의 행복을 촉진시키는 데 그것을 이용해라. 또는 더 나은 길이지만, 그것을 수입을 만들어내는 분출로 전환시키는 — 또는 그와 유사한 — 길을 발견하는 데 사용해라.

자신의 열정이 어디에 놓여 있는지 잘 모를 경우에는, 당신이 아무것도 할 일이 없을 때 결국에 무엇을 하고 마는지를 잘 생각해 봐라. 당신의 마음은 어디로 쏠리고 있는가? 어떠한 웹사이트들을 방문하고 있는가? 어떠한 기사들과 책들을 읽고 있는가? 어떠한 텔레비전 프로그램을 즐겨 보는가? 어떠한 활동들이 당신의 시선이나 관심들을 자연스레 이끄는가? 당신의 열정은 바로 당신 앞에 있다. 즉 그것은 당신이 한가한 시간을 어떻게 보내고 있는가를 주의 깊게 살펴보면 알 수 있을 것이다.

사람들은 자신이 가진 열정을 일로 삼아서는 안 된다고 말한다. 하지만 그것은 개떡 같은 소리다. 좀비나라를 피하고 싶다면 당신은 자신의 열정을 일로 '삼아야만 한다'.[18]

## 멩 토우 Meng To의 열정

멩 토우 Meng To는 캄보디아에서 태어났지만, 그의 가족은 그가 여덟 살 때 캐나다로 이민했다. 그들은 가난했다. 어머니는 생계를 꾸려 나가기 위해 여러 가지 직업에 종사했고, 그 결과 그들은 몬트리올과 퀘벡 근처로 이사했다. 캐나다에서 가난한 캄보디아 어린이들의 생활은 힘든 것이었다. 멩 토우는 자주 이사를 다녔고, 언제나 이상하게 보이는 새로 전학 온 아이였다. 그래서 그

18) 모든 열정이 수입을 만들어내는 데 적합한 것은 아니다. 이에 관해서는 나중에 상세히 논의될 것이다. 당신은 특정의 활동들을 일에서 일부러 분리하기 위해 그것들을 취미로 유지하는 길을 선택할 수도 있다. 예를 들면 스포츠 방송기자가 되는 것이 당신이 좋아하는 스포츠 취미를 죽일 것이라고 본다면, 당신은 스포츠팬으로서 관람하는 즐거움을 유지하기 위해 그 방송기자가 되는 것을 포기해야만 한다.

가 그다지 많은 친구들을 사귀지 못한 것은 당연했다. 그는 학습 과제가 지루하게 여겨져 학교 가는 것도 싫어했다. 그를 행복하게 해줄 만한 것은 별로 없었다.

그런데 무슨 일인가가 일어났다. 어머니가 기를 쓰고 저축하여 그에게 컴퓨터를 한 대 사줄 돈을 마련한 것이다. 그는 컴퓨터를 좋아했다. 컴퓨터의 세계에서 멩 토우의 외모는 문제가 되지 않았다. 그는 멋진 파일을 만들어서 버튼을 누르기만 하면 수백 명의 사람들과 그것을 공유할 수 있었다. 그는 오로지 자기 일에 의해서만 평가되었다. 그는 통제하게 되었다. 그리고 자신이 시스템을 운용할 수 있다는 사실도 재빨리 터득했다. 뿐만 아니라 소프트웨어를 온라인으로 다운받아 돈 한 푼 들이지 않고 다른 새로운 도구들에 접근할 수 있었다.

멩 토우는 이에 관해 이렇게 설명한다.

"다른 방도가 없었다. 학생일 때는 1천 달러짜리 소프트웨어를 살 수가 없었다. 인터넷은 새로운 모든 것에 관해서 독학하는 사람들의 공동체다. 그래서 컴퓨터를 통해 모든 것을 배우는 길 이외에는 달리 길이 없었다. 학교에서는 그것을 배울 수 없었기 때문이다. 그것은 너무나도 새로운 것이어서 어떠한 주제로도 다룰 수가 없었다. 바로 그 이유 때문에 나는 예전에 내가 학교에서 완전히 단절되었다고 느꼈다."

그래서 지루한 하루의 수업이 끝난 뒤 멩 토우는 집에 돌아가자마자 컴퓨터 앞에 앉아 제트 리 Jet Li와 같은 아이돌들의 팬 사이트들을 만들고는 했다. 자기도 모르게 그는 귀중한 기술을 연마하고 있었다. 그리고 결국에 그는 마스터가 될 수 있었던 것이다.

대학에 진학할 예정이었던 해의 여름, 그는 취직을 해야겠다고 결심했다. 당시의 생각을 그는 이렇게 회상한다.

"그 어떠한 이유에서든, 나는 커피숍이나 편의점 등에서 일하는 것과 같이 진지하지 않은 직업에 종사하고 싶지는 않았다. 나는 진지한 직업, 나의 열정을 분출시킬 수 있는 직업을 원했다."

그는 자신이 웹사이트들을 디자인하고 싶어 한다는 것을 알았다.

"나는 18세였는데 '이것이야말로 바로 내가 하고 싶어 하는 일이다.' 라고 이미 생각하고 있었다."

## 어떠한 열정이든 모두 적용할 만하다

당신의 열정이 모두 취미의 범주에 속하는 것처럼 보일지도 모른다. 하기야 열정을 쏟는 일은 대개 재미있는 것이고, 일은 대개 그렇지 않다. 하지만 재미를 즐기는 것은 정산을 해주지 않지만, 지루한 일을 하면 정산을 받는다. 안 그런가?

미국이라는 거대한 회사와 학교 체계의 렌즈를 통해서 세상을 내다보는 것은 당연하다. 이러한 조직과 체계들은 우리에게 경영 · 경제 · 문학 · 과학 · 수학 · 역사 등을 공부하라고 명령한다. 이 모든 과목들은 분명히 유용하지만, 모든 것을 포괄하지는 못한다. 실제로 현실 세계는 문자 그대로 '모든 것에 관하여' 재능과 지식을 중요하게 여긴다.

우리는 소프트웨어 디자인 · 음악 · 스포츠 등에 조예가 깊은 것이 중요해질 수 있다는 것을 알지만, 그보다 한층 더 동떨어진 기술, 즉 비디오 게임을 하는 기술에 관해서 생각해 보자. 비디오 게임을 하는 것은 한때 취미로 여겨졌다. 그러나 이제는 더 이상 그렇지 않다. 트위치Twitch[19]와 같은 새로운 사업들이 대두하고 있으며, 이것들은 각자 좋아하는 게임을 하는 게이머들의 생생한 온라인 비디오를 석권한다. 전 세계적으로 속출하여 지상에서 가장 경쟁적이고 기술이 아주 뛰어난 게이머들을 한자리에 모은다. 이러한 직업적 게이머들은 상당한 금액을 벌어들이고, 어떤 사람들은 일 년에 수십만 달러를 벌기도 한다.[20]

비디오 게임을 취미로 하는 우리에게 이것은 말도 안 되는 것처럼 보인다. 그러나 이 직업적 게이머들은 '그 게임에 극도로 탁월하기 때문에' 비디오 게임을 통해서 생활비를 조달할 수 있다.

재능이란 어떠한 것이든 모두 수입을 만들어낼 수 있다는 것을 나

19) http://www.twitch.tv/
20) http://tinturl.com/p4lr9yp

는 인생의 절반을 지낸 뒤에 깨달았다. 가치는 핵심 요소다.[21]

당신이 콩 모양의 젤리 과자인 젤리빈에 관해 참으로 놀라운 제조 기술을 터득할 수 있다면, 사람들은 그 물건을 살 것이다. 그런데 그것은 참으로 놀라운 것이 되지 않으면 안 된다.

## 누구나 공군사관학교에 들어갈 필요는 없다

타일러 워드 Tyler Ward는 콜로라도 주 덴버에서 자랐다. 고등학교를 졸업한 뒤 미 공군사관학교의 예비학교에 입학했다. 거기서 그는 축구도 했다. 불행하게도 군사훈련 과정이 타일러에게는 잘 맞지 않았고, 그래서 그는 중퇴했다.

집으로 다시 돌아온 타일러는 북 콜로라도 대학교에 들어가 언론학 학위를 목표로 공부하기 시작했다. 글쓰기가 그의 천직인지는 모를 일이지만, 언론 분야는 그의 적성이 아니었다. 그러나 음악은 달랐다. 그는 교회의 청소년부에서 베이스 기타를 연주했고, 나중에는 기타 연주를 가르치기도 했다. 그때부터 그는 음악에 대해 강한 열정을 품었지만, 그것이 생계에 도움이 되는 길이라고는 생각해 본

21) 열정을 현금화하여, 정규 보수를 받도록 해주는 생활양식의 기업을 시작하려고 한다면, 당신은 적정 규모의 시장과 고품질의 상품이 필요하다. 당신의 시장이 너무 작거나 지나치게 포화상태인 경우, 당신은 충분한 수입을 만들어낼 수 없을지도 모른다. 아래에서 더 논의된다.

적이 없었다. 그는 언론학 학위를 목표로 공부하는 한편, 여가 시간에는 노래의 가사를 창작했다. 결국 부모님 집의 지하실에서 노래들을 녹음하기 시작했고, 그것은 재빨리 비디오 녹화로 진전되었다. 그 후 녹화된 그 비디오들을 유튜브에 올렸는데, 점차 컬트와 같은 팬의 기반을 구축하게 되었다. 그의 노래들은 훌륭했고, 그의 비디오는 잘 만들어진 것이었으며, 그에게는 카리스마가 있었다. 그는 무엇인가에 정통했던 것이다.

이 책을 집필하고 있는 현재, 타일러의 유튜브YouTube 채널에는 170만 명 이상이 가입되어 있다. 그의 비디오들은 4억 회 이상 관람되었다. 그의 노래들은 빌보드의 비공식 최고 100곡 목록에서 5위까지 올라갔고, 빌보드의 50곡 공식 목록에도 여러 주간 동안 올랐다. 또한 엘렌 디제네레스 쇼 Ellen DeGeneres Show에 직접 출연하는 기회도 주어졌다. 그는 소니 뮤직 저머니 Sony Music Germany뿐 아니라 자신의 이름을 가진 일류 가수였고, 유럽 전체와 미국을 순회하며 공연했다.

타일러의 가장 큰 성과는 아마 앞에서 언급된 그의 제작회사 타일러 워드 스튜디오즈(http://tylerwardstudios.com/)일 것이다. 그는 이 회사를 2009년에 설립했다. 그의 사명은 신진 가수들을 발굴하고 그들이 라디오 수준의 노래들을 취입하여 경력을 쌓는 것을 지원하는 데 있다. 과거의 고객들 가운데에는 제이슨 데룰로 Jason Derullo, 코디 심슨 Cody Simpson, 더 플레인 화이트 티즈 The Plain

White T'S 등이 포함된다.

타일러는 연결자가 되었을 뿐만 아니라 개척자의 좋은 예도 된다. 타일러가 공군사관학교에 다닐 때, 그는 좀비나라에 들어 있었다. 공군사관학교는 잘못된 것이 전혀 없었다. 오히려 대단히 명예로운 곳이었다. 그러나 타일러에게는 적합하지 않았다. 그는 음악 산업에서 일하는 것이 제격이었다. 사관학교를 그만두는 것은 아마도 힘든 일이었을 것이다. 난처한 일이기도 했을 것이다. 그러나 너무나 잘한 일이었다.

지금 되돌아보면, 타일러의 결정은 올바른 것이었다. 타일러는 목적의 분출이 스스로 유기적으로 드러나도록 내버려 둔 채 일정한 방향도 없이 출발했다. 자기가 즐기는 어떤 것을 발견했을 때 그는 다른 모든 것을 버렸고, 가능한 한 많은 경험을 쌓으면서 매달렸다. 물론 그것이 언제나 멋진 것은 아니었다. 공군사관학교를 중퇴한 후 지방대학에 다시 들어가고, 부모님의 집 지하실에서 비디오를 만드는 일은 그리 대단한 것처럼 보이지 않을 테니 말이다. 그러나 후퇴와 위험부담은 결국 보상을 제공했다.

타일러는 이제 음악을 공유하고 창조하겠다는 목적의 아크에 자신이 가진 모든 에너지를 쏟아 붓는 일로 인생의 기초를 다진다. 그리고 그는 이제 막 30세를 넘겼다. 그리 나쁘지 않다.[22]

---

22) http://en.wikipedia.org./wiki/Tyler_Ward

## 당신의 열정은 상품이다

"내가 총알들을 피할 수 있다고

너는 나에게 말해 주려고 하는가?"

"네오, 그런 게 아니다. 내가 말해 주려고 하는 것은

네가 준비가 되어 있을 때에는

그렇게 할 필요가 없을 것이라는 점이다."

— 〈매트릭스〉에서

모든 사람이 유튜브에 등장하여 팝스타가 될 수 있는 재주를 지닌 것은 아니다. 그러나 '어떠한 열정이든' 모든 산업에서 수입을 만들어내는 상품으로 전환시킬 수는 있다. 그것이 어떻게 가능할 수 있는지를 설명하기 위해 몇 가지 이유를 여기 제시한다.

1. 사람들은 지식을 갈망한다.
2. 지식은 무한하다.
3. 사람들은 게으르다.
4. 사람들은 잊어버린다.

### 사람들은 지식을 갈망한다

사람들은 날마다 반복되는 삶을 이어가면서, 그 삶을 개선시킬 방법이 무엇인지를 끊임없이 찾고 있다. 10개국 회화를 할 수 있다면, 미식가들이 환호하는 음식을 요리할 수 있다면, 남들의 넋을 빼는 마술 묘기를 부릴 수 있다면, 사람들의 시선을 사로잡는 모바일 앱들을 디자인할 수 있다면, 여러 가지 악기를 연주할 수 있다면, 백만 달러를 벌 수 있다면, 어떠한 논쟁이라도 이길 수 있다면, 어떠한 직업이라도 적응할 수 있다면, 찰떡궁합의 상대방을 발견할 수 있다면…… 얼마나 좋겠는가? 물론 더할 나위 없이 좋을 것이다.

### 지식은 무한하다

우리가 얻을 수 있는 지식은 무한하다. 좀 더 나은 삶에 대한 추구는 끝이 없다. 이 같은 전제는 두렵고 무섭기까지 하지만 분명한 것은 압도적이란 사실이다. 하지만 우리가 얻을 수 있는 지식이 무한하다고 해도, 알아야 할 지식을 모조리 배우는 것은 사실상 불가능하다.

무한한 지식을 얻는 일에 몰두하다 보면, 우리는 자신에게 필요한 지식을 뽑아내거나 선택해야만 하기 때문에 어떤 기준을 찾아내서 초점을 맞추어야만 한다는 사실을 깨닫는다. 또한 가능한 한 많은 것을 배우기 위해서는 효율성을 찾을 필요가 있다는 사실을 알게 된다.

그래서 나는 다음 항목으로 넘어간다.

### 사람들은 게으르다

우리들 대부분은 게으르다. 그렇기 때문에 지름길이 있다면 우리는 그것을 택한다. 우리는 단순한 것을 원한다. 이것은 기술자들에게 가치를 창조할 기회를 주기 때문에 좋은 것이다. 이것은 당신과 나, 즉 기술자들이 특정 주제에 관해 공부를 하면서 시간을 보내고, 그 주제에 관해 가장 관련이 깊은 정보를 종합하고, 그것을 조직된 형식 — 책, 블로그, 포드캐스트, 앱 등 — 으로 포장한 다음 그에 관한 공부에 관심이 있는 사람들에게 판매한다는 것을 의미한다.

게리 베이너척 Gary Vaynerchuk은 와인을 가지고 이런 일을 한다. 리오 바바우타 Leo Babauta는 습관 형성을 가지고 한다. 팀 페리스 Tim Ferriss는 생활양식 디자인으로 한다. 그렇듯이, 당신이 유익한 것들을 말한다면 사람들은 그 말을 듣기 위해 돈을 지불할 것이다.

### 사람들은 잊어버린다

당신은 속으로 이렇게 생각할지도 모른다.

'잠깐만! 이것은 모두 그럴듯하게 보이지만, 내가 사람들에게 가르치려고 하는 것은 이미 모두 가르쳐진 것이다. 그리고 나는 그것에 관해 책을 몇 권 읽었을 뿐이다! 내가 가르치려는 지식이 이미 존재한다면, 나는 그 지식으로 돈을 벌 가능성이 전혀 없다.'

나는 당신의 이러한 생각을 이해하지만, 당신 생각은 틀린 것이다. 다행스럽게도, 사람들은 잊어버린다. 그렇기에 관련되는 제품이 이미 있다 해도 상관없다는 말이다. 그것은 당신이 무엇인가를 팔 수 있는 시장을 확인해 주기 때문에 오히려 좋은 것이다.

당신의 걱정에 대해 생각해 봐라. 당신이 관심 갖고 있는 주제에 관한 어떤 책들을 당신이 읽었다면, 그것은 다른 사람들도 그 주제에 관해 관심을 갖고 있을 뿐만 아니라 그 책들을 샀다는 것을 의미한다. 사람들은 자신이 관심 갖고 있는 주제에 대한 내용의 책을 계속 반복해서 구입하고 있기 때문이다. 그래서 당신 자신이 당신의 안전판인 것이다.

어떠한 열정이든 모두 상품으로 전환시킬 수 있는 이유와 방법의 기초를 안 다음에는 몇 가지 고려할 중요한 사항들이 있다. — 이 규칙들은 모든 상품에 관련되는 것이며, 만약 당신이 더욱 전통적인 회사를 설립하는 과정에 있다 하더라도 이 규칙들이 여전히 적용된다는 사실을 명심해라.

1. 당신은 지식 또는 재능이 있어야만 한다.
2. 당신은 효과적으로 분배해야만 한다.
3. 타의 추종을 불허할 만큼의 대성공은 드물다.
4. 참신하게 보이지 않으면 안 된다.
5. 당신은 가치를 제공해야만 한다.

### 당신은 지식 또는 재능이 있어야만 한다

지식이나 재능이 없다면, 당신은 가치의 제공을 기대할 수 없다. 그렇기 때문에 당신에게는 이 두 가지 가운데 적어도 한 가지가 필요하다. 사람들은 엉터리를 매우 쉽게 알아채므로, 당신은 자기가 굉장히 잘 아는 것 또는 잘할 수 있는 것에 초점을 맞춰야만 한다.

당신은 대규모 시장을 공략하려는 유혹을 받을지도 모르지만, 당신이 그 분야에 대해 100% 자신도 없고 유능하지도 않다면 일은 수포로 돌아가기 십상이다. 또한 시장이 이미 포화상태이고 경쟁이 치열하다면 당신은 실패할 가능성이 매우 높다. 그렇기 때문에 당신이 실제로 이해하고 있는 분야 또는 당신이 남들을 능가할 수 있는 특정 제품을 찾아내는 것이 무엇보다 중요하다.

### 당신은 효과적으로 분배해야만 한다

제품을 만든 다음에는 그것을 분배해야만 한다. 그렇기 때문에 당신은 자신의 목표 고객들에게 도달하는 데 가장 좋은 기회를 제공하는 분배 경로를 발견하고 싶어 한다.

타일러 워드에게는 이것이 비디오를 유튜브에 내거는 것을 의미한다. 그는 자기의 음악을 아이튠즈iTunes에 독점적으로 올릴 수도 있었지만, 유튜브에 올렸다. 유튜브에서 급속히 전파된다면 그의 목표 고객들인 청소년층에 한층 더 어필할 수 있기 때문이다.

다른 예를 들자. 앱을 팔려고 할 때, 당신은 애플 앱 스토어 Apple

App Store, 킨들 앱 스토어Kindle App Srore, 구글 플레이 Google Play 등 최대 규모의 소프트웨어를 통해서 분배하기를 바랄 것이다…….

### 타의 추종을 불허할 만큼의 대성공은 드물다

당신의 계획에서 오는 재정적 수익은 현재의 직업을 버려도 좋을 만큼, 적어도 당장 버려도 좋을 만큼 충분하지 못할지도 모른다. 그러나 당신의 노력은 여전히 그 나름대로 가치가 있을 것이다. 따라서 당신은 자기가 관심을 기울이는 어떤 일을 한다는 것으로 행복을 얻을 수 있어야만 하고, 우수한 내용물을 만든다는 것에 대해 자부심을 느껴야만 한다.

세상에는 여러 가지 열쇠가 있지만, 열정이야말로 행복의 열쇠라는 점을 명심해라. 재정적 수입과는 관계없이 그것은 대단히 가치 있는 것이다. 또한 그것은 최종적으로 당신의 능력을 반영하는 데 유용한 역할을 할 것이고, 세월이 흐른 뒤에 당신에게 유리하게 작용할 테니까 말이다.

### 참신하게 보이지 않으면 안 된다

고객들이 어떻게 당신이 만든 제품을 알게 될 것인가? 또한 무엇으로 그것을 유사한 제품들보다 더 좋고 더 재미있고 더 즐길 만한 것으로 만들 것인가? 하지만 그것이 지루하고 진부하게 느껴진다면 성공할 가능성은 없다고 봐야 한다.

### 당신은 가치를 제공해야만 한다

이것이 가장 중요한 핵심이다. 당신이 위의 각 단계를 시행했다 해도, 당신이 판 제품에서 고객이 가치를 얻지 못한다면 당신의 노력은 물거품이 되고 말 것이다. 이것은 거래에 있어서도 파악하는 것이 쉽지 않은 요소다.

그렇다면 가치를 구성하는 것이 무엇인지를 어떻게 알아내야 하는가? 나의 가장 좋은 충고는 고객의 반응을 얻어내라는 것이다. 그러기 위해서는 콘텐츠를 만들 때마다 그것을 공유해라. 소비자의 행동양식을 예측하기란 거의 불가능하지 않은가. 따라서 그것을 시험해 보는 과정이 필요한데, 가장 좋은 방법은 당신의 제품을 일찍 그리고 자주 공유하는 것이 가장 바람직하다는 말이다.

### 콘텐츠를 만든다는 것 — 그것에 관한 마지막 생각

당신의 열정을 기반으로 무엇인가를 만든다는 것은 환상적인 일이다. 그것은 수입을 창출해 내기 때문만은 아니다. 당신 자신에 관한 깨달음은 물론이고, 나중에 당신이 자랑스럽게 여길 구체적인 제품을 만들어내기 때문이다. 재정적으로 막대한 이익을 가져다주지 못한다 해도 그 계획은 다른 방식으로 도움이 될 것이다. 책, 노래, 게임, 포드캐스트, 앱 또는 당신이 독자적으로 판매할 수 있는 다른 것들도 그것이 쉽게 소비될 수 있고 유한한 것이기 때문에 수익성이 있는 것이다. 이것은 당신이 한 가지 계획에서는 실패하더라도, 다른 계획에서는 수십 년의 인생을 낭비하지 않고서도 성공할 수 있다는 것을 의미한다.

당신의 지식을 상품으로 전환시키는 것은 수입을 만들어내는 목적의 분출들 가운데 하나다. 그것은 가장 불안정한 선택일 가능성도 있는 반면, 당신을 위한 유일한 선택도 아니며 반드시 가장 좋은 선택이라는 보장도 없다.

이미 언급했지만, 당신이 만일 신규회사를 설립하는 과정에 있다면 이 항목의 모든 것은 여전히 적용된다. 그렇기 때문에 당신은 여전히 당신이 제공하는 제품에 대한 지식을 갖춰야만 하고, 여전히 효과적으로 분배해야만 한다. 아울러 당신은 타의 추종을 불허할 만큼 대성공을 거둘 확률이 극히 적으므로 장기적으로 일을 계속해야만 한다. 또한 당신은 경쟁에서 이기기 위해 여전히 참신하게 보여야 하고, 여전히 가치를 제공해야만 된다. 그렇지 않으면 고객들이 떠날 것이다. 그뿐 아니라 당신은 또한 문화, 팀의 역학, 시장의 힘, 현금의 흐름 등도 다루어야만 한다.

결코 쉽지 않다! '열정을 기반으로 삼지 않으면 안 되는 이유' 가 바로 여기 있다. 정신적 관점에서 몰두하지 않는다면, 당신은 끈질긴 인내를 발휘하지 않을 테니까 말이다.

## 점(dot)들은 나중에 연결해라

당신의 열정이 사소하거나 쓸모없는 것처럼 보일지도 모르지만, 그것을 염려해서는 안 된다. 당신은 자신의 과거와 현재의 경험들이 미래에 어떤 영향을 미칠지 이해하지 못하고 있을지도 모른다. 그래도 좋다! 당신의 체험들이 여기서 말하고자 하는 가치하고 상관없게 느껴지더라도 당신은 이미 자신의 열정을 추구할 자유를 얻지 않았는가. 비디오 게이머들과 그들이 받고 있는 수십만 달러의 보수를 기억하는가? 타일러 워드를 유튜브의 선풍적 총아로 만든 셀프 비디오들을 기억하는가? 당신은 열정, 취미, 심지어는 보잘것없게 여겨지는 지식마저도 미래에 당신에게 어떻게 도움이 될 수 있는지를 알게 되면 놀라지 않을 수 없을 것이다.

여기 소개하는 또 다른 이야기의 주인공인 완고한 대학 중퇴자는 '자신이 걸어갈 길을 몰랐다.' 는 것의 가치를 나중에야 깨달았다고 한다.

> 나는 리드 대학에 입학한 지 6개월 만에 중퇴했다. 그러나 18개월가량 캠퍼스를 떠나지 못하고 청강생으로 머물다가 결국은 완전히 그만두었다. 그러면 나는 왜 중퇴했던가?
> 그 이유는 내가 출생하기 이전에 이미 시작된 것이었다. 나의 친모는 젊은 대학원생이었는데 정식으로 결혼하지 않은 상태였다. 그래서 어머니는 내가 태어나기도 전에 나를 양자로 보내기로 결정했는

데, 조건이 나의 양부모가 대학을 졸업한 사람들이어야만 한다는 것이었다. 그리하여 나는 어머니의 고집대로 변호사 부부의 양자가 되는 것으로 정해져 있었다. 그러나 내가 태어났을 때 그 변호사 부부는 마음이 변해서 마지막 순간에 양자가 아니라 양녀를 원했다고 한다.

그 결과, 실제로 나를 받아준 양부모는 대기자 명단에 올라 있던 분들이었다. 그분들은 한밤중에 "데려갈 사람이 없는 남자아이가 있는데 당신들이 데려가겠습니까?"라는 전화를 받고, "물론이지요." 라고 대답했다.

나의 친모는 나의 양모가 대학을 졸업한 적이 없고 양부는 고등학교를 졸업한 적이 없다는 사실을 나중에 알고는, 입양서류에 서명하기를 거부했다. 그러다가 몇 달 후 나의 양부모의 약속, 즉 내가 자라서 대학에 갈 나이가 되면 대학에 진학하도록 하겠다는 약속을 믿고 마음이 누그러졌다.

그러고 나서 17년 후, 나는 대학에 들어갔다. 그러나 순진하게도 나는 스탠퍼드 대학교만큼 학비가 비싼 대학을 선택했고, 근로자 계층에 속하는 나의 양부모의 저축은 모조리 나의 학비로 쓰였다. 6개월 뒤 나는 그렇게 할 가치를 발견할 수가 없었다. 나는 내 인생에서 무엇을 하고 싶은지에 대해 이렇다 할 생각이나 계획이 없었고, 내가 그것을 알아내는 데 대학이 어떻게 도움이 될는지에 대해서도 확신이 없었다. 그런 상황에서 나는 양부모가 평생 동안 저축한 돈을 대학에서 모두 소비하고 있었다. 그래서 중퇴하기로 결정했고, 모든 일이 잘될 거라고 믿었다.

그것은 그 당시에 매우 두려운 일이었지만, 되돌아보면 나의 결정들 가운데 가장 잘 내린 결정 중 하나였다. 중퇴한 순간부터 나는 흥미 없는 필수과목들의 강의를 듣지 않는 대신, 청강생으로서 나에게 흥미 있는 과목들의 강의만 들을 수 있었다.

물론 그것은 그리 낭만적인 일은 아니었다. 나는 기숙사에 들어갈 수가 없었기에 친구들 숙소의 바닥에서 잠을 잤고, 먹을 것을 사기 위해 빈 콜라병들을 모아서 갖다 주고 한 병에 5센트를 받았다. 그리고 일주일에 한 번씩 푸짐한 음식을 먹으려고 일요일 밤마다 12㎞도 넘는 거리를 가로질러 헤어 크리슈나 사원까지 걸어가고는 했다. 하지만 나는 그렇게 하는 것이 좋았다. 나의 호기심과 직관에 의하면, 우연히 경험한 당시 체험들의 대부분은 훗날 더없이 가치 있는 것으로 판명되었다. 이제 예를 하나 들겠다.

당시에 리드 대학에는 미국 전국에서 가장 뛰어나다고 말할 수 있는 서예 과정이 있었다. 캠퍼스의 곳곳에 붙어 있는 포스터나 표어는 대부분 멋지게 손글씨로 쓴 것들이었다. 나는 중퇴했기에, 그래서 정규 과목의 강의를 들을 필요가 없었기 때문에 서예를 배우기로 결정했다. 알파벳 활자의 돌출선에 관하여, 돌출선이 없는 활자에 관하여, 서로 다른 활자들의 배열 사이에 여러 가지로 간격을 띄우는 것에 관하여, 그리고 무엇이 위대한 활판 인쇄체를 그렇게 만드는지에 관해서 공부했다. 그것은 아름답고, 역사적이고, 과학이 감당할 수 없을 만큼 예술적이며 미묘한 것이었다. 나는 그러한 아름다움과 의미에 매혹되어 빠져들고 말았다.

당시에는 이러한 것들이 내 삶에서 실질적으로 활용될 가망은 전혀 없어 보였다. 그러나 10년 후, 우리가 최초의 매킨토시Macintosh 컴퓨터를 디자인할 때 이 모든 것을 활용할 수 있는 기회가 나에게 돌아왔다. 그리고 우리는 이 모든 것을 매킨토시 안에 디자인해서 넣었다. 그것은 아름다운 활자체를 가진 최초의 컴퓨터였다. 내가 만일 대학에서 그 학과를 청강하지 않았더라면, 매킨토시는 여러 종류의 활자체 또는 비례를 고려하여 간격이 띄어진 폰트들을 결코 갖지 못했을 것이다. 그리고 매킨토시를 그대로 복사한 윈도우즈Windows를 사용하려는 개인 컴퓨터도 아마 없었을 것이다. 내가 만일 대학을 중퇴하지 않았더라면 나는 이 서예 과정을 청강하지도 않았을 테고, 개인 컴퓨터들은 현재 사용하는 아름다운 활자체들을 사용하지 못했을 것이다. 물론 내가 대학에 다니고 있을 때는 앞을 내다보면서 점들을 연결하는 것이 불가능했다. 그러나 10년이 지난 후 되돌아보니, 그것은 정말 대단히 명료한 것이었다.

다시 말하면, 앞을 내다보면서 점들을 연결하는 것은 불가능하다. 오로지 되돌아보면서 연결을 가능하게 만드는 것뿐이다. 그러니까 당신은 그 점들이 미래에 어떤 식으로든 연결될 것이라고 믿어야만 한다. 당신은 자신의 배짱, 운명, 생애, 카르마 등 그것이 무엇이든 간에 어떤 것을 믿지 않으면 안 된다. 이러한 접근방식은 결코 나를 완전한 좌절에 빠지게 하지 않았고, 내 생애의 모든 것을 변화시켰다.

위 이야기의 주인공은 애플Apple의 전설적 CEO인 스티브 잡스Steve Jobs다. 그리고 이 이야기는 2005년 스탠퍼드 대학교 졸업식에서 그가 한 유명한 축사의 일부분이다.[23]

이것은 미래에 일어날 가공의 결승선을 통과하는 것이 아니라 열정과 목적이 어떻게 성공을 초래하는지를 완벽하게 보여주는 것이다.

결승선은 잊어버려라. 그 대신에 바로 당신 앞에 있는 열정과 목적을 찾도록 해라. 그 점들은 나중에 연결될 것이다. 그것은 내가 약속한다. 그리고 스티브 잡스도 그렇게 약속했다.

### 작업 일지 2 — 마커스Marcus

사람들은 성공을 전혀 엉뚱한 방식으로 정의한다. 좀비나라에 갇혀 있을 때 나는 사회적 관례를 따랐다. 사람들은 나의 생활을 보고 성공한 사람이라고 생각했지만, 나는 행복하지 않았다. 나는 속으로 무너지고 있었다.

오전 9시부터 오후 5시까지 정해진 시간 동안 일하는 것이 우리에

23) http://tinyurl.com/dfbkvo

게 부과된 체제지만, 그것이 우리에게 주어진 유일한 선택은 아니다. 나의 친구 마커스의 예를 들어보자.

**2006년경, 근무 중에 작성한 내용들**

대학에 다니면서도 결코 졸업은 하지 않는 사람들을 알고 있는가? 당신은 내가 어떤 사람들에 관해서 이야기하는지 이미 눈치챘을 것이다. 누구나 주변에 그런 사람들이 한둘 있기 마련인데, 그들은 어떤 면에서는 마치 자녀를 거느린 아버지처럼 보이기도 한다. 또한 대학생활을 위해 살아가고 있는 듯이 보이기도 하는데, 대개 보면 그들은 남달리 침착하다. 위생 상태는 의문스럽지만 그들은 인생을 사랑하는 듯이 보이기도 한다. 하지만 누구나 그들과 마주치면 고개를 흔들면서 '불쌍한 녀석'이라고 하거나, "저 친구는 자기 생활을 정리하고 변화시킬 필요가 있어."라고 말한다. 나는 우리 기숙사의 고참 4학년생인 마커스에 대해서도 똑같은 말을 했다고 생각한다. 그 당시 나는 그의 행태를 이해하지 못했기에 못마땅하게 여겼다. 하지만 지금은 그 당시의 그를 부러워한다.

마커스는 살아 있는 사람들 가운데 가장 영리할지도 모른다. 그는 자본주의의 포로가 되는 것을 거부했다. 아메리카 회사 체제라고 알려진 세속 사회를 배척했다. 그뿐 아니라 그는 자기 스타일에 따라 그것을 배척하는 길을 발견했다.

마커스의 체중은 110㎏가 조금 넘는다. 그의 몸은 순전히 근육질이다. 그는 늘 학생증을 지니고 있어서 대학 내의 체력단련센터를 자유롭게 이용한다. 접수대의 학생들도 그를 귀찮게 하지 않았고, 검색 시스템은 그의 학생증이 유효기간이 지났다거나 그가 지난 8년 동안 정규 학생 신분이 아니었다는 사실 등이 기록되어 있지도 않았다. 그것은 그렇다 쳐도, 접수대의 키가 작은 학생들은 아무도 그에게 센터를 떠나라고 말하지 않을 것이다. 여학생들은 그가 회전문을 통과할 때 기절하고, 남학생들은 혹시라도 그가 화를 내지는 않을까 싶어 고개를 푹 숙인다.

마커스는 체력단련센터에서 날마다, 그것도 무료로 운동을 한다. 뉴욕시에 있는 체육관을 모조리 뒤져봐도, 한 달에 75달러 이하로는 회원 가입을 할 수 없는데 말이다.

마커스는 내가 거주하고 있는 낡은 기숙사 건물에서 산다. 그는 지하실 전체를 독차지했다. 그는 가끔 위층으로 올라와서는 음식을 움켜쥔다. 기숙사에는 모든 음식을 만들어주는 요리사가 있기 때문에 그는 먹어주는 일 이외에 아무것도 할 필요가 없다. 제공되는 음식은 때로는 스파게티와 미트볼, 미트로프, 때로는 칠면조고기와 다진 감자다. 음식은 그리 대단한 것은 아니지만, 체력을 유지하는 데는 도움이 된다.

나는 식비를 계속해서 계산해 두고 있었는데, 최근에는 한 달에 300달러에 이른다. 나는 매우 검소하게 식사를 한다는 사실을 명심해라. 식사에 관한 한 나는 돈을 아끼려고 최대한 애쓴다. 그런데도 나의 식비는 일 년에 3,600달러다. 마커스의 식비는? 무료다.

마커스는 그렇게 절약해서 모은 돈으로 무엇을 사는가? 그것을 누가 알겠는가. 아마도 맥주 값으로 나가기 십상일 것이다. 체육관에서 입을 체육복을 한두 벌 살지도 모른다.

마커스는 자유로운 시간에 다른 일도 많이 한다. 왜냐하면 그는 하루 종일 자유롭기 때문이다. 술집에도 가고 독서도 하고 글도 쓰고 휴식을 취하기도 한다. 반면, 나는 자유로운 시간에 잠을 잔다.

내가 아는 한 마커스에게는 직업이 없다. 그는 집세를 어떻게 낼까? 간단하다. 내지 않는다. 지난 여러 해 동안 기숙사의 재정 담당자들은 부주의하고 태만해서 마커스가 집세를 내지 않는데도 그에게 밀린 집세를 전혀 청구하지 않는다. 해마다 재정 담당자가 새로 선출되는데, 기숙사에서는 학생들의 집세 연체 현황이 업무 인계 과정에서 자주 누락되는 것 같다. 기숙사의 부채는 대개 본부의 기증으로, 또는 기숙사가 '지역 공동체와 전국을 통해서 좋은 사업을 하기 위해 자금을 모으는 일'에 도움이 될 모금 행사를 벌여 그 기금으로 청산하곤 한다. 기금은 지역 공동체에 제공되는 대신에 마커스와 같은 사람들의 누적된 부채를 갚아주려고 기숙사에 기탁되는 일이 적지 않다.

때로는 마커스가 이상한 일들을 할지도 모른다. 그는 낡은 교과서들을 수집해서 구내서점에 팔 것이다. 새로 들어오는 신입생들을 위한 강당의 특별석들을 마련해 놓고 순진한 신입생들에게 일일이 돈을 거둘 것이다. 기숙사의 여학생들과 인기 있는 남학생들을 위해 티셔츠들을 만들어 상당한 이익을 챙길 것이다. 연말이 되면 그의 은행계좌에는 거액이 들어 있을 것이다. 그는 경상비 지출이 너무나도 적기 때문에 수입 금액은 고스란히 그의 계좌에 남아 있을 것이다.

자유로운 시간이 너무나도 많은 마커스는 자기가 모은 돈을 가지고 무엇을 해야 좋을지 알아내기 위해 재정학 강의를 들어보기로 결정한다. 적은 돈을 어떻게 큰돈으로 불릴 수 있는지를 알기 위해 가능한 한 많이 공부한다. 그래서 투자를 통해 일 년에 10% 내지 30%의 수익을 추가로 거둔다. 이러한 일을 계속한다면 그는 35세가 될 무렵에 백만장자가 될 것이다.

마커스Marcus는 실존하는 인물이다. 나는 바로 얼마 전에 그를 결혼식장에서 보았다. 나의 일지 내용은 거의 전부가 정확하다.

물론 마커스는 캠퍼스에 영원히 머물지는 않았다. 그는 체력단련 트레이너가 되었다. 그가 일하는 체육관은 최근에 그에게 지배인 자리를 제의했지만, 그는 거절했다. 그는 권모술수에 말려들어가기가 싫었던 것이다.

사람들을 가르치는 일이 그의 진정한 열정이다. 그는 자기가 원하는 삶을 살고 있고, 또한 행복하다. 물론 언제나 침착하다.

마커스는 연결자다. 당신이 개인적으로 체력단련 지도를 받고 싶다면, 그가 바로 당신이 원하는 트레이너다. 그는 지금까지 거의 25년 동안 지도해 왔고, 그 일에 대단히 성공적이다. 마커스는 전통적인 경력 코스를 밟지 않았고, 어른이 된 뒤의 초기 생활은 매우 불안정했다. 그러나 그는 자기에게 자유를 주는 대체적 생활양식을 찾아내는 데 매우 독창적이었다. 뿐만 아니라 마커스는 지금도 자기 자신의 일정을 스스로 작성하고, 자기가 선택한 고객들과 함께 일하고, 자기가 좋아하는 일을 하면서 시간을 보낸다.

대학에서 마커스를 알게 된 사람들은 그가 게으르다고 생각했지만, 그는 그렇지 않았다. 그는 삶을 즐기고, 자신의 열정을 탐색하고, 재능을 연마하고 있었다. 반대하는 사람들이 고개를 가로저어도 개의치 않았다. 지금, 마커스는 웃고 있다.[24]

## 독특한 분위기를 추구해라

미시간 대학교의 축구장은 빅 하우스 Big House라고 알려져 있다. 이것은 미국 내에서 가장 크고 가장 유명한 축구경기장들 가운데 하나다. 미시간 대학교 팀이 자기 본고장인 이 축구장에서 경기를 하면 10만 명이 넘는 열렬한 팬들이 관중석을 가득 채운다. 우리 팀의 상대가 누구인지는 문제가 아니다. 내가 '우리' 팀이라고 말하는 것은 미시간 대학교가 나의 모교이기 때문이다. 나는 골수팬이다. 전 세계의 수백만 명이 넘는 사람들과 더불어서 나는 미시간 대학교의 축구 프로그램이 보여주는 독특한 분위기를 좋아하고 그것에 도취되곤 한다.

미시간 주의 앤아버에서 맞이하는 '게임의 날 Game day'은 황홀한 체험이다. 시합이 개시되기 여러 시간 전부터 사람들은 경기를 보러 가려고 준비를 시작한다. 경기장은 대학교의 주요 캠퍼스에서 남쪽으로 2㎞가량 떨어져 있어, 수만 명의 학생들과 시외의 주민들이 빅 하우스까지 줄지어 걸어간다. 차가 다니는 길마저 모두 인도로 변해서 황색과 청색으로 장식한 팬들로 가득 찬다.[25] 어린이들,

---

24) 아직도 한 가지 유형을 찾고 있는가? 생활양식은 언제나 화려한 것은 아니지만, 거의 언제나 행복 그리고 거기 추가되는 단계 — 즉 오전 9시부터 오후 5시의 전통적 시나리오에서는 일반적으로 불가능한 자립의 단계 — 에서 그 절정을 이룬다.

한편 마커스는 기숙사에 진 부채의 마지막 1센트까지 실제로 모두 갚았다.

25) 황색과 청색은 미시간 대학교 축구팀을 상징하는 색깔이다.

대학생들, 부모님과 할아버지 · 할머니 등 모두가 유일한 목표인 경기장을 향해 행진한다. 목이 쉬도록 불러대는 노랫소리가 들리고, 축구공들과 플라스틱 원반들이 수도 없이 공중으로 던져지는가 하면 엄청난 양의 맥주가 소비된다. 거리 전체에 활기가 넘쳐난다. 이러한 에너지의 집중은 독특한 분위기, 즉 동일한 것을 추구하는 사람들이 모인 거대한 집단에서만 가능한 것이다.

나는 미시간 대학교의 축구경기를 좋아한다. 거기 깊숙이 몰두해 있다. 거의 15년 전에 처음으로 대학 캠퍼스에 발을 디딘 이래 나는 단 한 게임도 관람을 놓치지 않았다.[26] 그 프로그램의 역사와 전통은 미시간 대학교가 대학 간 게임에 처음 참가한 1879년부터 비롯되었다. 그것은 수백만 명을 감동시킨 전통인데, 이러한 독특한 분위기는 앞으로도 계속 유지될 것이다. 물론 나의 관심도 줄어들지 않을 테지만, 혹여 나의 관심이 사라진다고 해도 그 독특한 분위기는 여전히 지속될 것이다. 왜냐고? 그것은 당신 자신보다 더 큰 어떤 것의 일부분이 된다는 의미도 있지만, 무엇보다도 황홀하기 때문이다.

만약 어떤 대학이든 마음대로 선택해서 대학을 다시 다닐 수 있다면, 나는 또다시 미시간 대학교를 선택할 것이다. 물론 그곳의 교육은 탁월했고, 그곳에서 멋진 친구들도 사귈 수 있었다. 그러나 미시간 대학교를 다시 선택하고 싶은 가장 큰 이유는 이 대학교 축구 프

26) 이것은 텔레비전으로 게임 중계를 보는 것도 포함한다. 나는 더 이상 미시간에서 살지 않기 때문에 게임을 직접 관람하는 경우가 드물다(어쨌든 모든 게임을 직접 관람한다는 것은 미친 짓일지도 모른다).

로그램의 독특한 분위기 때문이다.

독특한 분위기는 스포츠 · 종교 · 정당과 같은 것들의 주위에 자연히 형성되고, 어떠한 것이든 모두 나름대로의 분위기를 지닐 수 있다. 그러므로 당신은 당신 자신이 구축하고 있는 모든 인간관계에서, 당신이 참여하는 모든 프로젝트에서, 그리고 당신이 근무하는 (또는 설립하는) 모든 회사에서 독특한 분위기를 탐색하는 것이 바람직하다. 자신에게 유리하게 작용하는 독특한 분위기는 사람마다 모두 다르므로, 당신은 자신에게 유리하게 작용하는 분위기를 찾아내지 않으면 안 된다.

독특한 분위기를 지니는 것은 좋은 반면, 그런 분위기가 없는 것은 좋지 않다. 그런데 독특한 분위기를 갖지 못한 회사들은 너무나도 많다. 당신이 그런 조직들 가운데 하나에 근무하고 있다면, 그곳을 떠나라!

나는 독특한 분위기가 없는 회사에서 너무 오랫동안 일을 했다. 내가 속해 있는 부서는 내가 입사하기 전에 시행된 회사 합병의 결과였고, 상부의 경영진은 우리 팀을 어떻게 다루어야 할는지도 전혀 알지 못했다. 나는 2년 동안 출퇴근을 하다가 회사를 그만두었다. 그리고 독립적으로 회사를 설립했는데, 당시에 위험부담을 감수하면서 그렇게 결정 내린 것을 잘했다고 생각한다. 최근에 안 사실이지만, 그 회사에서 내가 속해 있던 부서는 폐지되었다. 하지만 솔직히 말해, 그 사실이 그다지 놀랍지도 않다. 속사정은 정확히 몰라도, 나는 그것이 독특한 분위기 또는 그러한 분위기의 결핍과 관련 있다고 확신한다.

당신은 독특한 분위기의 일부분일 때 비로소 살아 있다는 것의 본질 — '배려 · 신뢰 · 감동' — 을 체험할 수 있다. 그러한 것이 없다면 당신은 허수아비 쇼를 하는 것에 불과하다.

제2단계 : 몰두해라 Commit

# 위험부담과 끈질긴 인내

"성공은 최종적인 것이 아니고, 실패는 치명적인 것이 아니다.
중요한 것은 계속 나아가려는 용기다."

— 윈스턴 처칠 Winston Churchill

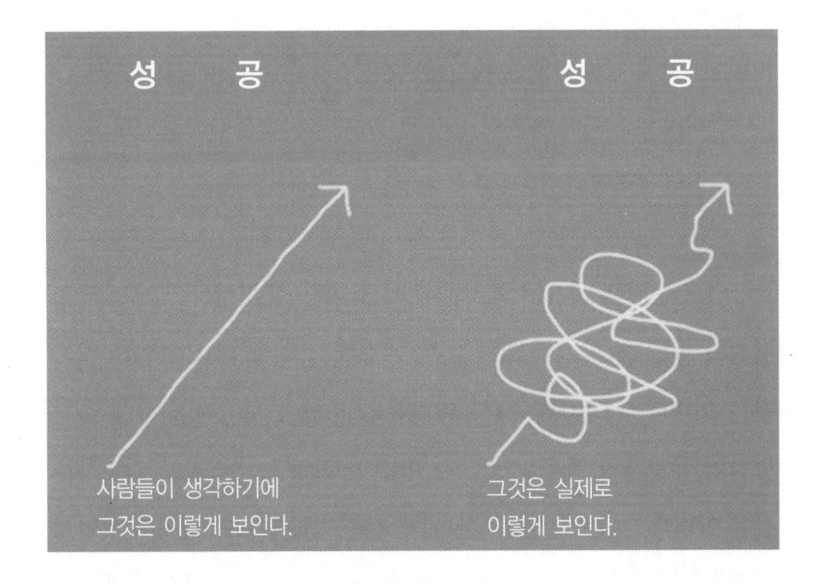


당신이 어떤 것에서 두각을 나타내기 위해서는 몰두하지 않으면 안 된다. 이것은 희생, 집중 그리고 끈질긴 인내를 의미한다. 또한 몰두는 장애물들, 실패, 어려운 선택들을 동반한다.

나를 포함한 많은 사람들은 어디에 몰두할 것인지에 관해 쉽게 결단을 내리지 못하고 있다. 당신은 현재의 보람 없는 자기 직업이 언젠가는 좀 더 나아질 것이라는 희망에 매달린 채 계속 거기 머물러 있을 것인가? 당신은 인간관계의 거친 영역을 언제까지나 헤쳐 나갈 수 있을 거라고 생각하는가?

나는 30년 후에 어떠한 상황에서든 항상 제 기능을 발휘할 수 있는 구체적 해답을 찾아냈다. 따라서 당신에게 아래 사항들에 대해 몰두하라고 권하고 싶다.

1. 당신의 열정에 대한 감정.
2. 당신의 열정에 의미를 부여하는 위험을 부담하는 것.

당신의 열정은 시간이 흘러감에 따라 변할 수도 있다는 사실을 명심해라. 이것은 당신이 평생 동안 변화를 감내할 필요가 있을 것이라는 의미다. 그렇다고 해서 어려움의 조짐이 보이기만 하면 즉시 당신의 동업자와 등을 지라거나 당신의 직업을 버리라고 권고하는 것은 아니다. 나는 당신이 자신에게 진정으로 필요한 것이 무엇인지 내면적으로 직시하라고 말하는 것이다. 다시 말하면, 당신이 지속적으로 행복해지기 위해서 무엇이 필요한지에 대해 심각하게 생각해보라고 권유하는 것이다. — 해변, 산, 그리고 늪지대를 기억하는가?

때로는 당신에게 변화가 불쑥 밀어닥칠 것이다. 또한 당신이 하고 있는 현재의 벤처 사업이 실패한다 해도 인생은 계속된다. 그런 종류의 실패는 분명히 뼈아픈 것이다. 하지만 당신의 열정은 여전히 남아 있고, 그 열정을 발산할 수 있는 새로운 길들이 항상 대기하고 있다. 이 점을 절대로 잊지 마라.

또한 위험부담은 사업의 과정에서 지속적이고 반복적으로 나타나는 일부분이라는 사실도 명심해라. 당신의 생활양식에 대해 편안하게 느끼는 것은 좋은 일이지만, 당신의 열정을 의미 있는 것으로 만드는 데 참으로 몰두한다면 당신은 한계에 도전하고 사물들을 참신하게 유지하는 새로운 길들을 언제나 모색해야만 한다.

이 항목은 당신이 열정에 몰두하려고 애쓸 때 만날 수 있는 많은 문제들에 초점을 맞춘다. 또한 포기하거나 시작조차 하지 않는 가장 흔한 구실들을 파헤치고, 어떻게 진로를 유지하는 것이 좋을지 당신에게 제시할 것이다. 이것은 분명히 4단계 C 가운데 가장 터득하기 어려운 단계다.

## 실패할 준비를 해라

당신이 자신의 열정을 추구하고 한계를 뛰어넘을 계획을 세운다면, 실패 또한 따르기 마련이다. 대부분의 사람들이 너무 겁을 내서 발견하지 못하는 놀라운 비밀이 여기 있는데, 그것은 당신이 실패한다 해도 연결자들은 아무렇지 않게 여긴다는 사실이다. 그들은 실패란 일직선 위의 한 점이라는 것을 알고 있기 때문이다. 당신이 자기 자신에게 계속해서 충실하고 인간관계를 잘 유지했다면, 당신의 연결자들은 진정한 친구의 경우와 마찬가지로 당신의 용기를 높이 평가하여 계속 지지할 것이다. 당신의 인간관계는 바로 이 부분에서 측정된다. 또한 이것은 획기적 발전이 이루어지는 곳이기도 하다. 체력단련 전문가인 토니 호튼 Tony Horton에게서 그 예를 찾아보자.

실패와 성공은 서로 달라붙어 있는 쌍둥이다. 즉 한쪽이 없이는 다른 한쪽도 존재할 수 없는 것으로, 달리 피해갈 방도가 없다. '실패'라는 말에서 문제가 되는 것은 이것을 당신은 실패자라는 의미 — 즉 실패자들은 성공하지 못한다거나, 여자를(또는 남자, 또는 파이, 또는 황금 항아리 또는 당신이 차지하고 싶어 하는 모든 것을) 차지하지 못한다는 의미 — 로 받아들이고 있다는 점이다. 그 결과, 많은 사람들은 차라리 안전하게 처신하고, 모험을 피하고, 탐험을 하지 않고, 자기 목을 내밀어 실제로 '시도'하는 일은 절대로 하지 않으려 할 것이다.

대부분의 사람들은 실패가 기쁨 · 행복, 그리고 성장의 열쇠라는 것을 깨닫지 못한다. 실패를 두려워한다면 당신은 성공의 기회에 결코 직면하지 못할 것이다. 반면에 실패를 멋진 것이라고 본다면, 당신은 무슨 일이든 시도해 볼 것이다. 엎어지든 코가 깨지든, 실수를 하든, 가끔 일을 망치든 개의치 않고 말이다. 가끔 가다가 일을 망치는 것은 장기적으로 볼 때 위대한 성과를 거두는 방법의 하나가 된다.[27]

## 투입한 것을 산출해라

성공을 거두기 위해 위험을 부담하는 것은 공정한 거래처럼 보이지만, 약간의 보험에 드는 일이 필요하다. 즉 우리의 노력에 대해 — 적어도 일부분이라도 — 보상받을 보장을 마련하는 것이 좋다는 말이다.

"당신은 투입한 것을 산출한다."고 당신에게 말해 준 사람이 있는가? 나는 그 말을 수백 번도 더 들었는데, 이것은 논리적으로 들린다. 열심히 일해라. 그러면 게으름을 피울 때보다 더 좋은 결과를 얻을 것이다.

농구를 예로 들어보자. 레브론 제임스 Lebron James는 농구 역사상 가장 우수한 선수들 가운데 한 명이다. 그는 수많은 기록을 깼고, MVP 상도 여러 번 탔으며, 전국 선수권대회에서 여러 번 우승했다. 그가 체육관에 가지 않았더라면, 연습을 전혀 하지 않았더라면, 코치들의 조언을 전혀 듣지 못했더라면, 그렇게 성공을 거둘 수 있었을 것이라고 생각하는가? 아마도 그렇지는 않을 것이다. 그가 그토록 우수한 선수가 아니었다면, 그토록 많은 보수를 받고 그토록 많은 팬을 얻었겠는가? 그토록 존경을 받을 자격이 되었겠는가? 아마도 그렇지는 않을 것이다. 레브론은 재능을 타고난 사람이지만, 성

---

27) 토니 호튼, ≪큰 그림 The Big Picture : 당신의 인생을 변화시키는 11가지 법칙≫(하퍼 웨이브 Harper Wave, 2014).

공을 거두기 위해 정말 많은 노력을 했다.

만약 어떤 낯선 나라에서 레브론 제임스가 농구선수 대신에 경마 기수가 되기로 결정을 내렸다면? 농구의 경우와 마찬가지로 그렇게 노력을 기울인다면 그는 과연 동일한 결과를 얻게 될까? 그걸 알기 위해서는 경마 기수가 되는 조건에 관해 살펴볼 필요가 있다. 여기 신뢰할 만한 나의 동료인 위키피디아Wikipedia에서 가져온 약간의 정보가 있다.

> 기수들은 각자 자기에게 지정된 무게의 범위 내에서 달릴 수 있을 만큼 가벼워야 한다. 경마 운영 당국에서 말이 감당할 수 있는 무게의 한도를 정하기 때문이다. 예를 들면, 켄터키 더비는 기수의 마구를 포함한 무게의 한도가 57㎏이다. 따라서 기수의 체중은 대개 49 내지 54㎏이다. 기수들은 가벼운 체중에도 불구하고 540㎏의 무게에 시속 64㎞로 달리는 말을 제어할 수 있어야 한다. 기수들이 유지해야 할 체중의 최고 한도가 정해져 있지는 않지만, 그들은 대개 체중의 한계 때문에 키가 매우 작다. 기수들의 키는 일반적으로 147㎝에서 168㎝ 사이다.

레브론은 키가 2m가 약간 넘고 체중은 112㎏ 이상이다. 경마 기수의 이상적 체형은 결코 아니다. 그는 굶어죽을 정도로 식사를 줄이고, 하루에 30㎞ 이상 달리면서 체중을 67㎏ 이상 줄이려고 노력할 수는 있을 것이다. 때문에 젓가락처럼 몸이 가늘어질 수는 있지만, 키를 줄이는 것은 거의 불가능하다. 경주마들을 타고 연습도 할 수 있겠지만, 표준적인 기수의 질주 모습을 완전히 체득하기란 키 때문에 매우 힘들고 어려울 것이다. 레브론이 탁월한 경마 기수가 되기 위해 일생을 바친다 해도 결코 모든 시즌에서 최고 기수가 될 수는 없을 것이다. 게다가 무슨 수를 써서 성공을 한다 해도, 최고 기수가 되는 것의 이익은 최고의 농구 선수가 되는 것의 이익보다 현저하게 적을 것이다. 농구가 비할 바 없이 더 인기가 높고 명성과 재산을 위한 기회가 더 많기 때문이다.

여기에 핵심이 있다. 즉 당신은 투입한 것을 산출한다는 것이다. '어느 정도까지는' 그렇다는 것이다. 당신의 타고난 재능과 기량은 산출의 잠재력을 결정하는 데 큰 역할을 한다. 따라서 당신의 능력과 열정에 맞지 않는 일들은 하지 마라. 또한 당신의 흥미를 일으키지 못하는 기회나 제공하는 일들에도 매달리지 마라. 그런 일은 실패하기 십상이고, 투입한 것에서 산출한다는 말을 사람들로부터 들을 때 당신은 계속해서 벽에다 머리를 부딪치고 말 테니까 말이다.

'투입한 것에서 산출한다.'는 말은 일할 과제와는 상관없이 무조건 더 열심히 일하라고 우리에게 요구한다. 물론 이것이 언제나 올바른 해답인 것은 아니다. 만일 당신이 열심히 일하는데 투입한 것만큼 산출하지 못한다고 느낀다면, 아마도 벽에 머리를 부딪치는 일을 그만두고 배를 바꾸어 탈 필요가 있을 것이다.

게다가 여기에는 시간의 요소라는 것도 있는데, 이에 대한 고려는 매우 중요하다. 유트브는 설립된 지 2년도 채 안 되는 회사를 2006년에 16억5천만 달러를 받고 구글Google에 팔았다.[28] 2011년에는 설립된 지 11년 된 게임 회사 팝캡Pop-Cap이 7억5천만 달러를 받고 일레트로닉 아츠 Electronic Arts에 팔았다.[29] 당신이 유튜브나 팝캡 등을 설립한 후 그 회사를 위해 일을 했거나 언제나 자기 일을 좋아했다면, 그 경우는 시간과 소득의 차이라는 요소를 고려한 것이 아니다. 그러나 당신이 자기 일을 좋아하지도 않았고 그동안에 성장하지도 못했다면, 당신은 팝캡보다는 유튜브에서 일했더라면 더 좋았을 것이라고 아쉬워해도 상관없다. 개인적 성장은 2년 동안 정체된 것이 11년 동안 정체된 것보다 훨씬 덜 고통스러울 테니 말이다.

위의 두 가지 예는 막대한 금액에 팔린 회사들인데, 그것은 나름대로 좋다. 그러나 인생에서는 돈만이 전부는 아니다. 당신이 하는 모든 일에는 '기회 비용'이라는 것이 있다. 당신이 1년 이상 벽에 부딪쳐서 불행하다면, 심지어 앞으로 엄청난 돈을 벌 잠재력이 있다해도 나는 당신에게 배를 바꾸어 타라고 권하고 싶다. 당신이 현재 무슨 일을 하든 그 너머에 기회들이 있기 때문이다. 그러니까 지금까지 얼마나 많은 시간과 노력과 돈을 투자했는지는 잊어버리라는 말이다! 또한 그 일을 떠날 때 당신이 무엇을 포기하게 될는지도 모

28) http://en.wikipedia.org/wiki/YouTube
29) http://http://en.wikipedia.org/wiki/PopCap_Games

두 무시해라. 그런 것들은 이미 죽은 비용이고, 미지의 결과일 뿐이다. 그 대신에 당신이 '지금 당장에' 무엇을 하고 있고 누구와 함께 일하고 있는지를 생각해라. 그러고 나서 당신이 정말로 자기 시간을 그렇게 보내고 싶어 하는지를 결정해라. 실제로 중요한 것은 그것뿐이다.

나는 내가 만든 컴퓨터 신규회사에서 7년 동안 일했다. 나는 많은 것을 얻어냈지만, 아마도 내가 투입한 것만큼은 얻지 못했을 것이다. 왜냐고? 그것은 내가 완전히 몰두하면서 실질적 가치를 창출하기 위한 직업윤리를 발동할 수 없었기 때문이다. 또한 내가 전폭적으로 열정을 품지 않았거나, 특별히 능숙하지도 못한 일을 내가 하고 있었기 때문이다. 그리고 나는 새로운 기술들을 배우는 대신에 스트레스를 받는 데 내 에너지를 낭비했기 때문이다. 나는 매우 많은 시간을 투입했지만 그것은 비생산적인 시간이었다. 우리는 시간을 투입했으니까 보상받을 자격이 있다고 생각하는 식으로 자신을 속이기가 쉬운데, 일이란 것은 그렇게 되어 가지만은 않는다. 중요한 것은, 몰두가 결과를 산출한다는 사실이다. 따라서 노력이 '관건' 이 되지 않으면 안 된다.

## 직선 위에다 점들을 계속 추가해라

내가 회사를 그만둘 때 내 앞에는 두 가지 선택의 길이 있었다. 나는 원한을 품고 화를 낼 수 있었다. 아니면, 실패를 용납할 수 있었다. 처음에는 매우 화가 났지만, 결국 나는 후자를 선택했다. 그리고 나는 다음에 취할 조치를 생각했다. 나는 여러 해 동안 책을 집필하고 싶었지만 그것은 비현실적인 목표처럼 보였다.

대부분의 경우, 다니던 회사를 그만두면 새로운 일자리를 찾으라고 하는 압력을 본의 아니게 엄청나게 받는다. 그것은 어느 누구의 잘못도 아니다. 다만 그것은 그렇게 따라가라고 훈련된 우리 사회에서 통용되는 명령문에 불과하다. 사람들은 내가 다음에 어디로 갈 것인지 알고 싶어 했지만, 나는 그 궁금함에 대답할 수가 없었다. 그들은 "이력서를 제출했는가?"라고 자주 물었다. 그 말을 들을 때마다 나는 짜증이 났다. 나는 '내 이력서를 제출하는 일'을 원하지 않았다. 그것은 무시무시한 말로 들리는 좀비나라로 내가 돌아간다는 뜻과 같게 여겨졌기 때문이다.

회사를 떠나기 직전의 마지막 몇 달 동안 나는 '집어치워라! 어쨌든 나는 그것을 하고 있다.'고 하는 계획을 세웠다. 그리고 책을 써 보기로 결정했다. 그러한 결정을 할 수 있었던 것은 내 영혼의 깊은 곳에 묻혀 있던 목소리가 망설이는 나를 충동질했기 때문이다. 그것은 예전에 자신에 차 있던 나 자신의 목소리, 미친 짓들을 하라고 항상 나에게 말하던 그 목소리였던 것이다.

당신이 비범한 사람들과 함께 시간을 보내거나 만날 기회가 있다면, 그들에게 가장 어려웠던 시절에 관해서 물어보라. 그들은 수많은 이야기를 들려줄 것이다. 모든 것이 거의 전부 무너져 내리던 때, 어떤 일도 이룰 가망성이 없던 순간 등에 관해 이야기해 줄 것이다. '실패 – 의혹 – 다시금 실패 – 그런 다음에 성공'. 그들은 대개 마지막 단계에 이르러 당신에게 자신의 이야기를 한다. 하지만 모든 단계 속에 그들의 이야기가 담겨져 있다.

내 영혼 속에 묻혀 있던 목소리는 책을 집필해야만 하는 이유를 발견했기 때문에 침묵하지 않을 것이다. 그 이유란 성공도 실패도 모두 직선상의 점들이라는 사실을 사람들에게 알리고 싶기 때문이다. 우리는 점들 사이에서 인생을 체험하고 있다. 현명한 사람들은 다음 점을 향해서 끊임없이 나아가고, 점들 사이의 시간에도 자주 흥분한다. 그들은 성공할 때에도 실패할 때에도 자신의 노력에 대해 반성하는 기회를 즐긴다. 모든 점들은 저마다 엄정한 교훈, 가치 있는 추억, 감동적인 이야기를 만들어낸다.

그러니까 당신이 스스로에게 물어볼 질문은 오로지 하나밖에 없다는 말이다. '당신은 자신의 직선상에 점들을 추가하고 있는가?' 바로 그것이다.

## 실험의 과정을 좋아하는 법을 배워라

실패는 최종적으로 내려진 사형선고처럼 느껴질 수 있지만, 사실은 전진을 위한 한 단계다. 우리가 추락할 때 인생은 우리를 다른 방향으로 밀어내서 새로운 경험을 할 수 있게 해준다. 한 가지 모험이 끝나면 바야흐로 다른 모험이 시작되기 마련이다. 왜냐하면 '그래야만 하기 때문' 이다.

살아가는 동안에 당신이 하는 모든 활동을 과학적 실험이라고 생각해라. 과학자들은 자신이 실시하는 실험의 거의 전부를 실패할 것이라고 예측하지만, 그 결과가 어떤 것이든 아랑곳하지 않은 채 각 실험을 여전히 전진을 위한 한 단계라고 본다. 그 이유는 실패한 실험마다 그 특정한 접근법을 제외시키고 남은 잠재적 해결책들의 범위를 좁히기 때문이다. 당신은 이렇게 생각할지도 모른다. '나의 모든 실험이 죽을 때까지 전부 실패한다면?' 이것은 중요한 질문이다. 실패와 성공을 당신이 어떻게 정의하는가에 따라서는 그렇게 될지도 모르기 때문이다. 이 질문에 대한 마법적 해답은 이렇다. 즉 당신의 실험 결과는 조금도 중요하지 않고, 실험 자체만이 중요하다는 것이다.

'중요한 것은 여행 자체이지 목적지가 아니다.' 이것은 예전부터 많은 사람들이 해온 진부한 말이지만, 옳은 것이다. 실험들을 하는 행위는 당신이 이 지구상에서 가지는 시간의 99%를 차지할 것이다.

그것이 바로 여행 자체다. 당신이 한 실험들의 결과는 나머지 1%다. 당신이 자기 인생의 99%(실험하는 데 바친 시간)를 즐긴다면, 누가 결과에 대해 신경을 쓰겠는가? 이것이 실패라는 문제를 해소하는 방법이다. 실패는 일시적 결과에 불과하다. 그 효과는 당신이 어떻게 받아들이느냐에 따라서 커지거나 작아지는 것이다.

엘론 머스크 Elon Musk의 이름은 많은 사람들에게 알려져 있다. 그는 페이팔Paypal을 공동 창업했다. 그리고 현재는 두 개의 회사를 동시에 경영하고 있다. 하나는 테슬라모터스 Tesla Motors인데 전기 자동차를 생산한다. 또 하나는 스페이스엑스SpaceX인데, 로켓 선박들을 생산한다. 많은 사람들은 그를 철의 사나이, 초인이라고 생각한다. 그는 살아 있는 전설이다. 엄청나게 열심히 일하고, 능력도 탁월하다.

당신은 엘론 머스크가 넷스케이프Netscape에서 근무한 적이 전혀 없다는 사실을 알고 있는가? 이것은 매우 흥미로운 사실이다. 왜냐하면 그는 그 회사에서 근무하기를 참으로 간절히 바랐기 때문이다. 그는 스탠퍼드 대학교의 대학원 과정에 있을 때 넷스케이프에 입사 지원서를 냈지만, 회신을 전혀 받지 못했다. 심지어 그는 이력서를 들고 넷스케이프 회사를 찾아가기도 했다. 누군가를 만나서 취직 상담을 하고 싶어서 말이다. 그날 회사 로비에 있던 사람들은 그 누구도 엘론에게 말조차 걸지 않았다. 초조해지고 수치감을 느낀 나머지 그는 그곳을 걸어 나왔다.

사실이 그랬다. 엘론 머스크는 넷스케이프에 취직하는 데 실패했다. 채용 담당 매니저들은 그의 필요성을 알아보지 못했고, 그는 너무나도 부끄러워서 그들에게 채용을 졸라대지 못했다. 그다음에는 무슨 일이 벌어졌는가? 그다음 일은 우리도 잘 알고 있다. 엘론 머스크는 우리 시대에 가장 성공적이고 가장 존경받는 미래 설계자들 가운데 하나가 되는 길로 나아갔던 것이다.[30]

죽을 때까지 이어지는 실패란 없고, 다만 실험들과 결과들만 있을 뿐이라는 사실을 숨을 깊이 들이쉬고 나서 깨달아라. 또한 '당신 자신'이 실패가 아니라, 실험이 실패라는 사실을 깨닫는 것도 중요하다. 어느 개인이 실패 자체가 되기란 불가능하니까 말이다. 개인의 인생이란 다만 실험들의 집합일 뿐이다.

우리는 실험들을 즐기고 그것들을 통해서 성장해야만 하는 존재다. 당신이 실험의 과정을 좋아하는 법을 배운다면, 실패의 전망은 더 이상 그다지 두려운 것이 아니다.

## 성공은 실패보다 기분을 좋게 한다

잘은 모르겠지만, 엘론 머스크는 넷스케이프 회사

30) http://youtu.be/L-s_3b5fRd8?t=3m9s

의 로비에서 걸어 나올 때 아마도 한없이 당황했고, 또한 패배감에 사로잡혔을 것이다. 그것은 그가 실패하기를 바라지 않았고, 실패할 것이라고 예상하지도 않았기 때문이다. 위험부담이란 때로는 불편하지만, 그것은 '당연한' 일이다.

컴퓨터 신규회사에서 일반적으로 통용되면서 주요 회사들에도 확산되고 있는 철칙이 있다. 그것은 '실패해도 좋다.'는 것이다. 이러한 철칙이 통용되는 이유는 컴퓨터 신규회사의 설립이 미친 짓일 정도로 어렵기 때문이다. 대부분은 실패에 그친다. 수많은 기업가들은 자기가 실패했다는 사실 때문에 잠도 자지 못하는가 하면, 우정뿐만 아니라 심지어는 목숨마저 잃는다. 때문에 신생 회사들에게 실패해도 좋다고 인정해 주는 것은 매우 중요하다. 그것은 창업자들에게 더 큰 위험을 부담하라고 격려해 줄 뿐만 아니라, 실패에도 불구하고 제정신을 차릴 수 있게 계속 그들을 도와주기도 하기 때문이다.

하지만 불행하게도 이 철칙은 매우 위험한 것이기도 하다. 이것은 창업 지망생들에게 허풍을 떨도록 유도할 뿐 아니라 게으름뱅이들에게 변명하기 좋은 구실을 제공하기 때문이다. — '계획이 실패해도 좋다! 실패란 당연한 것이기 때문에 그 어느 것도, 그 누구도 잘못이 없다.'라고.

당신이 창업 지망생의 의식구조에 젖어 있다면, 거기서 빠져 나오지 못할 것이다. 그리하여 결국은 불행해지고, 그 과정에서 다른 사람들을 화나게 만들 것이다. 비록 실패가 어느 과정에서든 흔히 있는 것이라 해도, 그것은 결코 목표가 아니다.

성공이 실패보다 기분 좋은 것은 그리 놀랄 일도 아니다. 또한 성공은 더 많은 기회를 만들어낸다. 어느 투자가가 유사한 제품과 유사한 팀을 가진 두 회사 사이에 끼어 있다고 하자. 팀 A는 두 번 성공한 창업자가 이끌고 있고, 팀 B는 두 번 실패한 창업자가 이끄는 경우, 그 투자가는 주저하지 않고 팀 A를 선택할 것이다. 과거의 업적이 언제나 미래를 보장하는 성공의 지표인 것은 아니기 때문에 팀 B가 우세해질 가능성은 분명히 있다. 그러나 위의 경우, 당신은 팀 A에 속하기를 바라지 않겠는가.

당신의 열정을 불러일으키는 위험부담에 몰두해라. 초조해지고 불편하다고 느끼는 일에 익숙해져라. 만약 실패한다면, 당신은 실패하는 것이다. 실패를 받아들이고, 거기서 배우고, 앞으로 나아가라. 그러나 결코 실패를 '기대하지는 마라.' 성공을 기대해라!

## 멩 토우의 몰두

캐나다에 이민 가서 사는 캄보디아 소년 멩 토우를 기억하는가? 자, 여기에서 그의 이야기를 조금 더 해보겠다. 그는 대학 1학년이 끝나기 전 여름에 디자인 회사에 취업할 기회를 난생 처음 얻었다. 그것은 대단히 반가운 소식이었다. 다만 그 회사는 그가 정규 직원으로 무기한 근무하기를 원했다. 대학을 계속 다닐 것인가, 아니면 취직을 할 것인가? 양자택일의 문제가 대두되었다. 멩 토우는 위험부담을 감수하기로 결정했고, 반드시 성공을 거둘 것이라고 확실히 기대했다. 그래서 대학을 포기했다. 그 대신에 자기 재능을 연마하는 데 도움이 될 직업을 선택했다. 당시에는 그것이 그리 어려운 결단은 아니었다. 멩 토우는 이렇게 회상한다.

"나는 단순히 '취업을 할 것이다. 보수도 대단히 많이 받을 것이며, 내가 좋아하는 일을 할 것이다.' 라고 생각했다. 그런데 바로 그러했다."

그는 이렇게 충고한다.

"대학 졸업을 중요시하지 않는다면, 대학을 그만두어라. 그러나 대학 졸업을 중요하게 여긴다면, 대학에 다녀라. 열심히 일을 하는 한, 당신은 그 과정 속에서 언젠가는 성공을 거둘 것이다."

맨 끝의 말은 여기에 반복할 가치가 있는 것이다. '열심히 일을 하는 한, 당신은 그 과정 속에서 언젠가는 성공을 거둘 것이다.' 열심히 일하는 것과 헌신적인 생활 태도는 멩 토우의 일부분이 되다시피 한 것이어서 그의 성격에 각인되었다고 여겨진다. 그의 설명을 들어보자.

"게으르지 않은 사람들에게 둘러싸여 있는 것이 중요하다. 당신이 더 열심히 일하도록 다른 사람들이 격려하는 그러한 환경에 놓이는 것이 중요한데, 나는 다행스럽게도 그러한 환경에서 살아왔다고 생각한다. 나의 어머니는 내 인생에서 만난 사람들 중에 가장 열심히 일하는 사람들 중 한 분이다. 어머니는 현재 54세인데, 여전히 일주일에 70시간씩 일을 한다. 그것은 사실 미친 짓이다. 그러한 사람들에게 둘러싸여 있다면, 당신은 이렇게 말할 수밖에 없을 것이다. '내가 나 자신에 대해 무엇인가 조치를 취하지 않는다면, 나는 여기서 이탈하고 있다고 느낄 것이다. 또는 나 자신에 대해 실제로 좌절감을 느낄 것이다.' 이것은 엄청난 훈련이다."

멩 토우는 그 디자인 회사에서 짧은 기간 동안 근무했지만, 자신이 더 많은 것을 원하고 있다는 사실을 자각했다.

"최초의 직장을 떠나자마자 나는 나 자신의 회사를 창업하고 싶어한다는 사실을 깨달았다."

그래서 예술가들을 위한 온라인 공동체의 개설에 착수했지만, 수입은 극히 적었다. 그는 청구서들을 정산하기 위해 자유 계약으로 부업도 가졌다.

"결국 나는 회사의 문을 닫지 않을 수 없었다. 우리는 충분한 수익을 올리지 못했기 때문이다."

회사의 문을 닫고 나서 멩 토우는 다시 시도했다. 소셜 네트워크를 개시했던 것이다. 그러나 불행하게도 같은 시기에 급성장하는 다른 소셜 네트워크가 있었다.

"이미 아는 바와 같이 페이스북은 참으로 거대해져서 우리는 우리의 소셜 네트워크를 접지 않을 수가 없었다."

그것은 실패의 연속으로 매우 실망스러운 일이었다.

"나는 암담한 시기에 처했고, 그래서 성공하기 위해 내가 무엇을 해야 하는지를 스스로에게 물어야만 했다."

멩 토우는 컴퓨터 코드를 배우면 자기가 성공하는 데 도움이 될 수 있다는 사실을 드디어 깨달았다. 그 당시만 해도 다자이너들은 대개 예술가들에 그쳤고, 프로그래머들은 대개 코드의 작성자들에 불과했다. 이 두 가지 분야가 겹치는 경우는 별로 없었다. 그러나 이 두 가지를 결합하여 멩 토우는 독자적인 기술 체계를 개발할 수 있었고, 새로운 아이디어들을 시장에 도입하는 데 있어서 거의 전적으로 자립할 수 있었다.

한동안 멩 토우는 주로 프로그래머로 일했다. 그것이 그의 직접적 열정은 아니었지만, 그는 자신의 기술 체계를 구축하고 있었다. 한때는 어머니가 사는 집으로 돌아가 전화를 통한 판매 상담센터에서 일하지 않으면 안 되기도 했다. 그것이 그가 당시 얻을 수 있는 유일한 일이었기 때문이다. 그러나 그러한 와중에서도 그는 공부를 계속했고, 자신의 디자인 자료를 계속 보완했으며, 코드 작성도 계속했고, 변함없이 열심히 일을 했다. 정지 상태, 에둘러 가기, 후퇴 등의 모든 과정을 통해서 그의 행동의 지침이 된 것은 언제나 자신의 열정과 위험부담에 대한 몰두였다. 그는 자신의 실패들이 과정의 일부, 즉 직선 위에 있는 점들에 불과하다는 사실을 매우 잘 알았다.

## 작업 일지 3 — 장미에 몰두해라

**2006년경, 근무 중에 작성한 내용들**

시간은 당신을 난처하게 만들 수가 있다. 당신은 시간을 재촉하고 싶지만, 시간은 느리게 간다. 그런데 당신이 뒤를 돌아다보면 모든 것은 이미 당신 곁을 스쳐서 지나갔고, 당신은 걸음을 멈추고 장미들의 향기를 맡아볼 기회조차 갖지 못했다. 내 사무실에는 장미가 없지만, 만일 장미가 있다면 나는 오랫동안 향기를 음미할 것이다. 지금 당장은 시간이 정지 상태다.

나는 손에 스트레스 해소를 위한 공을 쥐고 있다. 이것은 실제로 스트레스를 해소해 주지는 못하지만, 시간을 보내는 데는 약간 도움이 된다. 지금은 월요일 오후 3시 3분이다. 최악의 시간이다. 우리 사무실의 형광등들은 밝기가 매우 줄어든 것 같다. 내 컴퓨터 스크린은 가장자리가 뿌옇게 빛나기 시작한다. 사실은 내 눈의 초점이 맞았다 안 맞았다 하는 것이다. 그 이유는 내가 이 빌어먹을 모니터를 너무나도 오랫동안 멍하니 쳐다보고 있었기 때문이다.

사무실의 베이지색 벽들이 베이지색 카펫에 이어지는가 하면, 그 카펫은 또 나의 베이지색 책상에 연결된다. 나는 지금 뉴욕 시의 한가운데에 있다. 먼 길을 지나 결국 이곳에 도달했는데, 내가 볼 수 있는 것은 베이지색뿐이다. 엠파이어스테이트 빌딩도 아니고, 크라이슬러 빌딩도 아니며, 센트럴 파크나 타임스퀘어도 아니다. 다만 베이지색뿐이다. 몇 시간 후 나는 사무실에서 나가 혼잡한 엘리베이터를 타고 내려간 다음, 정문을 지나 도시의 싸늘한 거리로 나설 것이다. 이미 거리는 캄캄해져 있을 것이다. 한 구역을 걸어가 지하철 입구로 들어가면, 도시는 뒤로 사라지게 될 것이다.

당신은 시간이 정지해 있다고 느낀 적이 있는가? 그렇다면 당신은 좀비나라에 있을 가능성이 매우 크다. 당신은 시간을 어떻게 보내고 싶어 하는지 스스로 물어봐라. 하루 종일 시계를 쳐다보고 베이지색을 응시하길 바라는가? 아니면, 순간에 휩쓸려서 시간마저 잊어버리기를 바라는가? 향기를 발산하는 장미도 없는데 장미 향기를 맡기 위해 걸음을 멈추는 것은 헛수고다.

장미에 몰두해라. 목적에 몰두해라! 그러면 시간이 당신을 돌볼 것이다.

## 인생은 거대한 규모의 골프 코스다

위험을 부담하고 싶은 욕망, 변화를 초래하고 싶은 욕망, 또는 자신을 최대한도로 시험해 보고 싶은 욕망이 실제로는 당신의 태도의 문제, 즉 인식의 문제라면? 당신이 능력껏 최선을 다하고 있고, 현재의 일상적인 일에서 조금이라도 벗어나는 것은 일을 악화시키는 원인이 될 뿐이라면? 당신은 좀비나라에서 탈출하는 단추를 누르고, 새로운 사업계획을 추진하고, 완전히 실패할 가능성이 상당히 크다. 당신이 배를 바꾸어 타고 다음 노력에서 실패한다면, 한걸음 뒤로 후퇴한 것이다. 그런데 그것은 정말 위험을 부담할 가치가 있는 것인가? 그 대답은 그렇다는 것이다. '절대적으로' 그렇다.

다른 쪽의 풀밭이 절대로 더 푸르지는 않다고 하는 명제는 말도 안 된다. 허위다. 인식은 현실이다. 당신이 불만족스럽다면, 왜 현상 유지 상태에 머물러 있으려고 하는가? 당신이 진정한 행복을 느끼게 되거나 적어도 지금보다 더 큰 만족감을 느끼게 될 시나리오가 없다고, 정말로 그렇게 생각하는가? 세상이 '그토록' 가혹한 것이라고, 정말로 그렇게 생각하는가? '이쪽 풀밭이 더 푸르다.' 고 하는 허위에 속지 마라! 그것은 단 한 가지, 즉 정착하는 데에만 유익할 뿐이다.

당신이 아이스크림 가게에 들어갔는데 견본들을 무료로 맛볼 수 있는 경우, 견본들을 맛보지 않은 채 제일 맛있게 보이는 것을 손에 쥐겠는가? 그렇지는 않을 것이다. 당신이 제일 좋아하는 아이스크림이 정말 그렇게 맛있는 것인지 확인하기 위해 그 견본의 맛을 볼 것이다. 그리고 그것이 정말 미칠 지경으로 맛이 있는 것이 아니라면, 당신은 가장 후회하지 않을 선택을 하기 위해 '적어도' 다른 몇 가지 아이스크림의 견본을 맛볼 것이다. 이것이 '아이스크림' 을 선택하는 과정이다.

그런데 우리는 인생에서 자신의 진로를 선택할 때 자신이 바보짓을 하고 있다는 느낌에 끊임없이 시달리고 있는데도 불구하고 다만 현재의 상태를 받아들이고, 더 나은 선택의 여지는 없다고 단정하는 경우가 대부분이다. 인생의 더 큰 결정들은 아이스크림 견본보다 더 큰 대가를 치르고 이루어질지도 모르지만, 그 적극적인 효과가 미치는 충격은 양쪽이 모두 똑같을 수 있다.

다른 쪽의 풀밭이 때로는 더 푸르지 않다. 그러나 때로는 더 푸르기도 하다. 당신이 현재 불만족스럽다면, 더 푸른 풀밭은 다른 곳에 있을 가능성이 크다. 다른 쪽의 풀밭이 결코 더 푸르지 않다고 단정하는 것은 두려움과 자기 회의에 기반을 두고 단정하는 것이다. 부정할 수 없는 진실은 모든 풀밭은 서로 다르다는 것이다.

인생은 거대한 규모의 골프 코스다. 그 어딘가에는 당신이 미칠 듯이 좋아할 풀밭이 있다. 당신은 그것을 발견하지 않으면 안 된다.

## 여러 직업을 거치는 일

한 회사에서 장기간 근무하는 것은 신용을 쌓는 일이다. 반면, 직업을 여러 번 바꾸는 것은 의심을 사기 십상이다. 대부분의 사람들은 이렇게 믿고 있다. 그러나 그것은 옳지 않다. 왜냐하면 쟁점이 핵심에서 벗어나 있기 때문이다.

당신이 자신의 열정에 몰두하려면, 때로는 특정 직업을 버리지 않으면 안 된다. 탁월한 사람들은 주어진 서류나 뒤적이는 사람들이 아니라 위험을 부담하는 사람들이다. 그들은 당신이 여러 직업에서 보낸 전체 시간의 평균보다 당신이 얻은 지식의 전부를 더 가치 있게 볼 것이다. 컴퓨터 신규회사에서 인턴으로 근무하고, 그다음에 비영리단체에서 봉사하고, 그다음에 전 세계를 여행하고, 그다음에 자유 계약직으로 일하고, 그다음에 다른 회사에 취직하는 일 등은 매우 흥미로운 이야기다. 이 이야기에는 학습 · 용기 · 지도력 등이 포함되어 있다. 대부분의 경우, 이러한 이야기는 한 회사에서 10년 동안 근무하고 승진의 계단을 밟고 올라간 것에 비해 (더 많은 비중이 아니면) 똑같은 비중을 지닐 것이다.

하지만 조심해라. 직업을 여러 번 바꾼다는 것은 직업을 바꾸는 것 자체가 목적이 아니라고 하는 점을……. 그것은 당신의 시간을 이용해서 가치 있고 인상적인 일들을 하기 위한 것이다. 당신이 성장을 하고 있는 경우가 아니라면, 게을리 앉아 있지 마라. 이와 마찬가지로 당신이 가치 있는 일을 하고 있고 또한 그 일에 대해 열정적이라면, 최초의 난관에 부딪치는 것 같은 생각이 든다고 해서 그 일을 버리거나 다른 새로운 일을 찾지는 마라. 당신이 직업을 바꿀 것인지 아닌지를 결정하는 데 관건이 되는 것은 당신의 일의 가치, 그리고 그것에 대한 당신의 열정이 기준이 되어야 하기 때문이다.

### 다른 배에 옮겨 타라

당신이 현재 하고 있는 일에 대해 열정을 잃었다면 즉시 대처해라. 그것이 일시적인 침체인지 항구적인 침체인지 스스로 물어봐라. 계속해서 지루하고 무의미하다고 느끼면서 좀비나라에 다시 빠져 들어가고 있다면, 배를 바꾸어 타지 않으면 안 될 때가 된 것이다. 당신은 다른 것들은 전혀 거들떠볼 것도 없이 오로지 자신의 정열에만 기초하여 결정을 내리는 것이 매우 중요하다.

내가 이것을 반복해서 말하는 까닭은, 직업을 바꾸는 이유들을 살펴보면 겉으로는 나쁜 이유가 아닌 듯이 보여도 실제로는 나쁜 이유가 많기 때문이다. 여기 몇 가지 예를 들어 보겠다.

- 일이 힘들어진다.
- 의외의 어떤 것이 당신을 뒤처지게 만든다.
- 당신은 성공하지 못할 것이라고 사람들이 말한다.
- 당신은 처리해야 할 일이 너무나 많다.
- 극심한 경쟁이 발생한다.
- 당신은 더 좋은 새로운 아이디어가 있다.

이러한 이유들은 직업을 바꾸기에 적절한 것처럼 보이지만, 사실은 그렇지 않다. 단순한 장애물들, 그리고 정신을 분산시키는 요소들일 뿐이다.

현상유지에 도전하는 사람은 누구나 극복해야만 할 장애물을 만난다. 세스 고딘 Seth Godin은 이러한 불가피한 장애물들을 '움푹 팬 곳 The Dip' 이라고 부른다. 그는 같은 제목, 즉 ≪더딥 The Dip≫

이라는 제목으로 출간된 탁월하고 그리 두껍지 않은 그의 저서에서, 직업을 바꾸어야 할 때와 계속해서 머물러 있어야 할 때를 아는 것의 복잡성, 그리고 그것을 효과적으로 구별하는 방법을 배우는 것이 왜 그토록 중요한지를 자세하게 설명해 준다. 그는 기업가 지망생의 전형을 이렇게 소개한다.

> 여섯 번째 또는 열두 번째의 새로운 사업계획을 추진하는 사업가 지망생을 아는가? 그는 한 가지에서 다른 한 가지로 건너뛰고, 그럴 때마다 장애물에 부딪치면서 새롭고, 더 쉽고, 더 좋은 기회를 붙잡는다. 그런데 그는 탐색자이기는 하지만, 결코 아무 곳에도 도달하지 못할 것이다.
>
> 그가 아무 곳에도 도달하지 못하는 이유는 항상 노선을 바꾸기만 할 뿐 그것을 실제로 운영할 수가 없기 때문이다.
>
> 컴퓨터 신규회사를 설립하는 것은 짜릿한 일이지만, 당신의 노력이 움푹 팬 곳을 지나서 수익을 창출할 때까지 계속해서 짜릿하지는 않다. 헤아릴 수 없이 많은 사업가들이 신규회사 설립에는 성공했지만, 부채를 다 갚기 훨씬 전에 포기한다. 당신이 신규회사를 시작할 때, 가장 큰 벤처회사가 얼마나 오랫동안 노선을 유지했는가에 대해 그다지 인정받지 못한다는 것은 슬픈 뉴스다.[31]

---

31) Seth Godin, The Dip: A Little Book That Teaches You When To Quit(And When To Stick). (Portfolio Hardcover, 2007),

직업을 바꾸는 것이 항상 나쁜 것은 아니지만, 타당한 이유에서 그렇게 해야만 하는 것이지 그릇된 이유 때문에 해서는 안 된다. 그것은 결코 흑백 논리가 아니다. 하지만 항상 열정과 관련이 된다. ≪더딥≫이라는 책을 읽어 봐라. 도움이 될 것이다.

## 새 차를 사라

> "직업 바꾸기가 언제나 '포기'를 의미하는 것은 아니다.
> 그것은 때로는 당신이 시간과 에너지를 투자한 계획이
> 제대로 이루어지지 않고 있다는 것을 솔직히 인정하는 것을 의미한다.
> 현재의 일에서 떠나갈 힘이 있다는 것은
> 당신이 자기가 좋아하는 어떤 것에
> 새로 투자하기 시작할 수 있다는 의미가 된다.
> 그것은 위험을 부담할 가치가 있다."
>
> — 토니 호튼 Tony Horton

스튜어트 버터필드 Stewart Butterfield는 컴퓨터 전문가들 사이에 잘 알려진 이름이다. 그가 공동 설립한 플리크르Flickr는 2005년에 야후Yahoo에 팔렸는데 그 가격은 3천5백만 달러라고 한다.[32] 2009년에 그는 타이니 스펙 Tiny Speck이라는 새 회

사를 설립했다. 이 회사의 목표는 몰입할 수 있으면서도 끊임없이 진화하는 가상세계 게임으로 어느 브라우저든 접근이 가능하게 만드는 것이다. 그는 이것을 '글리치Glitch' 라고 부른다.

그의 팀은 여러 해 동안 글리치 작업을 해왔지만 주류를 이루는 고객들을 끌어 모으지 못했다. 그 게임은 인기가 없어서 2012년에 폐쇄되었다. 버터필드와 그의 팀은 실패한 계획을 위해 거의 4년을 허비했던 것이다. 그것은 고통스러운 후퇴였지만 '게임이 끝난 것'은 아니었다.

글리치 작업을 하는 동안 그 팀은 소통을 원활히 만드는 내부적 생산성 도구를 구축했는데, 매우 효과적인 것이었다. 타이니 스펙의 문을 닫는 대신, 그는 회사의 초점을 생산성 도구에 다시 맞추기로 결정했다. 그들은 외부적 배분을 위한 내부적 앱을 개선하고 재조정하여 그것을 SAAS(서비스인 소프트웨어) 가격 모델로 다른 회사들에게 팔려고 했다. 그리고 그 새 제품을 '슬랙Slack' 이라고 불렀다. 슬랙의 초기 매력은 대단했다. 이제는 슬랙이라고도 알려진 그 회사는 2014년에 최상위권의 벤처 회사들로부터 새로운 자금 4천280만 달러를 조달했다. 그해 하반기에 다시금 1억2천만 달러를 조달하여 회사의 가치는 10억 달러가 넘게 되었다.[33]

32) http://tinyurl.com/lr5wnyl
33) http://www.crunchbase.com/organization/tiny-speck

당신의 계획도 실패할지 모른다. 그러나 당신의 계획이 실패한다고 해서 당신이 반드시 자신의 확고한 열정까지 포기할 필요는 없다. 그것은 운전과 마찬가지다. 당신은 자기 자동차가 멈췄다고 해서 다시는 운전을 하지 않겠다고 포기하지는 않는다. 새 차를 사서 다시 도로에서 차를 몰 수 있다. 버터필드는 자신이 컴퓨터 신규회사에 대한 열정이 있다는 것을 알았고, 그런 회사의 앞날이 험하다는 것도 알았다. 자기 차가 고장이 나서 멈췄을 때 그는 운전을 포기하지 않았다. 고장 난 차를 폐차장에 내다 버리고, 엔진의 마력이 훨씬 더 강한 새 차를 구입한 뒤 발로 가속기를 다시 힘차게 밟았다.

### 새로운 굴레를 쓰지 마라

사업이 잘되고 있을 때, 당신은 자금을 조달하고, 직원들을 채용하고, 건물을 사는 등 회사의 확장을 원할지도 모른다. 그런 일들은 신나겠지만, 숨통을 조일 수도 있는 것이다. 당신 자신을 한가운데에 놓고 회사를 조직하면, 당신은 좀비나라에 있을 때보다 자유가 더 적어지고 말지도 모른다. 당신은 다른 사람들에 대해 책임을 지고, 많은 경우에 '다른 사람들에게 응답' 해야 할 것이다. 당신이 무엇을 하든 그것을 확장할 때는 이 사실을 극도로 경계해야 한다. 더 큰 것이 항상 더 좋은 것은 아니다. 37시그널스

Signals의 공동창업자가 저술한 책 ≪똑바로 일하라 Rework≫에 이와 관련하여 지적한 사례가 실려 있다.

> 우리는 하버드 대학이나 옥스퍼드 대학을 보면서 "만일 두 대학이 규모를 확대하고, 학과들을 보다 다양하게 늘려서, 수천 명의 교수들을 더 채용하고, 전 세계적으로 확장하여 사방에 분교들을 설립한다면……. 그러면 엄청나게 훌륭한 대학들이 될 텐데."라고 말하는가? 물론 그렇지 않다. 그것은 우리가 이 대학들을 평가하는 방식이 아니다. 그렇다면 우리는 왜 기업들을 이런 방식으로 평가하는가?[34]

당신은 무엇을 추구하고 있는가? 더 많은 칭찬인가? 더 많은 돈인가? 더 많은 권한인가? 이것은 매우 중요한 질문인데, 당신이 행복해지기 위해서 '방어할 필요'가 있는 것은 무엇인가? 당신의 시간인가? 창조적으로 생각하는 능력인가? 결정을 내리는 자유인가? 그것은 세 가지 중 하나이거나 세 가지 모두일 수도 있고, 또는 아무것도 아닐 수도 있다. 그것이 무엇이든 간에 당신은 찾아내는 것이 더 좋다. 그렇지 않다면, 좀비나라를 탈출할 수 있는 유일한 방법은 한층 '더 폐쇄적인' 새로운 우리에 당신 자신을 가두는 것뿐이다.

---

34) Jason Fried and David Heinemeier Hansson, Rework. (Crown Business, 2010).

열정에 대한 몰두가 당신의 의사결정 과정의 핵심으로 작용할 때, 이 함정을 피하는 것이 쉬워진다.

## 이기적인 사람이 되라?

다른 사람들이 관련되어 있는 어떤 일에 대해 당신이 열정을 잃었다면 어떻게 할 것인가? 당신은 그들에 대한 약속을 존중해야 하기 때문에 그 일을 그만두는 것을 포기해야만 하는가?

그렇지 않다. 당신은 여전히 그만둘 필요가 있다. 불행하게도, 열정 없이는 당신이 더 이상 약속을 지킬 수 없기 때문이다. 자기가 더 이상 지지하지 않는 약속을 존중한다 해도, 그것은 당신 자신과 다른 사람들 모두를 속이는 것이다. 열정을 잃을 때 당신은 연결 고리의 가장 약한 부분이 되고, 그것은 '모든 사람'을 뒤로 잡아당긴다. 다른 사람들이 당신에게 머물러 있으라고 부추길지도 모르지만, 그 상황에서 벗어나는 것이 실제로 당신과 다른 사람들 모두에게 가장 유익한 것이다.

아담 스미스 Adam Smith는 18세기의 경제학자였다. 많은 사람들은 그를 '현대 경제학의 아버지'라고 부른다. 그는 자유 시장들의 자율적 성질에 관해 묘사하기 위해 '보이지 않는 손 the invisible hand'이라는 비유를 들었다. 이기심에 따라 취하는 행동이 사회 전체를 위해 최선의 결과를 도출시킨다는 이론을 세웠던 것이다.[35] 그는 자유 시장들과 관련하여 보이지 않는 손을 논하지만, 이것은 그만두는 것과 같은 다른 사회 상황들에도 적용시킬 수 있다. 사실로 판명된 바와 같이, 당시의 상황을 개선하기 위해 이기심에서 취하는 행동은 대개 모든 사람에게 유익하다. 이 부자연스러운 진리를 당신의 인생에 적용시키는 것은 어려운 결정들을 내려야만 하는 상황에서 매우 강력한 도움이 된다.

### 멩 토우의 분투

멩 토우는 회사들을 설립하고 자유 계약직으로 일하는 동안 실패에서 실패로 전전하고 있었다. 그는 자신의 목적을 발견하기 위해 분투하면서 얼마간 암울한 시기를 거쳤다. 그런데 2007년에 아이폰iPhone이 등장했다. 그리고 갑자기, 디자인은 중요한 것을 넘어 모든 것의 초점이 되었다. 멩 토우는 꿈에 그리던 자기 직업을 발견할 힘을 회복했고, 어디를 바라보아야 좋을지를 알았다.

"나의 꿈은 언제나 미국에서 일하는 것이었다."라고 당연한 듯이 그는 말한다. "그것은 배우가 할리우드에 가기를 원하는 것과 마찬

35) http://en.wikipedia.org/wiki/Invisible_hand

가지였다. 샌프란시스코, 그리고 실리콘밸리는 '바로 그 장소' 였다. 내가 디자인에 대해 진지하거나 엔지니어링에 대해 진지하다면, 가야 할 곳은 바로 그곳이었다. 그래서 나는 그곳에서 직업을 얻을 수 있는 일이라면 무엇이든지 모두 하겠다고 결정했다."

그리고 멩 토우는 그곳에서 직업을 얻었다. 실리콘밸리에서 18개월 동안 일하고 났을 무렵, 그의 앞에 다른 장애물이 다가왔다. 비자 기간이 만료되었던 것이다. 그때가 다가오고 있다는 것은 알았지만, 새로운 비자를 얻기란 예상보다 훨씬 더 어려웠다. 그의 고용주는 그를 월급 받는 직원 명단에서 제외시키기로 결정했고, 비자 문제 때문에 아무도 그를 고용하려고 하지 않았다. 한편, 비싼 주택 임차료와 건강보험료 문제도 골치였다. 결국 그는 새로운 비자를 얻는 데 실패해서 미국을 떠나지 않으면 안 되었다.

멩 토우는 자기 인생에서 새로운 일을 다시 시작하도록 강요받았다. 실패는 그를 계속해서 때려눕혔다. 다음에 할 일은 무엇이었던가? 캐나다로 돌아가 오전 9시부터 오후 5시 또는 더 늦게까지 해야 하는 일을 다시 했던가? 천만에! 그런 일을 다시 하기보다는 오래 사귀어 온 여자 친구와 함께 1년 동안 여행을 하기로 결정했다. 그 기간 중에 그는 개인적 계획들을 다시 추진하기 시작했고, 결국에는 스케치Sketch라고 부르는 새로운 소프트웨어를 물고 늘어졌다.

스케치는 특히 디자이너들에게 유용한 웹과 모바일 소프트웨어 프로그램이다. 스케치에 대한 지식이 증가하고 디자인과 프로그래밍에 관한 과거의 지식도 축적되어 있어서 그는 독보적인 위치에 올라섰다. 대부분의 디자이너와 프로그래머들이 갖추지 못한 일련의 방대한 기술을 그는 이미 획득했던 것이다. 여행을 하는 동안 수없이 후퇴도 했지만 멩 토우는 마침내 퍼즐 조각들을 모두 맞출 수 있게 되었다. 그리고 다음에 무엇을 해야 할는지를 정확히 알았다. 바야흐로 열심히 일하고 헌신해 온 그의 모든 노력이 빛을 발하고 보상받을 때가 된 것이다.

### '열심히 일하기' 와 '헌신'

의미 있는 일을 하기 위해서는 당신이 보다 진지해져야 되고, 하고자 하는 일에 초점을 맞추면서 몰두할 필요가 있다. 플로이드 메이웨더 주니어 Floyd Mayweather Junior는 전 세계에서 인정받는 최고의 권투선수다. 내가 이 책을 집필하고 있는 지금도 그는 세계에서 가장 높은 보수를 받고 있다. 그의 모토는? '열심히 일하기' 와 '헌신' 이다. 그가 연습을 할 때, 그의 팀은 이 모토를 연발한다. 한 그룹이 '열심히 일하기!' 라고 소리치면 다른 그룹이 '헌신!' 이라고 응답한다. 그 구호는 그가 보여주는 동작의 속도와 강도에 따라 더 빨라지고 더 커진다.

메이웨더는 이 구호의 가치를 알고, 이것이 성공에 미치는 강력한 영향력도 안다. 그는 이것 덕분에 살고 있다. 그는 고되기 짝이 없는 연습 기간을 하루에 두세 번 견뎌낸다. 또한 자주 밤늦게까지 연습한다. 담배를 피우거나 술을 마시는 일은 결코 없다. 플로이드 메이웨더에 관한 얘기는 농담이 아니다. 그는 실질적인 인물이다. 그가 그토록 '거물' 인 이유는 바로 여기에 있다. 그는 권투를 하기 위해서 산다. 권투는 그가 하고 싶어 하는 것이며, 그의 '열심히 일하기' 와 '헌신' 은 문자 그대로 그에게 보상을 해주었다. 어떤 사람들은 메이웨더의 도덕성에 대해 의문을 품거나 그의 무식을 비웃기도 하지만, 권투에서 그가 세운 유례없는 실적과 그것을 뒷받침하는 끈질긴 헌신에 관해서는 그 누구도 이의를 제기하기 힘들다.

전 세계에서 최고인 사람들은 그들에게 주어진 필생의 일을 물불 가리지 않고서 열심히 하기 때문에 최고인 것이다. 그들은 희생을 치른다. 그들은 끊임없이 갈고 닦고 있다. 그리고 멈추지 않는다.[36]

## 부산물들은 방탄 역할을 한다

나는 내가 서술하고 있는 일들에 관해 매우 많은 체험을 했기 때문에 이 책을 집필할 자격이 있다고 느낀다. 나는 테

36) http://en.wikipedia.org/wiki/Floyd_Mayweather._Jr.

크스타즈TechStars와 같은 액셀러레이터 프로그램에서 일어나는 마술을 체험했다. 맨땅에서부터 회사를 설립하는 일을 돕기도 했다. 내가 직접 세운 컴퓨터 신규회사가 수백만 달러의 수익을 올리고, 많은 직업을 창출하는 것도 보았다. 공동창업자가 되는 도전을 했다가 고생도 했고, 그 일에 실패하여 냉혹한 현실에 직면하기도 했다.

끈질긴 인내는 이 모든 체험을 헤쳐 나가도록 나를 이끌었다. 이러한 인생 여정 중에는 나 자신이 천치, 실패자일 뿐만 아니라 실패했다고 느낀 순간들이 적지 않았다. 그러나 실패로 끝난 많은 결정들은 내가 놀라운 사람들을 만나도록, 놀라운 일들을 하도록, 나의 능력의 한계를 끝까지 시험하도록 이끌었다. 그리고 그것은 이 책을 집필할 통찰력과 자료를 구비하도록 허용한 그 결정들과 똑같은 것으로, 이 모든 실패를 통해 나는 지식의 기반과 정보의 창고를 마련할 수 있었다. 그리하여 이러한 지식과 정보가 독자적이면서도 가치 있는 것으로 형성될 수 있었던 것이다.

이것은 맹목적인 용기로 살아가고 있는 당신의 한계를 시험하는 것의 아름다움이다. 당신의 끈질긴 인내는 결코 헛수고가 아닐 것이다. 다른 사람들이 선택하지 않는 위험을 선택함으로써 당신은 유리한 고지를 점령할 것이다. 가치 있는 부산물들이 끊임없이 당신 뒤에 쌓이고 있다는 사실을 알기 때문에 당신은 두 다리 뻗고 잠을 푹 잘 수 있을 것이다. 당신은 이미 승리를 거두었기 때문이다.

제3단계 : 창조해라 Create

# 생산성과 효율성

"선견지명만으로는 충분하지 않다. 그것은 모험과 결합되지 않으면 안 된다.
계단들을 쳐다보는 것만으로는 충분하지 않다.
우리는 계단을 올라가지 않으면 안 된다."

— 바클라프 하벨 Vaclav Havel

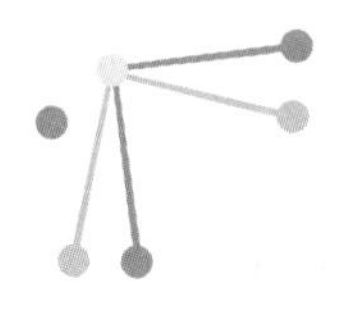

좀비나라를 배척할 만큼 용감하다면, 그리고 수많은 실패를 감당할 만큼 끈질기다면, 당신은 '제3 단계 : 창조해라'에 관한 준비를 마친 것이나 다름없다. 하지만 당신이 현재 하고 있는 일이 한없이 많을 수도 있으므로 나는 당신이 무엇을 창조해야 하는지에 대해 정확하게 말해 줄 수는 없다. 그러나 당신이 그 일을 성공적으로 마치기 위해 어떻게 처신해야만 하는지는 '말해 줄 수 있다.'

나는 당신이 일하는 방식을 조절하는 것, 최고의 성과를 거두기 위해 당신의 태도를 정비하는 것, 그리고 공통되는 장애물들을 제거하는 방법에 관해 이야기하고 있다. 당신은 돈 · 자원 · 시간을 무한히 가지고 있지 않다. 물론, 그런 사람은 거의 없다. 따라서 당신은 창조 모드에서 효율적 · 효과적 · 생산적이 될 필요가 있다. 다행히도 나는 이에 관해 우리를 도와줄 수 있는 전문가를 알고 있다. 자,

전문가인 팀 페리스 Tim Ferriss에게 인사해라.

## 팀 페리스와 2P

팀 페리스는 세계적인 베스트셀러 ≪주 4시간 노동 The Four-hour Workweek≫의 저자다. 또한 라이프 해커다. 그래서 그는 일상생활에서 따분한 부분들을 제거하고 멋진 부분들을 증가시키는데, 불가능한 임무들을 단순한 일로 전환시키는 것이다. 또한 두려움을 용기로 바꾸어 준다. 그는 모든 것의 아래위를 뒤집어놓는다. 팀 페리스는 방사성 동위원소 크립톤에 대해 면역성을 구비한 슈퍼맨과도 같다.

그러나 슈퍼맨이 되는 것은 전적으로 유전의 덕은 아니다. 그의 화려한 붉은 망토 아래에는 엄청난 마술이 숨어 있다. 팀 페리스가 오즈Oz의 마법사와 같은 면이 많다는 것이 드러난다. 비교적 단순한 수법을 써서 불가능한 듯이 보이는 일들을 해결하기 때문이다.

그의 비결은 다음과 같은 두 가지 원칙에서 나온다.

1. 파레토 원칙 The Pareto Principle
2. 파킨슨 법칙 Parkinson' s Law

'80 – 20 규칙' 또는 '필수적 소수의 법칙' 이라고도 알려진 '파레토 원칙' 은 산출의 약 80%가 자원의 약 20%에서 나온다고 하는 것이다. 몇 가지 예를 들어보자.

- 당신의 판매량 중 80%는 당신의 고객 20%에서 나온다.
- 당신의 고객 불만 중 80%는 당신의 고객 20%에서 나온다.
- 전 세계 부의 80%는 전 세계 인구의 20%가 소유한다.

파레토 원칙은 어디서나 나타난다. 많은 경우에 이것은 심지어 90 – 10, 95 – 5, 99 – 1로 한층 더 편향되기도 한다. 시간과 생산성의 관계에 비추어 보면, 이것은 우리가 수익을 가장 많이 올리는 활동에 집중하고, 속도를 가장 더디게 하는 장애물을 피할 필요가 있다는 것을 의미한다. 당신은 고객 지원의 예를 볼 때, 모든 개별적 문의에 대해 대답해 주려고 애써야 한다고 생각하는가, 아니면 대부분의 불평을 제기하는 소규모 계층의 고객들을 무시해야 한다고 생각하는가? 팀 페리스는 후자를 선택한다. 이러한 결정들을 내리는 것은 쉽지 않지만, 효율성을 어마어마하게 증가시킬 수도 있다.

팀 페리스의 두 번째 비결인 '파킨슨 법칙' 에 의하면, 한 가지 과제를 마치는 데 소요되는 일의 분량은 할당된 시간을 채우기 위해 늘거나 줄어들 것이라고 한다. 당신이 사교 행사를 계획했는데, 당신 친구들이 '준비하는 단계' 에 한없이 머물러 있을 경우에 그것을 말린 적이 있는가? 사실 당신은 “이봐, 이젠 가야 할 때가 되었어.”라고 말하면서 개입하지 않으면 안 된다. 이것이 실제로 작용하는 파킨슨 법칙이다. 그렇게 하지 않으면 당신 친구들은 당신이 억지로 그만두게 할 때까지 계속해서 머리 손질을 하거나 술을 마실 것이다. 왜냐하면 그들은 그냥 시간을 때우고 있기 때문이다. 여기에서 비결은, 당신이 생산적인 단계에 머물기 위해 자기 자신을 억제해야만 한다는 것이다. 그렇지 않으면, 당신은 그냥 술에 취해서 하루 종일 머리 손질이나 계속하고 있을지도 모를 일이다.

팀 페리스는 최종적인 생산성 증가를 위해 파레토 원칙과 파킨슨 법칙을 결합했다.

1. 가장 중요한 일들에 집중해라.
2. 공격적인 시한을 정해라.

그래, 바로 이것이다. 그런데 이것이 간단하게 보일는지는 모르지만, 우리는 이것을 시행하는 데 애를 먹는 일이 상당히 잦다. 예상보다 훨씬 더 어렵기 때문이다. 제3 단계의 내용은 파레토, 파킨슨 그리고 물론 팀 페리스에게서 영감을 받은 것이다. 이것은 생산성과 효율성의 증가에 초점을 맞춘 채 행동으로 옮길 수 있는 충고와 자원, 철학적 의견 등을 혼합한 것이다. 모든 것이 잘 돌아간다면, 우리는 수많은 슈퍼맨과 마법사들이 날아다니는 것을 곧 보게 될 것이다.

## 시 간 Time

### 전문가가 되는 데 1만 시간?

무엇인가 의미 있는 일을 하고 있다면 그것은 당신에게 자부심을 부여할 것이고, 더 유리한 위치에서 당신의 열정에 공감하는 연결자들을 만날 수 있을 것이다. 좀 더 이상적으로 말하자면, 당신은 자신의 일에 관해 전문가가 되어야만 한다는 말이다. 물론, 이것은 매우 어려운 일일 수 있다. 그러나 다행스럽게도 전문가가 되는 데는 당신이 생각하는 것처럼 그렇게 많은 시간이 필요하지 않다.

말콤 글래드웰은 그의 베스트셀러 ≪아웃라이어Outliers≫에서 어떤 분야의 전문가가 되는 데는 1만 시간가량이 걸린다는 이론 — '1만 시간 법칙' — 을 대중화했다.[37] 그는 1만 시간의 법칙이 실제로 작용한다는 것을 입증하기 위해 비틀스Beatles의 초기 경력과 빌 게이츠 Bill Gates의 어린 시절을 비롯해서 관련되는 연구 결과와 예를 몇 가지 인용했다.[38]

이 주제를 둘러싸고 당연히 논의가 벌어졌다. ≪아웃라이어≫ 출간 이후 수많은 연구서와 논문들이 발표되었는데, 대개는 1만 시간의 법칙이 어떤 면에서는 허위라고 주장한 것이다. 나는 이 가운데서

---

37) http://tinyurl.com/mdsaq32

38) 앤더스 에릭슨 Anders Ericsson의 공적도 인정해야만 한다. 심리학자인 그가 같은 주제에 관해 실시한 연구는 글래드웰이 제시한 이론들의 기초가 되었다.

수십 편의 논문을 읽었는데, 글래드웰의 주장을 반박하려고 마법적 숫자(1만 시간)의 유효성을 비판하거나 아니면 실천에 추가된 선천적 재능이 전문가 수준의 성공을 거두는 데 매우 중요한 역할을 한다고 주장하는 것이 대부분이었다. 반면 내가 초점을 맞추려고 하는 세 번째 요소는 매우 소홀히 다뤄지고 있어, 나는 이 사실에 주목하지 않을 수 없었다. 이것은 배우고 있는 과제가 무엇인가 하는 점으로, 매우 중요한 요소이기 때문이다.

이 문제의 중요성을 입증하기 위해 간단한 이야기를 하나 소개하겠다. 2009년에 나는 참으로 깊은 실망의 구덩이에 처박혔다. 사업 때문에 문자 그대로 기진맥진 상태에 빠져 들어가고 있었다. 공동창업자의 위치가 주는 스트레스에 계속 짓눌렸다. 나는 지쳤고, 건강도 상했고, 매우 불행했다. 불면증과 싸우면서 때로는 밤늦게까지 정보 광고를 훑어보고는 했다. 어느 날 밤 DVD로 된 운동연습 프로그램 P90X를 우연히 보았다. 즉흥적으로 그것을 구입했다. 며칠 뒤에 소포가 도착했고, 나는 그것에 전념하기로 마음먹었다. 그래서 그 프로그램대로 실시했고, 3개월 후에는 내 몸에 18kg의 근육이 늘었다.

운동은 이제 내 생활의 필수요소다. 이 책을 집필하고 있는 지금도 여전히, 거의 종교에 가까울 정도의 믿음으로 P90X를 실시한다. 그 결과, 나는 내 손바닥 들여다보듯 이것에 대해 훤하게 알고 있다. DVD를 보지 않고서도 모든 과정의 연속 동작을 모두 할 수 있으니까 말이다.[39] 때로는 연습 교사인 토니 호튼이 해설을 하기도 전에 내 머릿속에서 반복하기도 한다. 그것은 마치 당신이 좋아하는 영화의 대사를 외우다시피 알고 있는 것과 같다. 나는 그 동작들을 하도 여러 번 반복한 덕분에 모조리 외워버렸다. 그뿐 아니라 나는 능숙했다. 나의 체형은 여러 해에 걸쳐서 점차 완전하게 변했고, 나는 스스로를 P90X의 전문가라고 생각할 정도가 되었다. 그리고 대부분의 사람들이 이에 수긍할 것이라고 확신한다.

지금부터 이 이야기가 '1만 시간의 법칙'과 어떻게 관련 있는지를 말하겠다. 집중해서 프로그램을 실시한 나는 시스템을 능가할 정도가 되었는데, 어쩌면 내가 예외에 해당될 수도 있다. 하지만 나는 P90X의 시행에 1만 시간을 보내지는 않았다. 그와 비슷한 만큼의 시간도 보내지 않았다. 하루 평균 한 시간 정도 연습했으니까 일 년 동안 365시간이 걸렸다. 내가 전문가 수준에 도달하기까지는 약 2년이 걸렸으니까, 730시간가량 소요되었을 것이다. 그러나 3개월 정도 지났을 때 오랫동안 중단했으니까, 그 기간을 빼면 약 500시간가량 소요되었을 것이다. 그러니까 잘 계산해 보면, P90X의 전문가가 되는 데는 500시간의 집중적인 연습이 필요한 것이다. 1만 시간은 아니다!

그렇다면 이것이 말콤 글래드웰의 이론이 틀렸다는 것을 의미하

39) P90X는 각각 40분에서 90분에 이르는 11개의 다른 연습 과정이 있다.

는가? 아니다! 나는 특정 분야의 전문가가 되는 데는 다른 어떤 것 — 천부적인 재능을 포함하여 — 보다도 '열심히 일하기'와 '헌신'이 가장 중요한 요소라고 여전히 믿는다. 글래드웰의 이론은 심지어 나의 P90X의 예에 직면해서도 여전히 옳다! 왜냐하면 그의 주장에는 대부분의 사람들이 간과하는 중요한 대목이 들어 있기 때문이다. 즉 그는 '모든' 분야에 대해서 말한 것이 아니었다.

≪아웃라이어≫에서 글래드웰은 바이올린 연주처럼 어렵고 까다로운 과제들을 검토한다. 그는 이러한 과제들이 '인지 요구 cognitively demanding' 분야에 속한다고 말한다. 그래서 '모든' 분야가 아니라 '인지 요구' 분야에 속하는 것들의 경우에는 적어도 1만 시간의 실습을 필요로 한다고 주장한 것이다. 그렇다면 논리적으로 그 반대의 경우도 옳다는 결론이 나온다. 즉 인지 요구 분야가 아니면, 1만 시간의 실습이 '필요하지 않다.'고 말이다. 그리고 바로 P90X의 경우가 여기에 해당된다.

나는 P90X의 전문가가 되는 데 고작 500시간밖에는 소비하지 않았는데, 그 이유는 다음과 같다.

1. P90X는 '인지 요구 분야가 아니다.'
2. P90X는 '범위가 한정되어 있다.'

모든 분야가 평등하게 창조된 것은 아니다. 내가 만일 구두끈을

매는 일의 전문가가 되기를 바란다면, 5시간 정도 실습하면 전문가 수준에 도달할 수 있다고 단언한다. 그와 반대로 뇌수술의 전문가가 되고 싶다면, 나는 글래드웰의 마법적 숫자를 훨씬 초과하여 적어도 2만 시간의 실습이 필요할 것이다. 그렇기 때문에 마법적 숫자는 전혀 마법적 숫자가 아니다. 다만 참으로 어려운 과제들을 완전히 습득하는 데 소요되는 최저 한계선에 불과하다. 전문가가 되는 데 필요한 시간의 양은 해당 분야의 난해도와 범위에 따라 다르기 때문이다.

여기, 또 다른 비결이 있다. 즉 전문 지식의 범위를 한정시키면 그 달성이 한층 더 쉬울 뿐만 아니라 '실생활에 적용하기도 훨씬 더 쉽다.' 는 것이다. 이것을 입증해 보자. 내가 만약 P90X의 훈련 교사가 되고 싶었다면, 그렇게 될 수도 있었다. 개인지도를 할 수도 있었고, 아니면 비치버디 코치가 될 수도 있었다.[40] 나는 P90X에 관한 한 이미 전문가 수준의 실력에 도달했고, 그것을 나에게 유리하게 활용할 수도 있기 때문이다. 이것은 열정 자체이기도 하지만, 실질적인 소득과 행복을 나에게 가져다줄 수 있도록 실생활에도 얼마든지 적용할 수 있으니까 말이다. 나의 지식은 구체적인 것이기 때문에 실시 가능한 어떤 것에 적용하는 것이 그리 어렵지 않다.

하지만 만일 내가 '건강' 과 같이 더 넓은 분야의 전문가가 되려고

---

40) 나는 내 몸의 변화에 관해 비치버디에게 이메일을 보낸 후 실제로 토니 호튼의 누이에게 고용되어 그녀의 코치가 되었다.

했다면, 더 많은 시간이 필요했을 것이다. 그뿐 아니라 일단 광범위한 지식을 얻은 다음에 그것을 가지고 무엇을 할지 결정해야 하기 때문에 또 다른 어려움을 해결해야 할 것이다.

그렇다면 나는 개인지도 교사가 되어야 할 것인가? 아니면 다이어트 강습을 할 것인가? 의사? 영양사? 마사지사? 물리치료사? 심리학자? 이것은 모두 건강과 관련된 직업들인데, 선택의 길이 너무나도 많다. 따라서 전문 지식의 범위를 시행 가능한 어떤 것에 국한시키는 법을 배워야 하는데, P90X를 가르치기 위해서라면 내가 굳이 건강 전문가가 될 필요는 없다. 역도 전문가가 될 필요는 더욱 없다. P90X 전문가가 되는 것만으로 충분하다.

어떤 분야의 범위를 좁게 국한시키는 경우에 목표들은 한층 더 구체적인 것이 되며, 거기 필요한 일은 감당하기가 훨씬 쉬워진다. 전문가가 되는 것은 당신이 생각하는 것처럼 그렇게 어렵지 않다. 1만 시간은 잊어버려라. 대개 500시간이면 충분하고도 남는다.

다른 예를 하나 더 들어 보자. 그림 그리기다. 그림 그리기가 당신의 열정이라고 가정하자. 당신은 무엇을 그리려고 할 것인가? 모든 것을 그린다? 분명히 아닐 것이다. 당신이 특별히 관심을 갖고 있는 것은 무엇인가? 풍경화? 추상화? 해부학? 해부학을 좋아한다면 어떤 종류? 사람? 동물? 좋다, 동물이라고 하자. 그러면 어떤 유형? 말들? 좋다, 말들을 그려라. '오로지 말들만' 그려라. 가능한 한 모든 자세의 말들을 그려라. 다른 것은 모조리 잊어버려라. 풍경화나

추상화는 집어치워라. 손가락 그리기도 없다. 오로지 말들만 그려라!

간단하게 말하자. 정말로 멋지게 보이는 말 한 필을 그리기 위해 10시간이 걸리고, 말 그림의 전문가가 되는 데는 100번의 시도가 필요하다고 치자. 만일 당신이 모든 종류의 다른 미술 유형들과 여러 가지 주제들을 실습하고 있었다면, 말 100필을 그려 넣는 데 1만 시간이 걸렸을지도 모른다. 그러나 다른 모든 것은 외면함으로써 당신은 최초의 1천 시간 안에 더 효과적으로 배워 전문가 수준에 도달할 수 있다. 게다가 보너스로 추가되는 것이 있는데, 그것은 당신이 말들을 좋아하기 때문에 자기 일을 실제로 즐길 것이라는 사실이다! 당신은 결코 당신의 전문 분야도 아닌 자화상과 추상화에 관해 더 이상 신경 쓸 필요가 없다. 이렇게 할 경우, 유리한 점도 추가된다. 즉 기록적인 기간 내에 말 그림의 전문가가 되고 나면, 당신은 놀랍고 훌륭한 말 그림들이 팔리는 시장이 있다는 사실을 알게 될 것이다. 그걸 내가 어떻게 아느냐고? 그것은 놀랍고 훌륭한 것들에 대한 시장이 언제나 있기 때문이다. 언제나 그렇다. 혹시 잊어버렸다면, 당신은 제1 단계 중 '어떠한 열정이든 모두 적용할 만하다' 는 항목을 다시 읽어 볼 필요가 있다.

유명한 화가들이란 대개 특정한 스타일과 주제로 정의된다는 것에 주목한 적이 있는가? 예를 들면, 클로드 모네 Claude Monet는 '백합 바구니' 를 그리는 것으로 잘 알려진 인상주의 화가다. 그렇듯 대다수의 탁월한 화가들은 좁은 범위를 가지고 있는데, 그들은 특정 주제에 매달려 그 한 가지 범위 안에서 자기의 기술을 줄기차게 연마하기 때문이다.

### 영 역

좁은 범위가 효율성을 증가시키듯이 '강화된' 초점 역시 그러하다. 우리는 모든 영역, 즉 레이저처럼 예리한 명료성을 수반하는 영감의 불꽃과 고도의 성과를 경험한다. 그것은 한밤중에 화장실에서 또는 샤워장에서 닥칠 수도 있으므로 이 영역 안에 들어 있다고 깨달을 때마다 그것을 이용해라. 왜냐하면 당신은 나중에 다시 그곳으로 돌아갈 수 없기 때문이다. 영역은 예고 없이 오락가락한다.

당신을 그 영역 안에 집어넣어 주는 촉매들에 주목해라. 나의 촉매는 운동 연습이다. 운동 연습을 할 때면 일종의 에너지 음료 덕분에 뛰어오르는가 하면, 엔도르핀이 급증하고 정신도 맑아진다. 나의 좋은 아이디어들은 체력단련 도중에 떠오른 경우가 대부분이다. 나는 이것을 깨달았을 때, 컴퓨터를 곁에 둔 채 연습하기 시작했다. 그리고 영역에 들어서게 되면 즉시 컴퓨터에 달려들어 글쓰기에 몰두했다. 이 책의 초안은 대부분 내가 반쯤 벌거벗은 채 땀을 뻘뻘 흘리고 숨을 헐떡거리는 동안에 작성된 것이다.[41]

---

41) 내가 좋아하는 다른 촉매들은 술 한 잔을 옆에 둔 채 뜨거운 물의 욕조에 들어가는 것 — 아이들은 이런 행동을 집에서 따라 하면 안 된다! — 과 해변에서 시간 보내기 등이다.

신체 단련 중에는 좋은 아이디어들만 떠오른 것이 아니라 책의 내용 또한 더 빨리 쓸 수 있었다. 영역 안에 들어 있을 때는 20분에 10쪽을 쓰기도 했다. 영역 밖에 있을 때에는 컴퓨터 화면을 20분 동안 멍하니 쳐다보다가 겨우 한 줄을 쓰거나, 시간을 때우려고 미적거리다가 다른 사소한 일들에 손대는 경우가 더 많았다.

당신을 영역 안에 넣어주는 촉매를 알게 되면, 그것을 일상화시킬 수 있게 된다. 운동 연습은 나에게 단순한 물리적 자극 그 이상의 것이 된다. 그것은 정신을 맑게 해줄 뿐 아니라 영감을 주고 생산성을 높이는 촉매가 되기도 한다. 그것은 나에게 막강한 촉매가 되기 때문에 나는 날마다 운동연습을 하려고 하는 것이다.

위에서 말한 내용을 요약하면 아래와 같다.

1. **'당신의 촉매를 발견해라.'**

   영역에 들어가면, 촉매 또는 그것을 초래하는 여건을 확인해라.

2. **'영역을 위해 준비해라.'**

   촉매를 이용하기에 앞서, 먼저 당신이 생산적이 되는 데 필요한 모든 자료를 수집해라.

   그래야만 당신이 영역에 들어가자마자 즉시 행동에 뛰어들 수 있다.

3. **'촉매를 일상화해라.'**

   영역을 지속적으로 체험할 기회를 극대화하려면, 촉매를 당신의 하루 일정에 포함시켜라.

### 생산성을 방해하는 요인들

"무엇인가를 하기에, 하루라는 시간은 그리 충분하지 않다."

나는 이러한 말을 수도 없이 들었고, 그런 식으로 느꼈다.

반면 이것과 정반대되는 것, 즉 "나는 온 세상의 모든 시간을 얻었다."는 말을 듣는 일은 매우 드물다.

우리는 어떻게 후자의 말을 디폴트(초기 설정)로 만들 수 있는가? 우리의 시간을 어떻게 되찾을 수 있는가?

우선은 이 말들을 이해하기 위해 잠시 생각해 보자.

전자의 말, 즉 '무엇인가를 하기에, 하루라는 시간은 그리 충분하지 않다.' 라는 말이 실제로 의미하는 것은 '나는 사실 X를 하고 싶은데 Y를 하면서 하루의 대부분의 시간을 보낸다.' 는 뜻이다. 후자의 말, 즉 '나는 온 세상의 모든 시간을 얻었다.' 는 말이 실제로 의미하는 것은 '나는 자유로운 시간이 엄청나게 많다. 그래서 내가 하고 싶어 하는 X에 모든 시간을 투입한다.' 는 뜻이다.

첫째 시나리오에서는 시간이 사람을 통제한다. 둘째 시나리오에서는 사람이 자기 시간을 통제한다. 시간이 없다고 느낄 때마다 당신은 아래 두 가지 질문을 스스로에게 던질 필요가 있다.

1. 내가 지금 하고 있는 이 모든 것들은 무엇인가?
2. 내가 지금 하고 있는 것 대신에 진정으로 하고 싶은 일들은 무엇인가?

이 두 가지는 똑같이 중요하다. 당신은 자기가 현재 하고 있는 것들을 계속해서 해야 할 필요가 있는지의 여부를 결정하기 위해 그 모든 것에 주목하지 않으면 안 된다. 동시에, 추가로 자유로운 시간을 얻은 뒤에 무엇을 할 것인지도 결정하지 않으면 안 된다. 그렇지 않으면 당신은 멍하니 벽을 쳐다보고 있는 데 그칠 것이다. 행복의 반대가 지루함이라는 사실을 명심해라. 죽은 시간은 자유로운 시간의 결핍과 마찬가지로 괴로운 것이다.

좀비나라를 배척하고 특정 계획이나 목표에 몰두하면 — 이것은 당연히 위의 두 번째 질문에 대한 대답이다. — 그다음에는 자기의 목적을 촉진하는 높은 가치의 행동을 취할 여지를 마련하고 싶어 하고, 그러기 위해서는 낮은 가치의 행동을 포기할 수 있다는 것을 대부분의 사람들이 깨닫는다. 여기에 낮은 가치의 행동들의 목록이 있는데, 나는 이것들을 내 일정에서 상당히 축소하거나 완전히 제거했다.

1. 이메일
2. 텔레비전
3. 청구서들의 지불
4. 전화 받는 일
5. 휴대전화 문자 메시지 교신 / 잡담하기
6. 출퇴근하기 / 운전하기
7. 요리하기

8. 심부름 / 집안일

9. 쇼핑

10. 호의

11. 걱정하기

12. 인터넷 훑어보기

13. 뉴스를 읽거나 보는 일

14. 검색하기

15. 소셜 네트워크

나는 시간 낭비인 위의 공통사항들에 대해 어떻게 대처하는 것이 좋은지에 대한 약간의 요령을 아래와 같이 모아 놓았다. 거기에는 도움 되는 서비스의 이용이 많이 포함되어 있다. 나는 이 서비스의 대부분을 이용했다. 이 목록들을 출발점으로 삼아야만 한다고 당신에게도 권하고 싶다.

스스로 서비스를 발굴하고 대체 수단들을 찾아내도록 해라. 새롭고 혁신적인 생산품들이 날마다 출시되고 있으니까 말이다.

이메일

나는 이메일에 소모하는 시간을 95% 줄여서 일주일에 약 20시간 걸리던 것을 한 시간으로 만들었다.

여기에 그 방법을 제시한다. 이 주제를 해결하는 데 도움이 된 팁 페리스에게 감사한다.

- '모든 정기구독과 회람 구독을 취소해라.'

  뉴스레터나 일일 보고서를 끊어라.

- '제3자 사이트에 당신의 이메일을 알리지 마라.'

  새로운 서비스를 계약하기 위한 제2의 어카운트를 개설해라. 이것은 스팸 메일을 현저하게 줄인다.

- '자유 회답 방식의 이메일들에 대해서는, 친밀한 접촉을 위해 가능할 때마다 전화로 응답해라.'

  전화 응답이 더 개인적이고, 일을 더 빨리 처리할 수 있다. 이때 당신은 대부분의 사람들이 전화를 받지 않는다는 것도 알게 될 것이다. 그래도 좋다. 메시지를 남겨라. 그러면 끝이다.[42]

- '이메일을 체크하는 시간을 하루에 한 번 또는 두 번 — 두 번 이상은 하지 마라. — 10분 동안이 되도록 당신의 일정에서 한정해라.'

  이메일 체크를 시작할 때, 타이머를 작동해라. 10분이 지나면 그것으

---

42) 당신과 친분이 두터운 어떤 사람에게 긴 이메일을 보내야만 한다면, 그렇게 해도 좋다. 나는 이러한 것을 이메일로 분류하지는 않는다. 오히려 당신이 보살피는 어떤 사람과 교류하는 데 보낸 귀중한 시간이라고 본다. 이러한 경우에 나는 이것을 이메일과 분리하기 위해, 나의 이메일 클라이언트와 별개로 텍스트 에디터 안에 메시지를 작성한다.

나는 이메일의 내용을 아래와 같이 정리한다.

1. 받은 메시지들을 살펴보기
2. 개인적인 것이 아닌 연락에 대해 응답하기

이러한 상황에서 당신이 전화를 건다면, 그것은 당신의 선택이지 다른 사람의 선택은 아니다. 이것은 중요하다. 왜냐하면 당신의 조건에 따라 교류를 지속시키기 때문이다.

로 끝이다. 나머지는 내일까지 기다릴 수 있다. 10분이 지나면 당신의 이메일 클라이언트를 분명히 닫아라. 그것을 계속 열어두면 계속되는 유혹에 시달릴 것이다. 이메일 착신을 알리는 휴대전화 기능도 정지시켜라.[43]

당신은 많은 것들을 토요일마다 만회할 수 있음을 알게 될 것이다. 일요일에는 가능한 한 이메일을 체크하지 마라. 이 방법들을 실시한 뒤에도 이메일이 여전히 누적된다면, 당신이 사용하는 이메일의 일부를 보조수단에 위임할 것을 고려해라. 한 시간에 5달러라는 소액으로 가상적 보조수단 VA(virtual assistant)를 찾을 수 있다.[44]

만일 VA가 5달러의 비용으로 당신의 이메일을 하루에 한 시간 동안 처리한다면, 한 달에 150달러가 된다. 이것은 당신의 작업을 상당히 줄이고 하루에 10분 동안만 이메일 체크를 한다는 방침의 실시를 더 쉽게 만들어 줄 것이다.[45]

나처럼 행동을 취한다면, 당신은 이메일에 소비하는 시간을 95% 줄여서 일주일에 20시간 걸리던 것을 한 시간으로 만들 수 있다. 그러면 일주일에 19시간 또는 한 달에 약 75시간을 얻는다. 당신이 VA

---

43) 중요한 이메일들을 기다리고 있다면, 당신은 이것을 생략하고 싶어 할지도 모른다. 나는 휴대전화에 이메일 착신을 알리는 기능을 가끔은 끄지 않고 내버려 두지만, 이메일을 열어보지는 않으려고 애쓴다. 다만 그것이 개인적인 것이거나 긴급한 것으로 보일 때에만 열어본다. 그렇지 않은 경우에는 이메일 체크를 위한 다음번 기회를 기다린다.

44) 가상적 보조수단에 관해서는 팀 페리스의 저서 ≪주 4시간 노동 The Four-hour Workweek≫에 상세히 설명해 주는 항목이 있다.

45) 나에게는 VA를 이용하면서 그것을 강력히 추천하는 친구가 있지만, 나는 이메일을 분류했기 때문에 VA를 이용할 필요가 없었다.

를 이용하고 이것의 비용 대비 이익의 비율을 알고 싶다면, 150달러의 비용을 들여서 한 달에 75시간의 자유로운 시간을 벌었다는 점에 유의해라. 그것을 계산해 보면 자유로운 한 시간은 2달러인 셈이다. 당신의 시간은 한 시간에 2달러 이상의 가치가 있는가? 그렇기를 나는 바란다.

이 방법은 쉽게 습관화될 수 있는 것이라는 사실에 주목해라. 예를 들면, 당신은 이메일을 월요일, 수요일, 금요일에 정기적으로 체크하고, 하루 10분의 원칙을 화요일, 목요일, 토요일에만 적용하는 것으로 결정할 수 있다. 또한 하루 10분의 원칙을 하루 20분 등으로 조정할 수도 있다.

이 항목을 마무리하기 위해 이메일에 보내는 시간을 줄이는 조치 중 가장 중요한 것 두 가지를 아래와 같이 소개한다.

1. 장시간에 걸치는 양방 교신을 제거해라.
2. 하루 종일 이메일을 체크하는 일이 없도록 하려면 이메일을 체크하는 시간을 지정해라.

### 텔레비전

텔레비전 프로그램을 실시간으로 직접 보는 것을 피해라. 마술도구 같은 DVR을 사용해서 당신이 좋아하는 프로그램을 녹화한 뒤 나중에 틀어 봐라. — 네트플릭스Netflix 또는 훌루Hulu를 이용해도 좋다. — 이렇게 해야만 하는 이유가 두 가지 있다.

1. 이것은 당신이 텔레비전 방송망의 일정에 대해서가 아니라 '당신의' 일정에 대해서 전원 차단 시간을 허락하는 것이다.
2. 이것은 당신이 광고 시간을 건너뛰도록 허용하는데, 시청에 소모되는 시간을 30~50% 줄일 수 있다.

일반적인 원칙을 말하자면, 텔레비전을 아예 보지 마라. 그것의 99%는 쓰레기다. 텔레비전을 배경으로 틀어놓거나 채널을 계속해서 돌리거나 하지 마라. 시간을 보내기 위해 당신이 일부러 그렇게 한다면 — 즉 '오늘은 일요일이라서 나는 아무것도 할 일이 없다!' — 별문제다. 특정의 텔레비전 쇼를 보고 싶다면, 기껏해야 한두 가지에 국한시키도록 애써라. 그 이상으로 더 많이 본다면, 텔레비전이 당신의 일정을 지배하기 시작할 것이다.

수동적 오락은 스트레스를 줄이는 데 매우 효과적인 활동이 될 수 있다. 하지만 그것을 제어하여 날마다 반복되는 습관이 되지는 못하게 해라.

청구서들의 지불

자동으로 지불이 되게 해라. 당신의 거래은행이 매달 보내는 명세서를 체크하여 이상한 청구 또는 의외의 청구가 있는지를 확인해라.

그러면 일은 끝난다.

### 전화 받는 일

친밀한 접촉이 아닌 한, 전화를 받지 마라. 발신자들을 확인해라. 음성 메시지 체크하는 시간을 고정해라. 당신이 편리할 때에 응답해라.

그리고 당신이 받은 음성 메시지들을 텍스트 형식으로 전환하여 텍스트 또는 이메일로 회신해라.

음성메시지 전환 서비스는 다음과 같다.

- 그래스호퍼 : http://grasshopper.com/
- 리본 : http://www.libon.com/

### 휴대전화 문자 메시지 교신 / 잡담하기

'전화 받는 일'의 항목을 참조해라.

### 출퇴근하기 / 운전하기

아예 하지 마라. 일터에서 가능한 한 가장 가까운 곳에서 살아라. 또는 가능한 한 일터와 가장 멀리 떨어진 곳에서 살아라. 출퇴근은, 가능한 한 집을 떠나서 일하는 구실로 삼아라.[46]

---

46) 일터에서 멀리 떨어진 곳의 주제에 관해 더 많은 것을 보고 싶다면, 팀 페리스의 ≪주 4시간 노동 The Four-hour Workweek≫ 그리고 제이슨 프리드 Jason Fried와 데이비드 하이네마이어 David Heinemeier의 ≪리모트Remote≫를 참조해라.

요리하기

음식을 더 효과적으로 만들 수 있거나 그것을 당신이 먹는 메뉴에서 완전히 제거할 수 있는 (음식 익살!) 몇 가지 서비스를 소개한다.

채소를 당신 집에 배달시켜라.

- 인스터카트 : http://www.instacart.com/store
- 아마존프레시[47] : http://fresh.amazon.com

만들고 싶은 음식의 재료들을 당신 집에 배달시켜라.

- 블루 에이프론 : http://www.blueapron.com/
- 플레이티드 : http://www.plated.com/
- 플레이트조이 : http://www.platejoy.com/
- 포리지 : http://www.forage.co/

미리 조리해 놓은 음식을 당신 집에 배달시켜라.

- 프레시 다이어트 : http://www.thefreshdiet.com/
- 스푼 로킷 : https://www.spoonrocket.com/
- 먼처리 : https://munchery.com/

---

47) 이 책을 집필할 당시에는 몇 가지 특정 분야만 이용이 가능했다.

미리 조리된 음식의 서비스는 약간 비쌀 수 있다. 따라서 돈의 여유가 충분할 때에만 이것을 이용해라. 나는 여러 해 동안 프레시 다이어트를 이용했는데 시간을 엄청나게 많이 절약했다.

### 심부름 / 집안일

저렴한 가격으로 집안일과 심부름을 빨리 해주거나 덜어주는 서비스는 대단히 많다. 일반적인 사무, 물건 배달, 청소, 잡역부 일 등을 위한 아래의 여러 탁월한 서비스를 이용해라.

- 태스크래빗 : http://taskrabbit.com/
- 홈조이 : http://homejoy.com/
- 겟메이드 : http://getmaid.com/.[48]
- 핸디 : http://www.handybook.com/
- 샤이프 : http://www.shyp.com/

### 쇼 핑

온라인에서 쇼핑해라.[49]

- 아마존 : http://www.amazon.com/
- 오버스토크 : http://www.overstock.com/

---

48) 현재 뉴욕 시에서만 이용이 가능하다.

49) 나는 여기에 분명히 몇 가지만 소개한다. 얼마나 많은 사람들이 여전히 상점가에서 줄을 지어 기다리고 있는지를 안다면 당신은 무척 놀랄 것이다.

• 크레이그스리스트 : http://www.craigslist.org/

나는 아마존 프라임 Amazon Prime의 이용을 권한다. 연회비를 내면 당신은 모든 주문에 대해 무료로 2일 배달 서비스를 받는다.[50] 나는 아마존 프라임을 가지고 있는데, 그것은 대개 몇 달 안에 본전을 뽑게 해준다. 책 또는 운동연습 장비를 사려고 하는데 물건이 도착할 때까지 2주간 기다려야만 한다고 가정하자. 그렇게 기다리는 기간에 당신의 동기와 기세를 죽일 수 있다. 아마존 프라임은 주문한 물건을 48시간 내에 당신 집에 배달해 준다.

오프라인에서 쇼핑을 해야만 한다면, 그것을 태스크래빗 또는 그와 비슷한 서비스(https://www.taskrabbit.com/)에 가능할 때마다 외주를 줘라. 끝으로, 쇼핑을 그리 많이 하지 마라. 당신이 구매하는 것의 90%가량은 당신에게 필요하지 않은 것일 확률이 높다.

호 의

호의를 자주 베풀지는 마라. 그것을 베풀 때는 당신 자신이 원할 경우에 의식적으로, 일부러 베풀어라. 죄책감에서 또는 말 못할 의무감에서 베풀지는 마라.

---

50) 아마존 프라임의 경우, 추가 비용의 부담 없이 아마존의 영화도서관 전체를 라이브로 스트리밍하는 능력 등의 다른 특혜들이 있다.

대단한 호의는 오로지 아주 가까운 친구들에게만 베풀어라. 그들은 당신의 측근에 머물러 있어야만 하니까. 또한 제2차적인 접촉 대상자들과 낯선 사람들도 도와주어라. 그러나 오로지 당신의 일정이 허락하는 범위 내에서만 그렇게 해라.

### 걱정하기

걱정하는 것은 유익하지 않다. 힘든 일이다. 나는 항상 그것과 씨름하고 있는데, 당신도 마찬가지일 것이다. 자신이 걱정을 하고 있다고 깨달을 때에는 그 사실을 받아들여라. 그러고는 그것을 일부러 머릿속에서 몰아내라. 그것을 기록해서 한쪽에 접어두는 것도 때로는 도움이 된다. 당신의 정신은 그것이 어딘가 안전하게 저장되었다는 것을 알기 때문에 거기에 신경 쓰는 일을 그만둘 것이다.

일주일에 한 번 당신의 걱정거리 목록을 다시 살펴보고, 거기 적힌 항목들이 정말 중요한 것인지의 여부를 곰곰이 생각해 봐라. 그것들이 중요한 것이라면 거기 그대로 내버려 둬라. 중요하지 않은 것이라면 삭제해 버려라.

### 인터넷 훑어보기

시간 절약 소프트웨어를 습득해라. 이것은 당신의 인터넷 열람 활동을 추적하고 당신이 산만해지는 것을 피하도록 돕는 소프트웨어 도구다. 당신이 자유로운 시간에 재미를 찾으려고 일부러 열람한다면, 그것은 그런대로 좋다.

- 시간 절약 소프트웨어 : http://www.rescuetime.com/

### 뉴스를 읽거나 보는 일

나는 이것이 순전한 시간 낭비라고 본다. 나는 전혀 하지 않는다. 무엇인가 중요한 일이 발생하면, 나는 그것에 관해 직접 듣는다. 내가 직접 듣지 않았다면 그것은 중요하지 않은 것이다.

나는 내가 유익하다고 보는 블로그들만 읽기 위해 피드 리더를 이용한다. 또한 가끔은 서카Circa라고 불리는 앱을 이용한다. 테크스타즈 회사의 동료인 매트 갤리건 Matt Galligan은 서카의 창업자이자 최고경영자다. 그는 이 서카를 '뉴스들의 벽보 cliff notes for news' 라고 부른다.

당신이 관심 있는 뉴스들만 빨리 잡아낼 수 있기 때문에 이것은 매우 유익하다. 특정 뉴스에 관해 자세히 알고 싶은 경우에는 당신이 버튼을 눌러서 그것을 추적할 수 있고, 관련된 정보가 이용 가능한 만큼 최신 지식을 유지할 것이다. 서카는 그 자체의 글들도 올릴 뿐 아니라 모든 콘텐츠도 새롭고 독창적이다. 이것은 간편한 형태로 된, 피드 안의 피드와 같다. 정말 대단한 것이다.

### 검색하기

대개 검색하기란 더 깊이 알기 위해서거나 가장 좋은 선택을 결정하기 위해서 두 가지 또는 그 이상의 유사한 것들을 비교하는 것이다. 이러한 종류의 조사는 그 성과가 점차 줄어든다. 흔히 최초의 한 시간은 그 이후의 시간들보다 더 가치가 있다. 시간이 흐를수록 그 가치는 줄어든다. 가장 중요한 정보는 발견하기 쉽다. 나머지는 그다지 중요하지 않다.

무엇인가 검색하고 있을 때, 나는 정보의 출처를 2~5개로 제한한다. 그 이상의 출처들은 이미 발견된 것에 본질적으로 기여하지 못할 것이 거의 빤하기 때문이다.

당신은 결코 100%의 정보는 얻지 못할 것이다. 가장 중요한 정보는 발견하기 쉽다는 사실을 깨달아라. 그리고 당신이 알려고 하는 것을 모조리 알지 못할 것이라는 사실도 받아들여라. 그래도 괜찮다.

### 소셜 네트워크

페이스북 피드를 훑어보면서 시간을 낭비하지는 마라. 당신의 삶에서 중요한 사람들에 관해 최신의 정보를 얻고 싶다면, 바로 그 사람들만 보여주는 필터를 만들어라. 이것은 '페이스북 피드 중독증', 즉 당신이 전혀 관심도 없는 사람들의 글을 보면서 피드를 끝없이 훑어 나가는 지독한 중독증으로부터 당신을 구출해 줄 것이다. 당신은 그런 중독증에 왜 걸려 있는가? 무엇인가 의미 있는 것을 다시

51) 이 활동으로 당신은 일반화된 친구의 역설에 직면하게 된다는것도 명심해라. 이러한 것이 반복되면 짜증 나기도 쉬울 것이다.

시작해라.[51]

### 피드 리더 Feed Reader 이용하기

특정 주제에 관한 수많은 정보를 종합하면 유익한 점이 많지만, 그것은 많은 시간이 소모될 수 있다. 우선 당신은 정보의 좋은 출처들을 찾기 위해 예비조사를 할 필요가 있으며, 그다음에는 당신이 최근에 방문한 이후 새로 추가된 콘텐츠가 있는지를 확인하기 위해 끊임없이 다시 방문할 필요가 있다. 서카와 같은 새로운 앱들은 이미 이 문제를 해결해 주기 시작했고, 'RSS 리더' 또는 '콘텐츠 종합자' 라고도 불리는 피드 리더들도 충분히 해결해 줄 수 있다. '당신이 이미 피드 리더를 이용하고 있다면, 이 항목을 뛰어넘어도 좋다.'

피드 리더들은 당신이 거의 모든 웹사이트에 가입할 수 있도록 해준다. 관심 있는 사이트들에 가입하고 나면 거기에 오른 모든 콘텐츠가 자동적으로 당신의 피드 리더에 흘러 들어오기 때문이다. 그리고 그 콘텐츠는 아무런 광고나 시각적 장애물 없이 쉽게 읽을 수 있는 형태로 게시된다.

피드 리더들은 대개 길고도 우여곡절 많은 역사를 지니고 있다. 구글Google 리더와 같이 몇몇 오래된 피드 리더들은 이미 없어졌지만, 새로운 제품들이 그 공백을 채웠다. 현재 나는 매우 효과적인 피드 리더, 즉 피들리Feedly를 이용한다. 그리고 나의 피드들을 스포츠 · 기술 · 기타 등의 범주들로 구분해서 정리했다.

나는 스포츠 항목에서 미시간 대학교의 스포츠를 단독으로 취급하는, 인기 높은 대학 스포츠 블로그에 가입했다. 그 이유는 내가 미시간 대학교 스포츠에 중독되었기 때문이다. 관련된 이야기들이 직접 피들리에 들어오므로 나는 게시물을 하나도 놓칠 염려가 없다. 나는 블로그의 웹사이트에 들어간 적이 있는데, 그것은 눈에 거슬리는 것이었다. 피들리에서는 그런 것을 염려할 필요가 없다. 그것은 디자인을 제거하고, 따라서 나는 책의 서면처럼 흰 배경에 찍힌 본문만 볼 수 있기 때문이다.

기술 항목에서는 '테크크런치TechCrunch'와 '벤처비트VentureBeat'와 같은 인기 높은 기술 블로그들에 가입한다. 또한 내가 존경하는 컴퓨터 신규회사 창업자들과 기술자들의 여러 블로그에도 가입한다. 이것은 거의 20개의 피드를 가진 나의 가장 큰 항목이다.

기타 항목에서는 생활양식의 설계에 관한 글을 주로 쓰는 극소수의 정신적 지도자들의 블로그에 가입한다. 여기에는 팀 페리스, 리오 바바우타 Leo Babauta, 그리고 '미니멀리스츠Minimalists'의 블로그들이 포함된다.

어느 때든 나는 대개 20~30개의 사이트에 가입해 있다. 이것은 내가 수집하는 정보의 중심이다. 나는 새로운 콘텐츠를 위해 많은 URL에 가입하거나 구글을 검색할 필요가 없다. 나의 피드 리더를 열기만 하면 되니까 말이다. 새로운 콘텐츠를 내 손끝에 가지고 있으니 엄청난 양의 시간을 절약할 수 있다. 이것은 나에게 필요한 정보 수집을 원활하게 해주는가 하면, 영감과 아이디어들을 위한 새로운 자료를 항상 나에게 제공한다. 또한 내가 CNN과 ESPN에 가입하지 않았다는 사실에 주목해라. 그 이유는 그곳에서 얻을 수 있는 정보들의 출처가 너무 광범위하기 때문이다. 나는 그곳을 방문하는 대신에 집중적이고 풍부한 자료를 제공하는 매우 특정된 출처들을 찾는다.

피들리는 책상용 컴퓨터에 단축키들을 가지고 있고, 이동식 컴퓨터에는 더 빠른 이용을 위해 예민한 이동 동작들을 설치했다. 나는 제목들만 보여주는 '제목 위주'의 창에서 기사들을 본다. 전체 기사를 읽기 위해서 나는 어떠한 제목도 클릭할 수가 있다. 나는 매일 이 형식을 통해 수백 개의 기사들을 체크하고, 그 가운데서 가장 흥미있는 것 15~20개를 읽는다. 나는 하루에 몇 차례 피들리를 체크하는데, 한 번에 약20분 동안 걸린다. 사람들이 컴퓨터 신규회사 업계에서 일어나는 최근 뉴스를 언급할 때, 나는 그 내용을 이미 알고 있는 경우가 대부분이다.

여기서 충고 한마디 하겠다. 당신이 피들리와 같은 피드 리더를 사용하기 시작한다면, 너무 많은 출처들을 추가하거나 너무 자주 글을 올리는 사이트들에 가입하는 것을 삼가라. 당신은 얼마 지나지 않아 소화시키는 것이 불가능할 정도로 콘텐츠 과잉을 체험할지도 모른다. 만일 피드들을 훑어보는데 날마다 여러 시간을 소비하고 있다면, 작업량을 줄이기 위해 일부 출처들을 제거하는 것도 고려해

보도록 해라.

당신의 종합 정보를 다음 단계로 가져가기 위해서는 당신이 좋아하는 게시물들을 에버노트Evernote, 포켓Pocket, 인스타페이퍼Instapaper와 같은 서비스에 저장해라. 이 서비스들은 콘텐츠를 저장하여 당신이 나중에 쉽게 다시 볼 수 있게 해준다. 나는 내가 좋아하는 글들의 저장을 위해 '포켓'을 이용하고, 생각이 떠오르는 모든 것에 대한 일반적 메모를 하기 위해서는 '에버노트'를 이용한다. 포켓에서 나는 가능한 한 많은 콘텐츠에 일일이 제목을 달아서 나중에 쉽게 검색해 낼 수 있도록 한다. 나는 이 책을 쓰기 위해 검색을 조직적으로 해왔는데, 당신은 어떻게 보는가? 관련되는 콘텐츠를 가진 모든 글은 포켓에 저장했고, '집필 자료'라는 제목을 붙였었다.

- 에버노트 : www.evernote.com
- 포켓 : www.getpocket.com
- 인스타페이퍼 : www.instapaper.com/

### 집중적인 시간

대부분의 사람들은 약속들을 자기 일정 난에 기입한다. 오후 6시 회의, 오후 2시 마감. 이것은 좋다. 그러나 당신이 목표한 일이 중단되지 않게 하려면 그 일에 집중할 수 있는 시간도 당신의 일정 중에 할당해 놓아야 한다. 대신 이 시간은 당신이 좋아하는 계획에 사용해야 하므로 그 시간에는 다른 것은 일체 하지 마라. 전화도 걸지 말고, 문자나 이메일에 답장도 하지 말며, 회의도 하지 마라. 이것은 맘만 먹으면 집에서든 직장에서든 그렇게 할 수 있을 것이다.

우리는 다른 사람들이 우리 일의 흐름을 중단하도록 너무나도 자주 내버려 둔다. 우리는 전화를 받고, 문자에 답을 보내고, 끊임없이 이메일을 체크할 의무감을 느낀다. 어떤 일이든 그 성취를 바란다면, 당신은 이와 같은 충동을 의식적으로 억제하지 않으면 안 된다. 발달된 기술을 이용하여 언제든지 접근이 가능하다는 이유 하나 때문에 우리가 누구에게나, 어디서나, 그리고 언제나 전화를 걸어야만 하는 것은 아니잖은가. 그것은 말도 안 된다.

온 세상이 잠들어 있을 때 당신은 가장 생산적일 수 있다. 나에게는 이른 새벽이 가장 좋은 시간이다. 그때 나는 가장 창조적이고 뇌의 활동이 활발하다. 나는 20대 후반에는 아침 5시까지 계속해서 깨어 있곤 했다. 최근에는 거의 오전 7시가 될 때까지 깨어 있다. 당신이 올빼미족이라면, 밤에 일하는 것이 당신에게 더 적합할지도 모른다. 그것을 실험해 보고, 다른 사람이 모두 자고 있는 시간대를 찾아내라. 중단 없이 일할 수 있는 것이야말로 생산성을 높이는 가장 효과적인 수단일 테니 말이다.

### 근시안이 되라?

믿거나 말거나, 근시안이 되는 것은 미리 계획을 세우는 것보다 더 효과적이다. 또한 이미 결정한 일에 대해서는 장기적 효과에 관한 것을 너무 많이 생각하지 마라. 그리고 당신이 가진 경력의 모든 세부 사항을 밝혀서 그것을 모두 일에 반영시키려고도 애쓰지 마라. 2년 계획보다는 2주 계획을 세워 정확하게 시행하는 것이 더 쉽다. 당신은 머릿속에 장기적 안목을 갖고 계획을 세워야 하지만, 거기 집착하지는 마라. 가능한 모든 결과를 고려해서 긴급 대처방안을 계획하려다 보면 분석의 마비로 인해 좀비나라에 계속해서 머물게 되는 구실을 만드는 상황을 초래할 수도 있다.

또한 장기적 목표들은 우리의 삶을 '지금 당장에' 즐기지 못하도록 방해하는 경향도 있다. 오로지 장기적 목표들만이 당신의 흥미를 자극하게 되면, 달이 바뀌고 해가 바뀌면서 세월만 간다. 이것을 근시안이 되어, 짧은 기간 — 즉 1~2 주간 — 단위로 살아가는 것과 비교해 봐라. 근시안적 사고방식으로 살아갈 때, 당신은 더 큰 이정표들을 향해 여전히 나아가면서 당신 자신의 현재 위치와 방향도 끊임없이 점검하고 있는 것이다. 그것은 당신이 더 활발해지도록, 현재에 더 충실하도록 해준다. 하루 종일 계획을 세우는 대신에 당신은 일들을 성취시키고 결과를 점검하고 있을 테니 말이다.

에릭 리스 Eric Ries는 그의 베스트셀러 ≪린 스타트업 The Lean Startup≫에서 단기간 활동의 이익에 대해 자세히 설명한다. 당신이 어마어마한 분량의 봉투에 우편물을 넣고, 밀봉하고, 우표를 붙여야만 한다면, 가장 흔한 처리는 일괄적 과정을 거치는 방식일 것이다.

즉 우선은 모든 우편물을 접어서 모든 봉투에 집어넣고, 그다음에는 봉투를 모두 밀봉하고, 그러고는 모든 봉투에 우표를 붙이는 방식 말이다. 그런데 놀랍게도 그보다 더 효과적인 방법은 개별 봉투마다 이 과정들을 일일이 실시하는 것이다.

이에 대해 리스는 이렇게 설명한다.

> 한 번에 한 봉투에 우편물을 넣어 밀봉하고 우표를 붙이는 것이 더 느릴 것처럼 보이는데도 불구하고 일이 더 빨리 처리되는 이유는 무엇인가? 그것은 우리의 직관이 아직 완전히 처리되지 않은 봉투들의 거대한 무더기들을 정리하고 쌓고 운반하는 데 드는 추가 시간을 계산에 넣지 않았기 때문이다.

사회 통념은 우리에게 삶을 계획하고 일괄 처리하라고 하지만, 실제로는 그것이 우리를 더 느리게 만든다. 그러니까 단기간의 활동이 우리를 더 빠르게 만든다는 것이다. 장기간 활동은 우리가 문제를 발견하기 전에 믿을 수 없을 만큼 오랫동안 잘못된 길을 걸어가도록 내버려 두기도 하는 반면, 단기간 활동은 문제를 즉시 드러내 준다.

리스는 다시금 통찰력을 제시해 준다.

> 각 과정에 소요되는 시간의 분량이 정확하게 동일하다 해도 단기간 생산의 접근법은 여전히 더 우수할 것이고, 더욱이 직관에 어긋나

는 더 많은 이유 때문에도 그러할 것이다. 예를 들어, 서신들이 봉투에 맞지 않는다고 상상해 보자. 장기간 활동에 따라 봉투 작업을 했을 경우, 우리는 그 사실을 마지막 단계에 이를 때까지 발견하지 못할 것이다. 하지만 단기간 활동에 따라 그 작업을 했다면 작업과 동시에 그 사실을 알아챌 것이다. 만약 봉투에 결함이 있어 밀봉되지 않는다면? 장기간 활동에 따라 봉투 작업을 했을 경우에는 봉투에서 내용물을 모조리 꺼낸 뒤 새로운 내용물을 가져오고, 그다음에 새로운 내용물로 다시 채워야 할 것이다. 단기간 활동에 따라 이 작업을 했을 경우에는 이것을 즉시 발견하게 될 것이므로, 넣었던 것을 모두 꺼낸 다음 다시 내용물을 집어넣는 불필요한 일은 하지 않아도 될 것이다.[52]

당신의 인생이나 경력과 관련하여 이것을 생각해 봐라. 당신이 중요하다고 생각하는 1만 명에게 당신을 소개하는 것이 유익하겠는가, 아니면 선택된 소수의 사람들과 긴밀한 관계를 구축하는 것이 더 유익하겠는가? 무엇인가 가치 있는 것을 창조하고 싶을 때 당신은 1만 가지의 서로 다른 일에 손을 댈 것인가, 아니면 당신의 흥미를 가장 많이 끄는 특정 분야에 집중하여 거기서 가장 유능한 인물이 될 수 있는 방법을 알아보겠는가? 당신이 최신 제품을 만들

52) 에릭 리스, ≪린 스타트업 The Lean Startup≫ : 오늘날의 기업가들은 성공적인 사업을 창시하기 위해 지속적인 혁신을 어떻게 이용하는가? (Crown Business, 2011).

고자 할 때 하부 구조 전체를 구축하는 것이 현명한 일일까, 아니면 그보다 못한 원래의 제품을 소수의 사람들에게 맡겨서 손익을 따져 본 다음 잠재적 문제점들을 찾아내는 것이 더 현명한 일일까?

장기적 목표들과 계획들은 잊어버려라. 당신의 삶을 일괄 처리하는 것도 잊어버려라. 근시안이 되는 것이 일의 성취를 위해 가장 효과적인 길이다. 당신은 과제들을 더 빨리 완수하고, 비싼 대가의 실수들을 피하면서 '지금 당장에' 자신의 삶을 즐기는 길을 확보해야 하니까 말이다.

### 줄서기는 바보짓?

순서를 벗어나서 허가도 받지 않은 채 일을 하는 사람들이 더 많이, 더 빨리 일을 이룬다. 당신은 열정의 아크를 성취하기 위해 '지금 당장에' 전진할 수 있는가? 아마 그럴 수 있을지도 모른다. 당신의 삶은 직선을 따라 전진해야만 하는 것이 아니니까. 사실, 직선적으로 진행되어서는 안 된다.

페이스북의 창설자이자 최고경영자인 마크 주커버그 Mark Zuckerberg는 그것의 창설 허가를 신청하지 않았다. 그는 하버드 대학교 재학 중에 제품들의 실험과 생산을 이미 시작했다. 심지어 페이스북 이전에 페이스매시FaceMash라고 하는 서비스를 개설했다. 주커버그는 이제 미국에서 가장 존경받는 최고경영자들 가운데 한 명일 뿐만 아니라, 가장 젊은 최고경영자들 가운데 하나다. 그는 순서를 벗어나서, 줄서기에서도 차례를 기다리지 않은 채 일을 하여 자기 삶의 지름길을 달렸다.

페이스북 역사의 초기 단계에서 주커버그는 자신의 습관에서 비롯된 구호를 지어냈다. 그의 회사의 모든 사무실에 걸려 있는 그 구호는 '빨리 움직이고, 일들을 돌파해라.' 는 것이다. 주커버그는 해커의 배경에서 출발했다. 이것은 그가 은행들에 침입한다는 말이 아니라, 그가 통상적인 사고방식에 대해 의문을 던지고, 끊임없는 실험을 통해서 더 좋은 해결책을 찾는다는 말이다. 그는 탐색 · 빨리 움직이는 것 · '행동' 을 취하는 것의 이득을 이해한다. 혁신은 그런 식으로 이루어지는 것이다.[53]

당신이 줄서기에서 기다려야만 하는 것이 아니라면? 규칙들을 어기고 앞사람을 추월해서 앞으로 나아갈 수 있다면? 줄서기를 할 '줄이 아예 없다면?'

---

53) 이 책을 집필하고 있는 동안, 주커버그는 그의 연례 F8 회의에서 몇 가지 의견을 발표했다. 그 의견에는 그가 내세운 구호가 더 이상 유효하지 않다는 뜻이 포함되어 있었다. 그는 "우리는 '빨리 움직이고, 일들을 돌파해라.' 는 구호에 익숙해졌다. 우리는 소수의 버그들이 '빨리 움직이는 것' 을 내버려 둘 용의가 있었다. 하지만 속도를 줄이고 일을 수습해야만 하는 것은 우리를 느리게 만들었다. '안정적 하부 구조와 함께 빨리 움직여라.' 라는 구호는 외우는 것이 쉽지 않지만, 우리의 서비스 체계 향상에 도움이 된다."고 말했다.
이 점은 매우 중요하다. 즉 너무 빨리 움직이지는 마라. 그렇게 하면 체계가 무너질 수도 있다. 그리고 단단한 기초 위에서 일을 하고 있는지를 확인해라. (http://tinyurl.com/nj3kcqf)

## 작업 일지 4 — 지하철

**2006년경, 근무 중에 작성한 내용들**

뉴욕 시에서 최악의 발명은 지하철 체계다. 그렇다. 이것은 당신을 A 지점에서 B 지점으로 이동시키지만, 이때 반드시 당신의 자존심은 희생된다.

지하철 입구에 들어서기 전에 나는 언제나 숨을 깊이 들이마시고 한숨을 내쉰다. 내가 바야흐로 합류하려고 하는 미친 양떼의 비인간적 정글에 대해 정신적으로 준비하지 않으면 안 되기 때문이다. 나는 숨을 깊이 들이마시기도 하는데, 그 이유는 그것이 당분간 신선한 공기를 마지막으로 마시는 것이기 때문이다.

지하철 체험은 제일 먼저 코를 통해서 나를 공격한다. 퀴퀴한 오줌냄새가 사방에서 내 콧구멍을 채운다. 어느 구석에나 오줌이 고여 있다. 오줌은 내 발 바로 앞에 고여 있거나, 벽에 말라붙어 있거나, 양쪽 다인 경우도 있다. 오줌을 갈긴 자는 한구석에 있는 저 남자 — 커다란 겨울 외투를 걸치고 있지만 구두는 신지 않았고, 낡은 맥도날드 프렌치프라이 포장지 끝을 씹으면서 바닥에 앉아 미친 듯이 혼잣말을 하고 있는 저 남자일 수도 있다. 그는 지구가 어떻게 멸망하고 있는지에 대해 멋대로 지껄이고 있다.

그러나 가장 가관인 것은 시각적 혼돈, 즉 자기가 어디에 있고 무엇을 하고 있는지 알아내려고 하는 듯 사방으로 뛰어 돌아다니는 사람들의 대홍수다. 그들은 문이 닫히기 전에 자기가 열차 안으로 비집고 들어서지 않으면 세상이 멸망하기라도 하는 듯이 행동한다.

열차가 끝없는 지하 터널 속으로 쏜살같이 사라지면, 승강장은 기이하게 고요하다. 5분 후 더 많은 양들이 몰려 들어오고, 그 과정은 반복된다.

역시 오줌냄새로 가득 찬 열차들이 언제라도 탈선할 수 있다는 듯이 선로를 미끄러지듯이 달리는가 하면 콘크리트 벽들에 부딪치고 불꽃들과 쇠의 불꽃놀이를 연출한다. 그런가 하면 열차 전체가 어떤 교차로들에서 앞뒤로 덜컹거려서, 안에 탄 모든 사람들을 갑자기 서로 부딪치게 만든다.

열차가 혼잡하다고 묘사하는 것은 사실을 축소한 것이다. 우리는 어린이의 공작용 점토처럼 밀착되어 있다. 날이면 날마다 내 얼굴은 다른 사람들의 얼굴에서 약 5cm 떨어져 있고, 내 손은 다른 열 개의 손들과 함께 미끄러운 손잡이에 매달려 있으며, 내 바짓가랑이는 어떤 사람의 얼굴에서 7cm 거리를 두고, 내 궁둥이는 다른 사람의 얼굴에 닿기도 한다. 이것은 상상하기 어려울 정도로 참혹한 광경이다.

모든 것이 지긋지긋하게 느껴질 때, 당신은 멈추어서 스스로 '왜?' 라고 물어야만 한다. 당신은 왜 그러한 상황에 놓여 있는가? 현재 당신을 짜증 나게 만드는 것보다 더 깊은 문제들이 당신에게 있다는 것을 재빨리 깨닫게 될 것이다.

'지긋지긋하다' 는 느낌은 물리적 공간을 차지하지는 않는다 해도 정신적 공간은 차지한다. 그것은 당신의 자발성을 고갈시키고 문자 그대로 당신을 느리게 만든다. 참으로 생산적이 되기 위해, 즉 영감을 얻고 영역에 들어서려면 당신은 그 지긋지긋함을 제거할 필요가 있다.

### 직장을 버려라?

생산성을 높이는 요령과 재주는 많지만, 그것들은 당신이 도출해 낸 결과의 20%에 기여한 80%의 변화들에 불과하다. 당신이 도출해 낸 결과에 기여한 80% 변화들의 나머지인 20%를 찾기 위해 우리는 '큰' 변화들을 바라볼 필요가 있다. 간단히 말하면, 더 많은 일을 더 빨리 하는 가장 좋은 방법은 당신의 일정을 줄이는 것이다. 당신이 큰 계획을 추진하고 있을 때 이메일, 심부름, 집안일 따위는 방해가 된다. 그것들을 줄이는 것이 도움이 된다는 말이다. 그러나 진짜 장애물은 당신의 지루한 직업이다. 당신이 매주 40시간 이상을 사무실에서 보내고 있다면, 당신의 열정이 꽃을 피울 가능성은 현저하게 제한된다. 참으로 열정에 몰두하고 싶다면 극도의 집중이 필요한데, 그러기 위해서는 직장을 버릴 필요가 있는 것이다.

이것이 미친 짓처럼 보인다고? 그럴 것이다. 소득의 포기는 당신의 생활여건에 영향을 미칠 것이다. 돈이 떨어지는 것은 시간문제이기 때문에, 당신은 그것을 무시할 수 없다. 들어오는 현금이 없을 경우, 당신은 돈이 완전히 말라버리기 전에 소득을 창출하는 제품을 '산출하지 않으면 안 된다.' 컴퓨터 신규회사 게임에 온 것을 환영한다. 직업을 버리면 구체적이고 어려운 마감시간에 직면하게 되므로 당신은 자기의 계획에 100% 집중하게 된다. 이것은 최고 상태의 생산성 확보다. '극도의 집중 + 공격적 마감시간 = 최고의 생산성'이라는 것을 명심해라.

직장을 버리기 위해 충분한 돈을 저축하는 것은 겉보기만큼 그렇게 어려운 것은 아니다. 당신이 그렇게 할 계획을 세우고 생활비를 세심하게 관리한다면, 중류 또는 그 이상의 소득이 있는 사람은 누구나 할 수 있다. 내가 이 책을 집필하기 위해 취업을 거절했을 때, 나보다 은행 잔고가 더 많던 친구들을 나는 숱하게 안다. 그 친구들은 회사를 팔거나 복권에 당첨된 적이 전혀 없었다. 심지어는 그들의 월급이 십만 달러 수준에 오른 적도 없었다. 그들은 그냥 꾸준히 돈을 저축했을 뿐이다. 회사를 떠날 때 내 수중에는 고작 1년 정도 버틸 자금이 있었다. 내가 나 자신의 회사를 시작하지 않았더라면, 그리고 뉴욕 시에서 그 이전의 직업을 유지했더라면, 매달 꾸준히 저축을 해서 내 친구들과 거의 동일할 정도의 저축을 했을 것이다.

사업에서, MVP는 최우수선수(the Most Valuable Player)가 아니라 '최저 생존 제품(the Minimum Viable Product)'을 의미한다. 당신이 팔려고 애쓰는 것이 무엇이든지 간에 그것은 가장 핵심적 생산품이다. 한 가지 MVP를 만들어내고 나면 신생기업에 투자하는 사람들이나 대중 기부금, 벤처 자본가들, 또는 은행으로부터 추가 자본을 조달하는 경우가 많다. 적절한 계획을 세우고서 3~6개월(또는 그 이하)가량 집중하면 한 가지 MVP를 완성하는 것이 대개 가능하다.

실제로 이것은 대부분의 신규 액셀러레이터 프로그램의 정확한 모델이다. 내가 테크스타즈에 합류했을 때, 두 명(나와 나의 동업자)으로 구성된 우리 팀은 1만 달러의 수표를 받았다. 우리가 무엇인가를 만들어내기 위한 시간이 3개월가량 있었는데, 결국 이루어냈다. 당신은 1만 달러를 저축하는 데 얼마나 걸리는가? 중류 정도의 소득으로는 1년 미만으로 가능할지도 모른다. 액셀러레이터 프로그램들은 요즈음 훨씬 더 경쟁적이다. 대부분의 프로그램은 더 많은 기금을 제의받고 더 성숙한 회사들을 받아들일 수 있는 여건에 놓여 있지만, 당신이 자신의 발전을 촉진시키기 위해 반드시 프로그램에 들어갈 필요는 없다. 당신에게 필요한 것은, 당신의 일정을 비우고서 마감 시간을 정하라고 하는 원칙뿐이다.

당신의 직업을 버리는 것은 이 두 가지 목적을 충족시킨다. 요즈음 1만 달러로는 그리 오래 버티지 못할 테지만, 3~5만 달러의 자금은 당신이 직업을 버리고 MVP를 만들어내기에 충분하고도 남는 돈일 것이다.[54] 당신이 젊고 얽매인 데가 없다면, 훨씬 더 적은 돈으로 일을 시작할 수 있다. 매달 1천 달러를 저축한다면, 3년 이내에 3만 달러에 도달할 수 있다. 동업자가 있다면 18개월 이내에 그 금액에 이를 것이다.

살기 위해서 일하지 마라. 일하기 위해서 살아라. 오전 9시부터 오

54) 부양할 가족이 있거나, 다른 재정적 의무가 있거나, 아이디어가 자본 집약적 사업이라면 당신은 더 많은 돈이 필요할지도 모른다. 당신의 특정 상황에 따른 생활비도 고려해야 할 사항이다. 내가 제시하는 숫자는 대략의 범위다.

후 5시 또는 그 이후 시간까지 일하는 직업을 당분간 버리고, 당신이 좋아하는 계획에 집중해라. 최악의 시나리오는 당신의 MVP가 실패하고, 당신이 오전 9시부터 정해진 시간 동안 일하는 직업에 돌아가는 것이다. 당신이 그런 결과를 두려워한다면, 좀비나라가 목을 졸라서 당신은 이미 죽었다고 해도 과언이 아니다.

### 현금을 확보하고 자본을 동원해서 너 자신의 사업계획을 추진해라

개인적 계획들의 자금을 조달하고, 보조적인 소득의 길을 열고, 새로운 회사를 설립하는 것이 요즘보다 더 쉬울 때는 없었다. 당신이 자신의 계획을 위해 자금을 조달하고 지원을 찾는 데 도움이 될 원천들은 헤아릴 수 없이 많다. 특히 당신이 MVP를 이미 만들어낸 뒤에는……. 또한 당신의 활주로를 확장하기 위해 당신의 은행계좌를 별도의 현금으로 가득 채우는 길도 적지 않다. 공동 부담 경제, 액셀러레이터 프로그램, 그리고 대중의 기부금 회사들이 이러한 혁명을 주도하고 있다.

당신에게 도움이 될지도 모른다고 보이는 원천들의 목록을 아래에 제시했다. 이 가운데 많은 것을 나 자신이 이용했다. 전부 망라한 것은 아니지만, 이 목록은 출발을 위해서는 좋은 자료가 될 것이다.

#### 당신 회사의 활동을 촉진해라

액셀러레이터들은 새로운 회사의 자금을 조달하는 데 가장 좋은 방법들 가운데 하나다.[55] 최상위 프로그램들은 극도로 경쟁적이지만, 당신이 일류 팀을 구성하거나 최초의 인기를 끄는 제품을 만들어낼 수 있다면 받아들여질 수 있도록 시도해 보자.

프로그램은 각각 서로 다르다. 신청하기에 앞서 먼저 검색해 봐라.

- 테크스타즈 : http://www.techstars.com/
- YC컴비네이터 : http://www.yccombinator.com/
- 500 스타트업즈 : http://500.co/
- 에인절패드 : http://angelpad.org/
- 드림이트 벤처즈 : http://www.dreamitventures.com/
- 시드 DB : http://www.seed-db.com/accelerators

  이것은 액셀러레이터 프로그램들의 데이터베이스다. 이 책을 집필하고 있을 때, 이 사이트는 여러 유용한 측정 기준에 따라 선별되고 여과될 수 있는 200개 이상의 프로그램을 게시한다.

55) 액셀러레이터들은 일에 착수할 때 전형적으로 어떤 유형의 자금 조달을 제의하는데, 진정한 가치는 고문의 신분과 광고 그리고 프로그램 자체 안에 있다는 것 덕분에 이루어지는 추가적 연결들에 달려 있다. 대부분의 프로그램은 회사 소개의 날, 즉 회사들이 투자가들에게 자기소개를 하는 실황 행사에서 그 절정을 이룬다. 고문들과 투자가들에 대한 접근은 그러한 풍토가 조성되지 않은 회사들보다는 활성화된 회사들의 경우가 유리한 측면이 훨씬 더 많다.

보조적 소득을 부업으로 벌어라

공동 부담 경제는 사람들이 이미 소유하고 있는 물건들에서 보조적인 소득을 얻어내는 새로운 방법들을 말한다. 실적이 많은 사람들은 이 서비스들로부터 충분한 생활비를 얻고, 낮에 일하는 직업을 버리는 경우가 많다.

당신의 집을 임대해라.

- 에어BNB : https://www.airbnb.com/ [56]

당신의 자동차를 임대해라.

- 겟어라운드 : https://www.getaround.com/
- 릴레이 라이드즈 : https://relayrides.com/

당신의 자전거를 임대해라.

- 스플린터 : https://www.splinter.com/

56) 나는 이 책을 집필하는 동안 AirBNB를 자주 이용했고, 산타 모니카 아파트를 임대하여 1만5천 달러 이상의 수동적 소득을 얻었다. 아파트를 임대한 기간 중에 나는 그 지역의 친구들 집에 머물렀으며, 집세가 싼 곳을 구하거나 국내 여행을 했다. 그리고 샌디에이고와 뉴욕 시처럼 멋진 도시들을 여행하는 동안에도 나는 돈을 벌고 있었다. 물론 나의 자유로운 시간도 100% 확보되었고, 그래서 이 책을 집필하는데도 훨씬 더 속도를 낼 수 있었다.

당신의 자동차에 다른 사람을 합승시켜라.

- 리프트 : http://www.lyft.com/
- 우버 : https://www.uber.com/

직접 물건을 만들어서 팔아라.

- 에치 : https://www.etsy.com/

다른 사람을 위해 간단한 일을 대신 해줘라.

- 타스크래빗 : https://www.taskrabbit.com/

남의 개를 맡아서 돌봐줘라.

- 도그버케이 : http://dogvacay.com/

잡일, 집안 청소, 옥외 작업을 해라.

- 자르리 : https://www.zaarly.com/

당신의 옷(현재는 여성용 옷만)을 팔거나 임대해라.

- 포시마크 : https://poshmark.com/

무슨 물건이든지 모조리 팔아라.

- 크레이그스리스트 : http://www.craigslist.com/

당신 자신의 이메일 가게를 열어라.

- 쇼피파이 : http://www.shopify.com/

당신의 회사나 계획을 위해 자본을 조달해라

자본 조달은 대부분 힘들다. 조달의 주요 원천들은 은행이나 벤처 자본가들이었다. 오늘날에는 당신의 회사 또는 당신이 하고 있는 모든 일을 위해 자본을 조달하는데, 거기에는 무수한 선택의 길이 있다.

아래에 소개된 서비스들의 대부분은 대중의 기부금 플랫폼들이다. 대중의 기부금 모델에서는 누구나 당신의 사업계획에 자본을 대겠다고 선언할 수 있다. 그런 면에서 대중의 기부금은 자본을 조달함과 동시에 청중을 모집하는 멋진 방법이다. 그것은 판매 · 시장 개척 · 자본 조달을 한군데로 모을 수 있기 때문이다.

무엇을 위해서든 자본을 조달해라.

- 인디고고 : https://www.indiegogo.com/
- 킥스타터 : https://www.kickstarter.com/ [57]

---

57) 나는 이 책을 위한 자금을 조달하기 위해 킥스타터Kickstarter를 이용했다.

당신의 책을 위해서 또는 자비 출판을 하기 위해서 자본을 조달해라.

- 언바운드 : http://unbound.co.uk/
- 루루 : http://www.lulu.com/

계획을 위해서라면, 당신이 미래에 얻는 모든 종류의 소득 가운데 일부와 교환해서라도 자본을 조달해라.

- 업스타트 : https://www.upstart.com/

사업 위주의 대중 기부금 플랫폼들에 관심을 가져라.

- 펀더블 : http://www.fundable.com/
- 크라우드펀더 : https://www.crowdfunder.com/
- 펀더스 클럽 : https://fundersclub.com/
- 에인절리스트 : https://angel.co/

이 항목의 많은 서비스들은 경쟁이 매우 심하다. 당신이 채택되는 기회를 얻기 위해서는 설득력이 매우 강한 이야기, 인상적인 경력, 또는 기능이 매우 우수한 MVP(최저 생존 제품)가 필요하다.

만약 당신이 회사를 설립하기 위해 자본을 조달하고 있다면, 최소한 한 명의 공동창업자라도 찾아내지 않으면 안 된다. 단독창업자로서는 자본을 조달받을 가능성이 매우 희박하다. 왜냐? 그것은 기업 운영이 외롭고 스트레스가 많기 때문이다. 가장 좋은 지원은 당신

곁에서 같이 분투하는 공동창업자들이다. 투자가들은 이것의 중요성을 잘 알고 있고, 이것 없이는 실패하기 쉽다는 것도 잘 알고 있다.

### 멩 토우의 창업

우리의 캄보디아 친구 멩 토우를 기억하는가? 하여간 그는 자본조달의 접근법을 사용할 필요가 없었다. 곧장 돈벌이에 나섰던 것이다. 그는 포토샵과 유사한 디자인 프로그램인 스케치를 자기의 모든 부차적 계획에 이용하면서 스케치에 관해 많은 것을 배웠다. 결국 그는 스케치에 관해 블로그 포스트들을 쓰기 시작했다. 그의 포스트들은 요원의 불길처럼 전파되어 전 세계의 디자이너들을 비롯하여 수백만 명의 관람자를 끌어 모았다. 사람들은 좀 더 많이 알고 싶어서 죽을 지경이었고, 무엇보다 멩 토우가 가르치는 스타일을 좋아했다. 그것은 단순하고 직접적인 것이었기 때문이다.

그 결과, 약 6개월이 지나자 그는 자신의 지식을 한 권의 디지털 책으로 종합했고, ≪디자인 플러스 코드 Design+Code≫라는 제목을 붙였다. 그 책은 디자이너들에게 스케치를 이용하는 앱들과 약간의 코드를 어떻게 설정할 것인지를 가르치는 내용이었다. 그러나 그것은 단순히 책에 그친 것이 아니라 그 이상의 것이었다. 14년에 걸친 멩 토우의 디자인 지식이 비디오들, 컴퓨터 학습 프로그램들, 그리고 산문의 형태로 압축된 것이다. 멩 토우는 그것을 SAAS(서비스인 소프트웨어) 제품으로 취급하여 자주 업데이트 시키고 고객들에게 지속적으로 제공했다. 그 책은 출간된 지 6개월 이내에 7천 번 이상 다운로드 되었고, 멩 토우의 은행계좌에는 수십만 달러가 입금되었다. 여러 해 동안 실험에 실패한 끝에 그는 드디어 소득을 창출하는 목적의 분출을 발견했던 것이다.[58]

### 시간은 돈이 아니다?

은행계좌에 대해 말할 때, 당신의 모든 금전 자산들을 보유하고 있는 은행계좌를 상상해 봐라. 그러나 이 은행계좌는 특별한 것이다. 당신의 잔고가 제로가 될 때까지 매일 동일한 금액의 현금을 '인출하지 않으면 안 된다.'는 원칙이 적용된다. 이 계좌에는 추가로 자금을 입금할 수 없다. 원래의 잔고에서 인출하여 소비하는 것만 허용된다.

당신이 그 돈을 어디에 쓰든 상관없이, 비교적 적은 동일한 금액이 매일 인출되지 않으면 안 된다. 당신은 그 돈을 인출해서 다른 곳에 저축할 수도 없고, 인출된 그날 그것을 소비해야만 한다. 그런데 이 은행이 언제 문을 닫을지에 대해서는 아무도 모른다. 그리고 만약 당신의 잔고가 제로가 되기 전에 은행이 문을 닫는다면, 남은 돈은 더 이상 인출할 수 없다.

---

58) 이것이 '무엇이든지 그것에서 돈을 벌기'를 완벽하게 증명해 주는 것이라는 사실에 주목해라. 멩 토우는 자기 특유의 지식을 포장해서 팔고, 그의 고객들은 그가 제공하는 가치를 극도로 좋아한다.

치사한 은행이다. 안 그런가? 그 이유는 그것이 실제로는 은행이 아니기 때문이다. 그것은 당신의 인생이다. 계좌에 들어 있는 잔고는 당신이 앞으로 살아갈 날들을 의미한다. 당신의 가장 귀중한 자산들 가운데 하나인 '시간'이 지속적인 비율로 감소하고 있다는 사실을 안다면, 당신은 그것을 유익하게 사용하고 싶지 않겠는가? 지금부터 5년 후에, 또는 1년 후에, 또는 '한 달 후'에는 그 시간을 얻지 못할 것이라는 것을 안다면, 당신은 '지금 당장에' 그 시간을 무엇을 위해 쓰려고 할 것인가?

시간은 돈이 아니다. 시간은 '모든 것'이다! 그것은 우리가 가지고 있는 것 중 가장 중요한, 유일한 자산이다. 인생에서 참으로 중요한 두 가지 자산 가운데 하나이다. 다른 하나는 건강이다.

## 육 체 Body

### 육체는 너의 신전이니 잘 보살펴라

우리의 육체는 우리가 하고자 하는 일들을 이루기 위한 도구다. 육체가 없다면 우리 자신은 아무 쓸모가 없다. 우리 가운데 대부분의 경우, 이를 닦는 일과 샤워하기는 날마다 반복되는 일과표에 자리 잡고 있다. 하지만 잠자기, 제대로 식사하기, 운동하기와 같은 것은 나름대로의 이유가 있겠지만, 일과표에서 제외되는 경향이 있다.

지금은 '심리스Seamless' 라고 알려진 심리스 웹 SeamlessWeb 회사에 근무할 때, 나는 젊었고 또 공격적이었다. 그것은 대학 졸업 후 나의 첫 직장이었다. 나는 오전 7시 반 또는 8시경부터 근무를 시작하고는 했다. 내가 맡은 일은 맨해튼의 식당 주인들에게 권유하여 심리스 웹 네트워크에 가입하도록 설득하는 것이었다. 나는 전화를 걸어 회합을 주선한 다음, 뉴욕 시를 돌아다니면서 식당 주인들을 직접 만나 끈질기게 권유하지 않으면 안 되었다. 대개 아침 일찍부터 전화를 걸거나 면담 약속을 확인한 후, 일련의 오전 면담과 오후 면담을 확정했다. 점심시간에는 사무실에 돌아가 이메일의 새로운 메시지들을 체크했다. — 이것은 스마트 폰이 나오기 이전의 일이었다.

나의 점심식사는 언제나 변함없이 컵오누들즈 A Cup O' Noodles였다.[59] 온수기에서 받은 뜨거운 물을 컵에 부으면 잠시 후에 국수를 먹을 수 있는 것이었다. 내가 그 컵라면을 선택한 이유는 아래 두 가지 때문이었다.

1. 그것은 조리하기가 빠르고 쉬웠다.
2. 값이 매우 쌌다. (내 생각에, 약 60센트였다.)

59) 마른 라면 국수로 채운 스티로폼 컵.

당시에 나는 돈이 별로 없었고, 가능한 한 많은 면담 횟수로 나의 일정을 꽉 채우려고 했다. 그런 상황에서 컵라면은 완벽한 해결책이었다.

근무한 지 몇 달인가 지났을 때 세일즈 팀장(실명은 아니지만 제프Jeff라고 부르자.)이 나를 점심식사에 초대했다. 우선 나는 어떻게 해야 좋을지 몰랐다. 그가 초대한 식사가 내가 평상시에 먹던 컵라면보다 훨씬 비싼 것일 텐데도, 어쩌면 그날 잡힌 내 일정을 망칠지 모른다는 생각이 들었다. 한편 제프는 회사 내에서 평판이 매우 좋았고, 내 생각에도 매우 좋은 사람처럼 보였다. 그래서 나는 그와 친분을 쌓아보고 싶은 마음이 생겼다.

나는 마지못해 초대에 응했고, 우리는 모퉁이에 있는 간이식당에 들어갔다. 제프는 그곳의 샌드위치가 기가 막히게 맛있다고 말했다. 나는 참치 샌드위치를 주문했다. 그것은 엄청나게 커서 내가 다 먹어치울 수는 없었지만, 맛은 좋았다. 음식이 나올 때까지 15~20분이 걸렸고, 우리가 먹으면서 이야기를 나누는 데 40분이 걸렸다. 이야기는 주로 내가 새로 부여받은 과제에 어떻게 적응하고 있는지에 관한 것이었다. 식사가 끝날 무렵 나는 초조감을 느꼈다. 나는 제프와 만나는 데 상당히 많은 시간과 돈을 소비했지만, 얻어낸 것은 별로 없다는 생각 때문이었다. 바보같이 보일지도 모른다는 위험을 무릅쓰고, 나는 그에게 나를 초대한 이유가 무엇인지를 물었다.

"오늘 우리가 점심을 같이한 이유가 뭔가요? 나에게 충고할 거라도 있나요?"

그는 "바로 이 점심이 나의 충고야."라고 대꾸했다.

이해가 가지 않아 나는 "그게 무슨 말인가요?"라고 물었다.

그는 자기 몸을 가리키는 동작을 해보이면서 이렇게 대답했다.

"너는 너 자신의 신전을 잘 보살피지 않으면 안 되는 거야. 나는 네가 날마다 사무실에 달려 들어와서 컵라면을 먹고는 쏜살같이 뛰쳐나가는 걸 보았지. 그래서는 네 몸이 견디지 못해. 곧 지쳐버릴 거야. 네 몸을 잘 보살피고, 가끔 가다가 휴식도 취하고, 좋은 음식을 즐기지 않으면 안 돼. 이건 단거리 경주가 아니라 마라톤이거든."

"그래요. 일리가 있어요. 고마워요."

제프의 말을 듣고 나자 나는 당황스러웠다. 사무실의 모든 사람이 분명히 나의 이상한 점심식사와 일과를 주목하고 있었고, 제프는 나를 밖으로 불러내어 충고했다. 그 문제가 정말 중요한 것이었던가? 나중에 판명되었지만, 그것은 '중요했다.' 엄청나게 중요한 것이었다.

그 후 여러 주간 동안 나는 점심 먹는 시간을 늘리고 음식도 더 많이 먹었다. 물론 나의 업무 생산성은 감소되지 않았다. 오히려 생산성이 급증하는 바람에 내가 놀랐다. 점심식사에 더 많은 시간과 돈을 들이는데도 불구하고, 나는 일을 더 잘 수행하고 있었던 것이다. 계약을 더 많이 체결하는가 하면, 내 체력이 증가한 덕분에 때로는 더 많은 면담 약속들을 나의 일정에 포함시킬 수 있었다. 또한 면담에 앞서서 나의 교섭 대상인 식당에서 점심식사를 하는 것이 효과적인 세일즈 전략이 될 수 있다는 것도 깨달았다. 때로는 매우 비싼 음식을 파는 곳도 갔었는데, 그 식당의 음식을 먹어주는 것으로 나는 그곳 요리에 대한 나의 신뢰를 표시하고 있었다. 식당 주인들은 대개 식사를 무료로 대접하려고 했지만, 나는 거절했다. 무료 식사는 내가 일하는 회사의 방침에 어긋나는 것이고, 다른 한편으론 훌륭한 요리에 나의 돈을 쓰는 것은 내가 한층 더 떳떳하게 보이도록 해주었기 때문이다.

일을 너무 열심히 밀어붙일 때, 당신은 자신의 건강을 돌보지 않기가 쉽다. 그러나 자기 몸을 잘 돌보는 것은 일을 생산적이고 효과적으로 하는 데 있어서 핵심적 요소다. 좋은 음식을 먹는 것이 당신의 일과를 방해하는 장애물로 여겨져서는 안 된다. 그것을 마땅히 해야만 하는 재충전의 시간이라고 느껴야만 한다.

당신의 신전을 항상 잘 보살펴라! 잠시도 소홀히 하지 마라.

### 왜 경험을 전부라고 말하는가?

이 항목 전체를 당신의 육체 상태에 관해 할당하는 것이 이상하게 보일지도 모른다. ≪성공 커넥션 — 4단계 알고리듬≫은 위험부담과 열정을 통한 삶에 관한 이야기이다. 그런데 우리는 왜 건강하게 식사하기와 팔 굽혀 펴기에 관해 이야기하고 있는가? 믿거나 말거나, 이것은 퍼즐에 필수적으로 필요한 한 조각이다. 나는 나이가 30이 될 때까지 이것을 깨닫지 못했다. — 또는 일부러 무시했는지도 모른다.

그러나 당신의 육체와 건강은 당신의 성취와 성공과 떼려야 뗄 수 없을 정도로 밀접하게 연결되어 있다. 또한 체력단련의 과정은 내가 주장하고 있는 생활양식 전체에 대한 은유적 원형이기도 하다. 특히 아래와 같은 것이 그러하다.

1. 당신의 안락한 영역을 버려라.
2. 긴장을 만들어내라.
3. 끈질기게 인내해라.
4. 우월한 위치를 확보해라.

### 당신의 안락한 영역을 버려라

체력단련을 할 때, 당신은 자신의 몸을 물리적 한계까지 밀어붙인다. 근육을 긴장시켜 그것을 키운다. 이러한 체험은 불편하다. 고통스럽다. 그러나 결과를 가져다주는 고역이다. 이것은 창업자, 지도자, 혁신가로서 우리가 당면하는 고역과 똑같다. 안락한 영역을 벗어나는 것만이 괄목할 만한 성장을 달성하는 길이다.

### 긴장을 만들어내라

내가 P90X를 나의 생활에 통합했을 때, 그 프로그램과 나의 일상적 일과는 모두 중요한 긴장을 만들어냈다. 프로그램 자체는 90일

동안에 끝나도록 설계되었는데, 그것은 나에게 확실한 이정표와 도달 가능한 결승선을 제공했다.[60] 기존의 일과 때문에 나는 오전에 체력단련을 해야만 했고, 그 규칙을 지켰다. — 체력단련을 미루면 아예 하지 않게 될지도 몰랐기 때문에 나는 잠이 깨자마자 즉시 착수해야만 했다.

긴장은 당신의 삶에 있어서 가능한 한 많은 분야에 적용시켜야만 한다. 긴장은 체계를 제공하고, 당신을 성취의 길로 밀어붙인다.

### 끈질기게 인내해라

P90X에 내재된 긴장은 일정한 행동양식을 요구하는데, 이것은 빨리 습관으로 자리 잡는다. 한 달이 지나자 나는 아무런 문제없이 오전 5시에 잠이 깨었고, 더 많이 먹었고, 결과를 눈으로 확인하고는 했다. 체력단련의 지속, 즉 90일 동안 하루도 거르지 않고 지속하는 것이 날이 갈수록 더욱 중요해졌다. 지속적인 끈기 덕분에 나는 최종 목표에 집중할 수 있었다.

### 우월한 위치를 확보해라

P90X를 시도해 보겠다는 나의 결정은 나에게 건강 면에서 우월

60) 90일이 되는 날이 결승선이라고 상정되었지만, 나는 그것이 최종 목표라고 보지는 않았다. 그것은 또 하나의 이정표에 불과했다. 나는 체력단련의 습관이 나의 삶의 일부분이 되기를 원했고, 그래서 90일이 지난 뒤에도 P90X를 계속할 작정이었다.

한 위치를 제공했다. 최근의 연구가 밝힌 바에 따르면, 전체 인구의 고작 5%만이 적어도 하루에 한 번 체력단련을 실시한다.[61] 나는 날마다 한 시간가량 체력단련을 하고, 따라서 5%의 상위에 속할 수 있게 되었다. P90X가 힘든 훈련이라는 점을 고려하면 아마도 상위 1~2%에 속할 것이다.

P90X가 여러 가지 선택 가운데 하나일 뿐임을 명심해라. 어떤 사람들은 달리기 그룹에 참가하고, 오락적인 스포츠 놀이를 하고, 개인적 코치를 고용하고, 마라톤 연습을 하고, 요가 교실에 다니고, 또는 체육관에 등록한다. 이 모든 것들도 좋은 선택이다. 중요한 점은 일정한 행동양식이다. 우월한 위치를 확보하기 위해 당신에게 가장 적절한 운동방식을 찾아내고, 그것을 지속적으로 반복해라. 그것은 당신이 자신의 잠재력을 완전히 발휘하고 싶은 경우, 건강을 위해서나 당신의 삶을 위해서나 필요하다. 꾸준히 반복하기란 생각보다 어렵지 않다. 샤워하기나 이를 닦는 일처럼 일상적 과제로 삼으면 그만인 것이다.

### 우월한 위치

우월한 위치의 개념은 중요하다. 그것은 여러 사람 가운데 선두에 서기 위해 필요한, 상위 5%에 들기 위해 필요한 여분의 노력이다.

---

61) http://tinyurl.com/26jua9l

그것은 오직 건강에 대해서만 중요한 것이 아니다. 모든 것에 대해 적용된다. 예를 들어 보자.

- 경쟁자의 95%보다 더 우수한 제품을 가지고 있는 것.
- 직장 동료들의 95%보다 더 열심히 일하는 것.
- 동료들의 95%보다 더 많은 정보를 가지고 있는 것.

'2km를 더 가는 것', 또는 '케이크에 생크림 입히기'와 같은 관용적 표현은 바로 이 우월한 위치를 가리킨다. 대부분의 사람들은 아래 사항을 깨닫지 못한다.

1. 우월한 위치가 성공에 얼마나 많은 영향을 미치는지!
2. 그것은 달성하기가 얼마나 쉬운지!

평범한 사람과 비범한 사람의 차이는 거의 없다고 봐도 무방하다. 우리 가운데 대부분은 게으르다. 비범한 사람이 되기 위해 당신은 다른 모든 사람들보다 약간 덜 게으르기만 하면 된다.

우월한 위치를 확보하는 것은 하나의 사고방식이고, 체력단련은 당신이 그러한 사고방식을 가지도록 훈련시키는 탁월한 수단이다. 체력단련을 할 때 우리는 자신의 성과가 측정되기 때문에 자연히 우월한 위치를 추구한다. 우리는 들어 올리는 무게, 연속해서 끝내는 반복의 횟수, 달리기와 수영의 거리와 속도, 요가 포즈의 지속 시간 등을 측정한다. 그런데 이러한 측정은 우리가 2㎞를 더 가도록 만들어준다. 지난주에 8회를 반복했다면 다음 주에는 9회를 반복할 것이다.

우리 가운데 대부분은 일상생활에서 한 번 더 반복하려고 애쓰지 않는다. 미국인들의 전반적 건강과 체력단련은 우리에게 완전한 실례를 제공한다. 전체 인구의 5%만이 특정된 날짜에 체력단련을 한다. 그러니까 평일에 날마다 체력단련을 한다면, 당신은 미국인의 95%보다 더 잘하고 있는 것이다. 물론 여기에는 몰두가 필요하지만, 체력단련 그 자체는 그리 어렵지 않다.

애플Apple은 디자인 분야에서 2㎞를 더 가기 때문에 우월한 위치에 있고, 구글Google은 빠르고 신빙성 있는 검색 결과를 제공하는 데 있어서 2㎞를 더 가기 때문에 우월한 위치에 있는 것이다. 회사들은 모든 직원의 정신 속에 가치를 단호하게 주입시키기 때문에 우월한 위치에 있게 되며, 그것은 구석구석에 스며드는 이념이 된다. 그러나 우월한 위치가 조직 전체를 관통해서 흐르도록 만드는 것은 어렵다. 그것은 개인적인 차원에서 하는 것이 훨씬 더 쉽다.

당신은 자기가 하고 있는 모든 일에 있어서 우월한 위치를 확보할 수 있다. — 또한 그렇게 해야만 한다. — 한 번 더 반복하려고 애를 써라. 회의에 한 번 더 참석해라. 학습 과정을 하나 더 거치고, 한 시간 더 집중해라. 우월한 위치를 당신의 삶 속에 각인시키려면 당신은 아래 사항을 유념해야 한다.

- 그것을 찾아내라.
- 그것을 습관으로 만들어라.
- 있는 힘을 다해 싸우는 것을 즐겨라.
- 절대로 정착하지 마라.

최고가 되려고 안달하지 마라.[62] 그것은 실패와 실망의 길이다. 최고가 되기는 거의 불가능하지만, 직업적으로 최상급인 사람들과 어울리는 것은 확실히 가능하다. 성공하기 위해서 반드시 최고가 될 필요는 없다. 다만 대부분의 사람들보다 더 나을 필요가 있을 뿐이다.

이 모든 것을 한 가지의 주문으로 집약하면, 자아도취를 피하라는 것이다. 지름길도 없고 결승선도 없다. 처음 9회의 반복은 열 번째의 반복과 마찬가지로 중요하다. 그리고 당신이 열 번째 반복을 했다 해도 그것으로 모두 끝난 것이 아니다. 나중에 뛰어넘어야 할 더 높은 막대기를 하나 더 걸쳤을 뿐이다.

62) 기업을 운영하고 있다면, 당신은 최고가 되기 위해 안달하지 않으면 안 된다. 이러한 맥락에서 당신은 시장을 차지할 필요가 있다. 제품들과 서비스들에 관한 한, 2등과 3등에게는 설 자리가 없다. 그러나 (우리가 여기서 논의하고 있는) 개인적 차원에서 본다면, 1등이 되는 것이 가장 중요한 사명은 아니다.

### 보조 영양제들은 대단히 좋다

나는 영양 전문가라고 자처하지는 않지만, 보조 영양제들은 대단히 좋다. 이런 것들은 오늘날 우리가 살아가고 있는 세상에서, 특히 당신이 우월한 위치를 확보하려고 한다면 자주 필요하다. 혈거시대에는, 즉 사냥과 채집의 시대에는 하루에 필요한 비타민과 영양분을 섭취하고 체력단련을 충족시키는 것이 훨씬 더 쉬웠다. 이제 우리가 하루 종일 의자에 앉아서 모니터를 쳐다보고 있는 만큼, 우리 몸이 약해지는 것은 당연하다.

나는 하루 종일 붕어처럼 커피를 마시거나 알약들을 입에 털어 넣으라고 당신에게 권하지는 않는다. 그러나 가끔씩 당신 자신에게 생리적 자극을 주는 것을 나무라지도 않는다. 당신의 활력, 주의력, 전반적 건강을 증진시키는 자연스러운 방법은 얼마든지 많다. 나는 이 주제에 관해 특히 잘 아는 것도 아니므로, 허풍 떨듯이 시간을 낭비하지는 않을 것이다.

그러나 당신은 스스로의 몸 상태를 살피고, 당신의 식단에 보조 영양제들을 추가하도록 조치를 취하지 않으면 안 된다. 현재 내가 하는 건강관리는 매우 단순하다.

- 나는 날마다 종합 비타민을 먹는다.
- 커피는 마시지 않지만, 활력을 주는 음료는 무척 좋아한다.
- 분말 형태의 단백질, 크레아틴, 글루타민을 가끔 섭취한다.

- 나는 단백질 60g과 1,250㎈를 추가하기 위해서 매일 적어도 한 종류의 단백질 셰이크[63]와 단백질 바 한 개를 먹는다.[64]

내가 보조 영양제의 사용에 대해 눈감아주기는 하지만 당신은 조심해서 섭취하지 않으면 안 된다. 한 번에 한 종류의 보조 영양제만 당신의 식단에 추가해라. 적은 분량으로 시작해서 점차 증가시켜라. 보조 영양제들을 정기적으로 식단에서 제거하는 일도 해라. 보조 영양제를 섭취하지 않고도 건강이 별 변동이 없거나 더 좋아졌다고 느낀다면, 그런 것들은 당신에게 불필요한 것인지도 모른다.

코끼리 덤보의 깃털을 기억하는가? — 부작용을 조심해라. 나는 보조 영양제를 10년 이상 섭취해 왔는데 가끔 두통을 느끼는 것 이외에는 별문제가 없다. 심한 두통의 첫 징조가 나타나면 나는 한 달 동안 보조 영양제들을 중단하고, 그 후 여러 주간에 걸쳐 하나씩 다시 내 식단에 추가할 것이다.

### 건강을 당신의 특효약으로 만들어라

내가 열광적으로 좋아하는 것은 피자가 아니라 아보카도다. 술은 마시지 않지만, 단백질 셰이크는 즐겨 섭취한다. TV에는 중독되지

---

63) **[나의 단백질 셰이크 조리법]** 우유 16온스, 바닐라 아이스크림 한 숟가락, 냉동 바나나 한 개, 피넛버터 한 숟가락, 누텔라 한 숟가락, 꿀 한 숟가락, 업 유어 매스 체중 증가제 또는 이와 유사한 제품 세 숟가락. 이것을 잘 섞어서 먹는다. 맛있다.

64) 나는 체중을 유지하려고 애쓰기 때문에 이것은 나에게 매우 좋다.

않았지만, 요가에는 중독되었다. 남들이 나를 주목해 주기를 바라지는 않지만, 명상은 열심히 한다. 비싼 차를 유지하기 위해 시간을 보내지는 않지만, 한없이 소중한 내 몸을 유지하기 위해서는 시간을 보낸다.

내가 회심의 미소를 짓고 있는 것처럼 보일지도 모른다. 그러나 실제로 나는 당신의 행복, 생산성 그리고 전반적 복지를 어떻게 증진시킬 것인지에 대해 말해 주고 있는 것이다. 나는 건강의 중요성을 입증하기 위해 수많은 연구보고서를 인용할 필요는 없다고 생각한다. 건강이 중요하다는 것은 누구나 다 안다. 나는 직접 그 효과를 체험했고, 또한 건강할 때와 건강하지 못할 때, 그 모든 상태를 체험해 보았다.

내 생애에서 가장 깊고 암울한 침체에 빠져 있을 때는 몸도 마음도 엉망이었다. 체중은 겨우 54kg이었다. — 내 키는 177cm다. 그러니까 체중 54kg은 위험할 정도로 몸이 마른 것이다. — 밤에 깊은 잠을 자지 못하고 자주 깨어서 평균 서너 시간밖에는 자지 못했다. 내 정신은 혼미했다. 만성적으로 우울했다. 식단이라고 할 만한 것도 거의 없었다. 배가 고파 죽을 지경일 때만 먹었고, 굶고 지낸 적도 적지 않았다.

그러다가 나는 P90X에 몰두했고, 모든 것이 변했다. 이제 나는 날마다 체력단련을 한다. 요가도 하고, 중량 견디기 훈련도 하고, 권투와 발로 차기, 뛰어오르기와 쭈그려 앉기, 심장과 복합근육 체조 등을 포함한 여러 가지 심장 혈관 운동을 한다. 지금은 체중이 23kg 늘었는데, 몸에 지방성분은 거의 없다. 잠도 더 많이 자는데, 대개 밤에 7~8시간을 잔다. 외출도 더 많이 하는데, 대개 주말마다 야외에서 여러 시간을 보낸다. 나는 한 달에 여러 번 단체 활동을 하려고 노력한다. 그것은 하이킹, 서프보드 타기, 해변 모래사장 배구 등이다.

결과는? 나의 행복은 하늘을 찌른다. 나의 생산성도 하늘을 찌른다. 나의 열정도 하늘을 찌른다. 의미 있는 인간관계도 하늘을 찌른다. 모든 것이 증가하고 정상적이다. 건강이 당신의 특효약이 아니라면, 그것을 특효약으로 만들어라.

이미 언급한 것처럼 인생에는 다른 모든 것의 문을 열어주는 두 가지 근본적인 자산이 있다. 시간이 그 하나이고, 건강이 다른 하나다. 이 두 가지를 줄기차게 방어해라. 당신은 나중에 나에게 감사하다고 말할 것이다.

내 육체의 변화된 모습

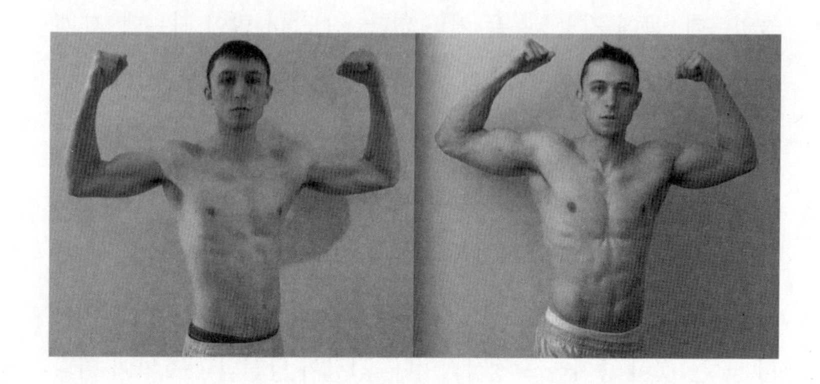

위 사진들은 P90X의 결과로 초래된 내 몸의 변화를 보여준다. 이 사진들은 손대지 않은 원래의 사진들이다. 왼쪽 사진은 오른쪽 사진보다 90일 먼저 찍은 것이다. 나는 이 사진들을 나의 가슴 근육을 자랑하기 위해서가 아니라, '커넥션 알고리듬'을 구체적인 방식으로 입증하기 위해 여기 포함시켰다.

나의 육체적 변화는 의식적으로 초래한 것이다. 그것은 도전적이었던가? 그렇다. 그 변화를 초래하기 위해 나는 희생을 치러야만 했던가? 그렇다. 전체 과정을 통해 나는 회의를 품었던가? 그렇다. 하지만 그것은 '선택해라 Choose, 몰두해라 Commit, 창조해라 Create, 연결해라 Connect.'라고 하는 4단계 C에 따라 살 때 이미 예측한 것이다.

나는 극도의 체력단련 프로그램을 시도하겠다는 위험부담을 '선택했다'. 나는 그것에 '몰두했고', 그것을 일상적 습관으로 만들었다. 나는 의미 있는 결과를 '창조할' 수가 있었다. — 앞 페이지의 멋진 사진들을 참조해라. — 이 모든 일을 했기 때문에 나는 '연결할' 수 있었다.

나는 나의 이야기를 공유하기 위해 P90X를 만드는 회사인 비치버디Beachbody에 이메일을 보냈다. 그들은 나의 결과뿐만 아니라 나의 책에 대해서도 깊은 인상을 받았다. 나는 토니 호튼의 누나인 키트 칼디콧 Kit Caldicott의 회신을 받았는데, 그녀는 친절하게도 나의 원고를 토니에게 전송했다. 그로부터 얼마 지나지 않아 토니와 나는 전화통화를 했다. 그는 고맙게도 내 책을 추천해 주겠다고 제의했는데, 그것은 책의 판로 촉진을 위한 강력한 수단이 되었다.

나는 여러 해 전에 P90X를 처음 시작할 때, 그 프로그램의 창시자와 통화할 것이라고는 전혀 예상하지 못했다. 그러나 4단계 C를 수행하여 자연히 그렇게 되었다.

여러분, 이것이 '커넥션 알고리듬' 의 작용인 것이다. 그리고 당신이 이것을 직접 체험할 때, 이것은 참으로 멋진 일이다.

### 정 신 Mind

우리는 시간의 힘, 그리고 그것을 어떻게 이용할 것인지 살펴보았다. 또한 생산성과 관련한 육체적 건강의 중요성을 살펴보았다. 그렇다면 끝으로 정신의 영향력에 대해 살펴보자.

우리의 인식과 태도는 우리가 내리는 결정들, 문제를 해결하는 능력, 그리고 최종적으로는 성공을 위한 우리의 능력에 대해 막강한 역할을 수행한다. 이 항목에 포함된 내용의 대부분은 상식이지만, 그것이 '아!' 하고 감탄하는 순간들을 불꽃처럼 초래하는 것도 기대될 것이다. 단순한 진실들은 가장 눈에 띄기 어렵고, 가장 심하게 간과되고 가장 잘 잊히는 것이다. 그래서 우리는 이것을 파고들어 깊이 명심해야 한다.

### 기적처럼 치러진 결혼식

우리 형의 결혼은 내가 본 것 가운데 가장 큰 기적이었다. 그것은 내 생애의 가장 무섭고도 가장 아름다운 체험이었으며, 결코 잊지 못할 일이었다. 그것은 일의 성취에 관해 귀중한 교훈을 나에게 가르쳐 주었다. 여러분, 안전벨트를 매라. 이것은 기적처럼 치러진 결혼 이야기다.

우리 형 벤Ben과 형수 라헬Rachel은 전통적인 결혼식을 전혀 원하지 않았다. 벤은 턱시도 대신에 멋진 회색 양복을, 라헬은 흰 가운 대신에 투박한 연보라색 드레스를 입기로 했다. 그리고 교회에서 식을 올리는 대신에 그들은 개인 소유의 해변에서 맨발로 모래를 밟은 채 결혼하기로 계획했다.

결혼식은 노스캐롤라이나 주 해안 건너편, 연필처럼 가느다란 육지 위의 작은 해변도시인 벅스턴에서 거행될 예정이었다. 신부의 어머니는 피로연을 위해 대규모의 해변 저택을 빌렸는데, 그것은 그 주간 동안 숙소로도 사용될 것이었다. 왜냐하면 가까운 친구들과 그 가족에게는 그 행사가 결혼식 거행을 절정으로 한, 연장된 휴가를 의미했기 때문이다.

주요 행사를 며칠 앞두고 있을 때, 우리는 두려운 뉴스를 들었다. 북동풍이 북쪽에서 형성되고 있다는 것이었다. 문외한들을 위해 설명하자면, 여기서 말하는 '북동풍' 이라는 용어는 근본적으로 '어마어마한 태풍' 을 의미한다. 그것은 열대성 태풍, 허리케인, 토네이도를 모두 합친 것이다. 그것은 벅스턴과 유사한 여러 곳에서 가끔 발생하는데, 바로 그 벅스턴을 향해 이 태풍이 오고 있다는 것이었다. 그 후 48시간이 지나면서 사태가 더욱 악화되었다. 지역의 경제활동을 전면 정지하라는 명령이 발효되었고, 뉴스를 통해서도 '집 안에 머물러 있으라.' 고 하는 메시지가 계속 전해졌다.

결혼식 날 아침, 벤과 라헬은 눈에 띄게 당황했다. 결혼식을 취소하자는 의견도 있었지만, 계획을 다시 세우는 것 또한 악몽이 될 것이 분명했다. 그 행사를 준비하는데 거의 1년이 걸렸으니까 말이다. 해변 저택의 임차료는 이미 지불되었고, 모든 하객은 미국 전역에서 이미 출발했다. 우리가 취소한다면, 결혼식은 영영 할 수 없게 될지도 모를 일이었다. 우리는 일단 단호하게 버티면서 최선의 결과를 기다리기로 결정했다.

불행하게도, 사태는 계속 악화 일로였다. 우리는 외부에서 벅스턴으로 들어오는 유일한 도로가 완전히 물에 잠겼다는 사실을 알게 되었다. 주 당국에서는 그 도로가 통행 불능이라고 선언했다. 경찰관들과 해안경비대원들이 육지 끝에 주둔해서 도로를 봉쇄했다. 우리에게는 차선책이 필요했다. 한동안 초조한 마음으로 멀거니 서로를 쳐다보고 있는 중에 누군가가 불쑥 이렇게 말했다.

"하객들을 모두 배로 여기까지 데리고 올 수는 없을까?"

우리는 모두 동작을 멈췄다. 그 말이 너무나도 얼토당토하지 않게 들렸기 때문이다. 그러나 선택의 여지가 없었다. 나는 내 크레디트 카드를 식탁 위에 탁 내려 던지면서 이렇게 말했다.

"이 결혼식은 예정대로 거행되는 거야!"

그 선언과 함께 나의 사고방식이 변했다. 무엇인가 내 머릿속에서 번쩍했고, 나는 실패는 선택이 아니라는 결정을 의식적으로 내렸다. 그 순간에 나의 사고방식이 우리 누나 노라Nora에게도 전이된 것이 분명했다. 왜냐하면 우리 둘은 머뭇거리지 않고 바로 행동에 나섰기 때문이다. 노라는 최고경영자였고, 나는 업무 집행 최고책임자였다. 우리에게 남은 시간은 8시간뿐이었다.

우리는 그 지역의 선박회사들에 전화를 걸기 시작했고, 결국 우리 손님들을 운송해 줄 용의가 있는 선장 두 명을 찾아냈다. 그것은 정상적인 거래가 아니었지만, 한동안 값을 흥정한 끝에 계약을 했다. 그 시점에서 우리는 70명이 넘는 결혼식 하객들에게 그 사실을 알려야만 했다. 항로의 위험을 설명하면서 전화를 걸기 시작했다. 선박들의 정원은 각각 25명이었는데, 우리는 각각 30명 이상을 태울 계획이었다. 그것도 격렬한 태풍 속에서 말이다. 우리는 하객들에게 승선을 거부할 수 있다고 말했지만, 전화의 회답은 한결같이 '나는 승선한다.' 는 것이었다.

전화를 걸고 나자 노라 누나는 다른 일들을 나에게 위임했다. 이제 결혼식은 야외가 아니라 실내에서 거행될 필요가 있었다. 그러려면 하객들이 옷을 갈아입을 방들을 배정해야만 했다.[65] 물론 음식도 여전히 준비해야만 했고, 그 밖에 자질구레한 일들이 백 가지나 되었다.

오후 늦게 배들이 도착했다. 노라와 나는 하객들을 데리러 차를 몰고 부두로 나갔다. 다른 차 9대가 우리 뒤를 이었다.[66] 우리는 도로로 나설 때까지 사태가 얼마나 악화되어 있었는지 깨닫지 못했다. 여러 구역에서 물이 30㎝ 이상 차 올라와 있었고, 그 물은 우리가 전진하는 동안 자동차 지붕 위까지 튀어 측면 거울에서 흘러내렸다. 그것은 여태껏 내가 본 적이 없는 초현실적 풍경이었다. 우리가 부두에 도착하자, 허겁지겁 배에서 내린 하객들이 차로 올라탔다. 나는 공항 통제관처럼 미친 듯이 소리를 지르며 손님들을 유도했고, 옆으로 휘몰아치는 굵은 빗줄기는 사정없이 우리를 강타했다. 조부

---

65) 아무도 원래의 자기 숙소에 갈 수가 없었다. 대부분이 폐쇄되었던 것이다.
66) 우리에게는 다른 운전 지원자들이 있었고, 심지어는 그 지역의 택시들까지 동원했다.

모들, 아줌마들, 아저씨들, 사촌들, 친구들 그리고 심지어 음식 조달 업체의 직원들마저 모두 이 거창한 활동에 참여했다.

우리가 결혼식이 예정된 저택에 도착했을 때는 이미 해가 졌다. 예식은 처음부터 그렇게 계획되기라도 한 듯이, 멋지게 장식된 별장에서 거행되었다. 바깥의 늪지대에서 거친 바람이 불고 물결이 거세게 치고 있는 가운데, 70명에 가까운 멋진 정장 차림의 하객들이 신랑 신부의 결혼서약을 지켜보았다.

나는 그날 밤 신랑 들러리 축사를 했다. 메시지는 간단했다. 즉 인생은 힘들고, 인생은 예상치 못한 것이며, 인생은 아름답다고 하는 것이었다.[67] 결혼식을 지켜보고 있는 사람들의 눈에 이슬이 맺혔다. 우리는 기적을 만들어냈고, 누구나 그 사실을 실감했다. 결혼식 후 여러 주가 지났을 때, 그 태풍이 3억 달러의 피해와 6명의 사망자를 냈다는 보도가 있었다.[68] 어쨌든 우리는 굴복하지 않았다.

이 이야기에서 가장 놀라운 것은 모든 일이 처리된 놀라운 속도다. 두려움과 스트레스가 이만저만 아니었지만 일은 처리되었다. 나는 그것이 내 인생에서 가장 기념할 만한 결혼식 체험으로 남을 것이라고 확신한다.[69]

---

67) 나는 여러 주 전에 축사를 준비했는데, 나의 메시지가 그 결혼식에 특히 적합했던 것은 우연의 일치였다. 결과적으로 감동적인 축사가 되었고, 실내는 활기에 넘쳤다.

68) http://tinyurl.com/p45swh7

69) 물론 내 결혼식이 거행되기라도 한다면, 그 결혼식을 제외하고 하는 말이다. 미래의 나의 아내여, 나는 당신을 사랑한다.

기적처럼 치러진 이 결혼식은 역경에 맞서서 일어서는 것이 왜 그토록 중요한지를 우리에게 보여준다. 이것은 극복이 거의 불가능한 것처럼 보이는 장애물도 극복될 수 있다는 이야기로, 내가 목격했던 파킨슨 법칙의 실례들 가운데 가장 좋은 예다. 태풍은 우리가 보다 창조적이면서 능동적으로 행동을 취하도록 강제했으니까 말이다.

파국의 한가운데에 있을 때라도, 당신은 성공의 확률이 전혀 없다고는 생각하지 않는다. 그렇기에 무조건 일을 해치운다. 커브볼들은 위장된 축복이 될 수도 있지만, 그것들은 때로 기적을 낳기까지 하지 않는가.

### 상자 안에서 생각해라

대부분의 긴장은 이미 확보된 밝은 전망과 함께 찾아온다. 기적처럼 치러진 결혼식이 그 대표적인 예이지만, 날마다 일어나는 더 작은 예들도 있다. 예를 들면, 샤워를 하는 것에 관해 생각해 보자. 샤워를 할 때 당신은 물을 채운 작은 상자에 들어가 비누를 사용한다. 거기서 당신이 할 수 있는 일은 너무나도 많다. — 자세히 말하지는 않겠다. — 공교롭게도 이것은 우리를 자유롭게 만든다. 우리는 전화기를 쳐다보지 않아도 된다. 이메일을 체크하지 않아도 된다. 텔레비전을 보거나 심부름 다니기, 다른 사람들과 사귀기 등으로부터 우리를 자유롭게 만든다. 뜨거운 물이 흘러내리면서 온몸을 씻어주는데, 그것은 마치 정신을 분산시키는 외부적 요소들을 모두 씻어

내려서 우리의 심미안을 맑게 해주는 것과 같다. 그런 관점에서 볼 때, 샤워는 심원한 정신적 돌파구를 마련하기 위한 거의 완벽한 여건을 제공해 준다.

심지어 극단적인 유폐 상태인 감옥마저도 자유롭게 해줄 수가 있다. 넬슨 만델라 Nelson Mandela는 자기 생애의 수십 년을 감옥에서 보냈지만 그의 가장 중요한 철학 가운데 많은 것들, 그리고 지도력에 대한 감각은 투옥 중에 배양된 것이었다.

"내가 감옥에 가지 않고, 많은 사람들의 글과 이야기를 읽고 들었다면…… 나는 이러한 것들을 배우지 못했을 것이다."

만델라는 27년 동안의 감옥생활 중에 얻은 통찰력에 관해 이렇게 말했다. 또한 그는 고독의 가치도 이해했다. 그래서 이렇게 회상한다.

"감옥에서는, 특히 독방에 갇혀 있는 사람들의 경우에는 앉아서 생각할 기회가 참으로 많다."[70]

오로지 태풍, 샤워, 감옥의 감방만이 생산적 여건을 조성하기 위한 유일한 해결책은 아니다. 유폐 상태를 작업의 흐름에 통합할 수 있는 다른 길도 많다. 당신의 자원들을 한정시키는 것, 스스로 마감기한을 정하는 것, 당신의 목표들을 좁히는 것 등은 모두가 직관에 반하는 '적극적인' 긴장이다.

상자 밖에서 생각하는 것이 언제나 유익하지는 않다. 하지만 그

---

70) http://tinyurl.com/p7ulumf

대신에 상자 '안에서' 생각하도록 노력해라.

### 잡동사니를 제거해라

여러 해 전에 나는 '미니멀리스츠Minimalists' 라는 블로그를 발견했다.[71] 그것은 조슈아 필즈 밀번 Joshua Fields Millburn과 라이언 니커디머스 Ryan Nicodemus가 창설한 것이다. 그들은 가진 것이 아주 적어도 의미 있는 삶을 살아갈 수 있는 방법에 관한 글을 쓴다. 그들의 이야기는 내가 쓴 이 책에 제시된 생활양식과 매우 유사하다. 조슈아와 라이언은 모두 아메리카라고 하는 대기업 안에서 높은 보수를 받는 직업에 종사했다. 감탄할 만한 대저택과 고급차도 소유했다. 그러나 그것으로 만족하지 못했다. 그들은 사업계에서 쌓은 명성과 영향력을 잃을 위험을 무릅쓰고 직업을 버린 뒤 블로그를 개시했다.

그들의 글에 대한 반응은 참으로 놀라웠다. 2백만 명이 넘는 사람이 2013년에 '미니멀리스츠 블로그' 를 방문했고, 이 두 사람은 과거 수년에 걸쳐서 여러 권의 책도 출판했다. 또한 CBS, BBC, NPR, USA 투데이, 포브스, 월스트리트저널, 보스턴 글로브, 시카고 트리뷴, 토론토 스타 등을 비롯한 수많은 언론 매체에 기고문을 게재했다.

그들의 배경이 위험부담의 가장 완벽한 예가 되지만, 여기서 가장 중요한 것은 미니멀리즘에 대한 그들의 집중, 그것과 생산성의

---

71) http://www.theminimalists.com/

직접적 상관관계다.

잡동사니는 생산성의 적이다. 정신적인 것이든 물질적인 것이든, 그것은 우리의 초점을 흐리게 만들고, 주의를 분산시키며, 우리를 잡아내려 아래로 처지게 한다. 이것은 내가 이미 설명한 바와 같이, 샤워하는 동안 우리 머릿속에 아이디어들이 떠오르는 이유다. 잡동사니에서 벗어난 상태에서는 주의를 분산시키는 것이 사라지므로, 우리는 자연히 현재로 돌아와 정신을 차리게 된다. 샤워의 미니멀리즘 여건은 생산성을 높이는 요소로 작용한다. 그렇다면 이러한 논리도 성립한다. 만일 우리 삶의 '모든' 분야에서 이와 유사한 여건을 조성한다면, 우리는 최고조의 집중 · 창조 · 명료성을 비교적 영속적으로 유지시킬 수 있다는 것이다.

잡동사니를 줄이는 데는 의식적인 행동이 필요하다. 대다수 사람들의 공통된 행동양식은 시간이 흐를수록 더 많은 잡동사니를 모으게 마련이다. 우리는 새 옷들, 새 가구들, 새 도구들을 반복해서 사고 또 산다. 그러나 버리는 것은 거의 없다. 우리는 여러 가지 학습에 참가하고, 클럽들에 가입하고, 친구들과 많은 계획을 세우지만, 거절하거나 일정에서 어떤 것을 제거하거나 하는 일은 드물다. 당신 삶에서 잡동사니를 없애려면, 이러한 습관을 바꿔야만 한다. 의식적으로 잡동사니를 제거하지 않으면 안 된다는 말이다.

내가 처음 이 책을 집필하기 시작했을 때, 나의 삶은 '잡동사니'로 가득 차 있었다. 나의 아파트는 필요도 없는 물건들로 가득했고,

내 일정은 나에게 잠잘 시간조차 거의 허용하지 않았다. 여러 달에 걸쳐서 나는 이러한 잡동사니의 90%가량을 제거해 버렸다. 새로 취업하는 것을 거절하여 나는 내 시간의 대부분을 자유롭게 만들었다. 그리고 대부분의 사교적 행사에 불참한다고 말하기 시작했다. 내가 분주하거나 영역 안에 머물러 있을 때에는 전화 받기 또는 이메일 체크 따위를 그만두었다. 불필요한 것은 모조리 팔아치워 아파트를 깨끗이 정리했다.[72]

정리한 뒤에 남은 텅 빈 상태는 믿기 어려울 정도로 느낌이 좋았다. 나는 좀 더 가벼워진 느낌이었고, 나의 생산성은 하늘을 찔렀다. 깨끗한 공간에서 아무런 중단도 없이 당신이 얼마나 많은 일을 해낼 수 있는지를 확인해 봐라. 그것은 정말 놀라운 일이다. 당신의 삶에서 잡동사니를 제거하는 것에 관해 더 배우고 싶다면, 조슈아와 라이언의 블로그(http://www.theminimalists.com/)를 읽어보라고 강력히 추천한다. 그것은 단순함의 중요성에 눈을 뜨게 만들어줄 것이다.

### 태도가 전부는 아니다

당신 주변에 널려 있는 '잡동사니'가 당신을 느리게 만들 수 있는 것과 마찬가지로, 당신 주변의 모든 '사람'도 그럴 수 있다. 인간관계가 긴장되어 있을 때는 어떤 태도를 갖느냐가 대단히 중요한 역할

---

72) 이것은 전부 아니면 전무의 상황이 아니다. 사회활동을 '모조리' 피하지는 마라. 당신의 물건을 '모조리' 팔아치우지도 마라. 다만 과도한 약속과 과도한 소비의 경향이 있다는 점을 깨달아라.

을 한다. 그렇지만 그것이 사회의 모든 상황에서 반드시 해결책이 되는 것은 아니다.

단언하지만, 뱀 구덩이보다는 온천에 있을 때 행복해지기가 더 쉽다. 뱀 구덩이에서 나와 온천으로 들어가라. 그러면 당신이 안고 있는 문제들이 사라질 것이다. 당신의 태도는 자연히 개선될 것이고, 사람들은 당신이 그렇게 적극적인 태도로 변한 것을 칭찬할 것이다. 하지만 당신이 언제나 짜증만 부리고 있다 해도, 당신에게 반드시 태도의 문제가 있는 것은 아니다. 당신은 너무나도 많은 냉혈 파충류에 둘러싸여 있는지도 모르기 때문이다.[73] 여기에 미니멀리스츠 블로그의 글을 하나 더 인용한다.

'당신은 주위 사람들을 변화시킬 수는 없지만, 주위 사람들을 바꿀 수는 있다.'

잠시 이 과정을 거쳐 보라. 이것은 좀비나라를 피하는 데, 그리고 적극적으로 스트레스에서 벗어나는 여건을 조성하는 데 매우 중대한 요소로 작용할 테니 말이다.

### 나는 그리 영리하지 않다

어떤 장애물을 돌파하는데 있어서 좋은 태도를 가지면 당신에게 도움이 될 것이다. 그러나 당신이 그다지 영리하지 않다면? 당신의

73) 모든 상황에서 모든 사람이 뱀처럼 보인다면, 당신은 자기 내면을 살펴보기 시작하지 않으면 안 된다. 그러나 즉시 그렇게 하지는 마라. 당신의 주위 환경을 먼저 바꾸려고 노력해라.

정신능력이 목표 달성을 허용하지 않는다면?

폴 그레이엄 Paul Graham은 기술 세계에서 가장 성공적이고 인기 높은 컴퓨터 신규회사 액셀러레이터들 가운데 하나인 와이 컴비네이터 Y Combinator의 창업자다. 그레이엄은 에어 비엔비 AirBNB와 드롭박스Dropbox를 비롯한 여러 대성공 회사들에 투자했다. 에어 비엔비와 드롭박스는 내가 이 책을 집필할 당시에 이미 '수십억 달러'의 재산가치가 있었다. 수백 개 회사에 투자하고 수천 번 깊이 생각한 끝에 폴 그레이엄은 전도유망한 컴퓨터 신규회사를 확인하는 기술을 완성했다. 그의 방법들은 당신을 놀라게 할지도 모른다. 인터뷰에서 그는 두 가지 핵심 전략을 강조했다.

1. 제품보다는 사람들을 선호하기
2. 지능보다는 확고한 결의를 선호하기

성공적인 컴퓨터 신규회사가 되는 데 무엇이 가장 긴요한가?

**그레이엄 :** 창업자들이다. 우리는 와이 컴비네이터를 6년 동안 운영하면서 사업계획이 아니라 창업자들을 살펴보는 일을 배웠다. 왜냐하면 더 일찍 투자하면 할수록 사람들에 대해 더 많이 투자할 수 있기 때문이다. 빌 게이츠가 마이크로소프트Microsoft를 시작하고 있을 때 그가 당시에 품었던 아이디어는 앨테어Altair라고 불리는 하찮은 컴퓨터에 관한 것이었다. 그것은 전망이 그리 좋지 않았다. 그래서 우리는

이 19세의 청소년이 계속해서 출세하는 것을 지켜보아야만 했다.

당신은 무엇을 찾고 있었던가?

그레이엄 : 확고한 결의다. 우리는 회사를 시작했을 때 우리가 영리한 사람들을 찾고 있다고 생각했지만, 지능은 우리가 예상한 것만큼 그렇게 중요하지 않다는 것이 판명되었다.

100%의 확고한 결의와 100%의 지능을 구비한 어떤 사람을 상정해 본다면, 당신은 실패하기 전에도 지능의 많은 부분을 버릴 수 있을 것이다. 그러나 확고한 결의를 버리기 시작한다면, 비능률적이고 만년 지속되는 대학원생을 즉시 얻을 것이 분명하다.[74]

당신의 지능은 당신이 생각하는 것만큼 중요하지 않다. 이 책을 읽고 있다면, 당신은 아마 보통 수준보다 조금은 더 유능할 것이다. 뿐만 아니라 당신의 아이디어도 중요하지 않다. 무엇보다도 중요한 것은, 현재로서는 당신의 끈질긴 인내뿐이다.

당신의 정신적 능력에 대해 더 이상 걱정하지 마라. 당신이 구상하는 사업계획의 성공 가능성에 대해서도 더 이상 걱정하지 마라. 뜬눈으로 밤을 새우게 만드는 다른 모든 중대한 결정들에 대한 걱정도 더 이상 하지 마라. 그 대신, 믿기 어려울 정도의 어떤 것이 발생

---

74) http://tinyurl.com/nabg44z

할 때까지 당신의 열정에 끈질기게 달라붙는 일에 집중해라. 당신의 잠재적인 산출을 좌우하는 것은 당신의 정신 자체가 아니라 당신의 정신 '자세' 이니까 말이다.

### 천치가 되지 마라

당신이 이제 스스로를 천하무적이라고 느끼게 되었다면, 이제는 다시 현실로 돌아와야만 한다. 목적의 아크들을 탐색하고 당신이 집중할 곳을 결정하는 동안, 모든 것이 공원의 산책이 될 것이라고 생각하는 천치가 되지는 마라. 그런 것은 없다!

나는 컴퓨터 신규회사를 시작했을 때 그것이 재미있고 흥미진진할 것이라고 생각했다. 사실 그러했다. 동시에 힘들기 짝이 없는 일이기도 했다. 그래서 나는 완전한 실패에 그치고 말았다. 오죽하면 유명한 최고경영자이자 벤처 자본가인 벤 호로위츠가 회사 경영의 고역을 '분투' 라고 정의했겠는가.

"당신이 분투할 때, 쉬운 것은 하나도 없다. 잘된다고 느껴지는 것도 전혀 없다. 당신은 끝없는 심연에 빠져, 결코 거기서 벗어나지 못할지도 모른다." [75]

당신이 가치 있는 무엇인가를 창조하려는 끝없는 열망이 없는 한, 그리고 아무런 지원도 없는 상태에서 극도로 오랜 기간 동안 가장

---

75) Ben Horowitz, The Hard Thing About Hard Things(Harper Business, 2014).

극심한 심리적 스트레스를 견뎌낼 수 있다고 느끼지 않는 한, 나는 신규회사의 창업을 권하지 않는다. 나는 당신에게 창업 아이디어를 버리라고 말하는 것이 아니다. 다만 창업이란 것이 믿을 수 없을 정도로 어렵다는 것을 얘기하는 것이다.

당신은 배 전체를 조종할 수 있는가? 만약 그렇지 않다면, 기초를 이미 다진 신규회사에 들어가 압력을 덜 받으면서 밧줄 사용법을 배우는 것이 더 영리하다고 생각되지 않는가? 도약을 하기 전에 먼저 이러한 질문들을 자신에게 던져보는 것을 잊지 마라.

당신은 자신의 능력 범위 내에서 자기 자신에게 도전해야만 한다. 약간의 실험을 거쳐야 할지도 모르지만, 당신의 안락한 영역 밖에 있는 — 천치 영역에서 벗어난 유쾌한 지점을 겨냥해라! 반드시 그럴 필요가 있다. 나는 이것을 많이 혼동했다. 확실한 것은 아무도 천치를 좋아하지 않는다는 사실이다. 내 말을 믿어라.

## 바보처럼 자신감을 가져라

> "예전에는…… 여러 해에 걸쳐,
> 나에게 겁을 주었을지도 모르는 상황에서
> 기회를 잡고 자신감을 확보하는 것을 잊지 않았다."
>
> — 토니 호튼

트리니티 : 네오, 여태껏 아무도 이것을 해온 적이 없어.

네오 : 바로 그러니까 이것은 이루어질 거야.

— 〈매트릭스〉에서

당신은 현실적이 되지 않으면 안 되는 한편 자신감도 가져야 하고, 미지의 것을 시험해 볼 용기도 갖추지 않으면 안 된다. 당신이 어떤 것을 성취할 수 없다고 누군가가 주장한다면, 그 사실을 받아들이기 전에 그들의 주장이 잘못이라는 것을 입증하려는 시도를 해봐라. 한계에 부딪쳐보고 실패를 무릅쓰려는 열망은, 당신을 보다 더 높은 곳에 도달할 수 있도록 안내해 줄 것이다. 이것이 처음에 의도한 것을 해낼 수 있다는 의미는 아니지만, 시도하려는 용기가 있다는 것은 당신에게 우월한 위치를 부여해 줄 것이 분명하다.

크게 성공한 사람들을 볼 때, 우리는 그들이 우리에게 없는 어떤 것을 가지고 있다고 자주 단정한다. '그들은 더 영리하다. 돈이 더 많다. 더 좋은 배경이 있다.' 이러한 단정은 때로는 옳다. 그러나 때로는 옳지 않다. 성공적인 사람들의 공통분모는 타고난 능력이나 배경 따위의 원천들이 아니다. 그런 것들은 각양각색이다. 공통분모는 위험부담이다.

이것을 생각해 봐라. 어마어마한 성공의 경우, 그와 마찬가지로 비극적인 실패의 가능성도 있다. 두 가지 결과는 원래부터 서로 얽혀 있다. 만일 페이스북이 지금부터 5년 후 몰락한다면, 그것은 어마어마한 실패다. 그것은 마크 주커버그가 살아가면서 시시각각 부담하고 있는 위험이다. 그는 쉴 새 없이 그것과 싸운다. 무풍지대에서 성공을 바라보는 것은 그다지 어려운 일이 아니지만, 그 성공은 언제나 위험과 실패에 연결되어 있다. 만약 크게 성공할 수 있는 가능성을 키우고 싶다면, 당신은 그렇게 되었을 때의 불편함에 대해서도 편안하게 느끼도록 적응해야만 한다. 이러한 종류의 싸움은 '원천' 이나 '연결' 들을 가지고 이기는 것이 아니다. 당신의 '정신' 을 가지고 이기는 것이다.

제4단계 : 연결해라 Connect

# 성장과 관계들

"나는 미래를 모른다.
나는 이것이 어떻게 끝날지 당신에게 말해 주려고 여기 온 것이 아니다.
이것이 어떻게 시작될 것인지 말해 주려고 여기 왔다.
나는 이 전화 통화를 그만둘 것이고,
당신이 사람들에게 보여주고 싶어 하지 않는 그것을
나는 그들에게 보여줄 것이다.
나는 당신이 없는 세상을 그들에게 보여줄 것이다.
규칙들과 통제가 없는 세상, 한계 또는 경계선들이 없는 세상,
모든 것이 가능한 세상을 보여줄 것이다."

— 네오, 〈매트릭스〉에서

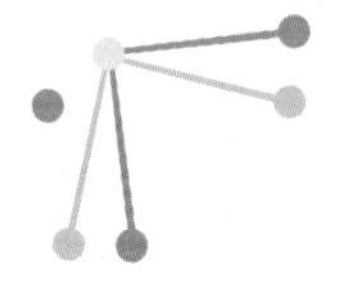

축하한다! 당신은 마지막 단계까지 왔다! 여기는 쉬운 부분이다. 선택하기, 몰두하기, 창조하기는 고역이지만, 손을 잡는 단계는 힘이 들지 않을 수도 있다.

이 항목은 '커넥션 알고리듬' — 실질적 공식 — 을 정의하고, 작용하는 전체 과정을 증명하고, 당신이 성공을 발견한 뒤 어떻게 되돌려줄 것인지를 가르쳐 준다. 이것은 당신 앞에 펼쳐진 기회의 무한한 세상이다. 좀비나라 바깥에 존재하는 세상이란 말이다.

## '커넥션 알고리듬'의 정의

북을 쳐라! 바야흐로 알고리듬을 보여줄 시간이다.

내가 신뢰하는 친구 위키피디아Wikipedia에 따르면, '알고리듬 algorithm'이란 아래와 같다.

> ……기능을 측정하기 위해 명확히 서술된 명령들의 한정적 목록이라고 표현된 효과적인 방법.
> 최초의 상태와 최초의 입력(아마도 텅 빈 것)에서 출발하여, 명령들은 계산을 묘사한다. 그 계산이란, 시행되면 명확히 서술된 한정된 수효의 연속적 상태들을 거쳐 진행되고, 결국에는 '산출'을 불러오고, 마지막 종결 상태에서 끝난다.

아이고! 이보다 더 무미건조할 수는 없다. 알기 쉽게 다시 말하자면, 알고리듬이란 일련의 단계들이다. 이 책의 목적을 위해 나는 이 용어를 느슨한 의미로 사용했다. 커넥션 알고리듬은 밟아야 할 일련의 '특정한' 단계들을 의미하기보다는 넓은 의미의 행동양식 단계들, 즉 연속적 고리 안에서 반복되어야만 하는 것이라고 정의한다.

당신은 알고리듬이 왜 여태껏 제시되지 않았는지 궁금할 것이다. 그 대답은 '이미 제시되었다.'는 것이다. 당신은 알고리듬을 이미 알고 있다. 문제는, 그것을 이해하느냐가 아니다. 그것을 시행할 용기가 충분한가가 문제다. '커넥션 알고리듬'은 아래에 제시하는 4단계 C다.

1. 선택해라 **C**hoose
2. 몰두해라 **C**ommit
3. 창조해라 **C**reate
4. 연결해라 **C**onnect

이 주기는 당신의 일평생 동안 반복되어야만 한다. '위험부담' 은 각 단계 뒤에 있는 추진력이다. 이 과정 전체는 대담해지는 것과 기회를 잡는 것에 관한 것이다. 위험부담이 너무나도 불가결하기 때문에 나는 마찬가지로 중요한 틀로 작용하는 두 번째 공식을 만들었다. 이것은 커넥션 알고리듬을 위험들과 관계들의 기능으로 표시한다.

$$f(pg) = (ri)(x) + (re)(y)$$

위에서 :

pg = 개인적 성장

ri = 위험

x = 가변적 함수

re = 관계들

y = 가변적 함수

이 공식이 가장 간단한 형태로 말해 주는 것은, 당신의 개인적 성장은 당신이 택한 위험부담에 당신이 구축한 관계들의 횟수를 더한 것에 비례한다는 것이다. 나는 시간 · 타당성 · 긴밀성 · 감소하는 결과 등 다른 가변적 함수들도 포함하는 등식을 고려해 보았지만, 그것은 공식을 불필요하게 복잡한 것으로 만들었다. 그래서 그 대신에 나는 각각의 가변적 함수에 관해 아래 항목에서 보충하여 설명했다. 이 항목들은 당신이 공식의 의미와 실생활에 대한 적용을 이해하는 데 도움이 될 것이다.

**개인적 성장**(pg)

이 용어는 지능 · 자신감 · 영향력 · 평판 등 여러 가지 특성을 포함한다. 그 구성 요소들의 목록은 사람마다 다를 것이다. '특히 당신의 경우에' 개인적 성장을 구성하는 요소가 무엇인지를 결정하고, 그러한 성장으로 당신이 무엇을 하고 싶어 하는지를 아는 것이 중요하다. '당신과 관련'하여 성장을 정의한 다음, 목표는 이 분야들에 있어서 당신의 능력을 키우는 것이다. 이 목표에는 끝이 없다. 이것은 영원한 문제이기 때문이다.

개인적 성장은 분량으로 측정할 수 없기 때문에 상대적으로 측정될 수밖에 없다. 당신의 목표는 과거의 어느 한 시점을 돌아다보고 그 이후에 당신이 성장한 것을 아는 것이다. 그러기 위해서 측정의 적절한 잣대를 열심히 찾아내라. 예를 들면, 직장에서의 승진은 성장의 적절한 측정이 아닐 수도 있다. 때로는 직급들이란 공허한 명칭이고 재직 기간을 표시하는 것에 불과하니까 말이다. 이와 마찬가지로, 당신의 흥미와 관계도 없는 기술들을 배우고 있다면 그것은 바람직한 성장이라고 할 수 없다.

대단한 도약을 하겠다는 압력을 끊임없이 느끼지는 마라. 당신이 엄청나게 빨리 성장하는 시기도 있지만, 천천히 성장하는 시기도 있다. 또한 당신의 성장 곡선은 시간이 흐를수록 평평해질 것이다. 그것은 자연스러운 것이다. 우리는 젊을수록 더 빠른 비율로 배운다. 이 모든 것은 다 좋다. 당신이 피하고 싶은 유일한 상황은 정체 상태, 즉 제로 성장이다. 이것을 공식과 관련해서 말하자면, 당신의 성장이 평평한 직선을 그릴 때 당신은 새로운 위험부담을 감수해야 하거나 새로운 관계를 구축해야 한다. 또는 이 두 가지를 모두 해야만 한다. 아울러 새로운 위험부담과 새로운 관계는 모두 열정의 도움을 받아 추진해야만 한다는 점을 명심해라. — '행복의 피라미드'를 상기해라.

### 위험(ri)

서로 다른 종류의 위험들이 있다. 우리는 위험을 백만 가지로 세분할 수도 있지만, 여기서는 '얕은 위험들'과 '깊은 위험들'의 두 가지로 나누자.

'얕은 위험들'은 최소한의 불리한 면이 있는 위험들이다. 예를 들면, 당신이 마주 오는 어떤 사람에게 매력을 느껴 말을 걸었다고 하

자. 최악의 시나리오는 상대방이 당신을 싫어하는데 당신이 계속 달라붙는 경우다. 가장 좋은 시나리오는 바야흐로 당신의 이상형을 발견한 경우다.

'깊은 위험들'은 대규모의 불리한 면을 잠재적으로 지닌 위험들이다. 예를 들면, 당신이 높은 보수를 받는 현재의 직업을 버리고 신규회사를 설립했다고 하자. 가장 좋은 시나리오는 당신이 어마어마하게 성공하는 경우다. 최악의 시나리오는 당신이 일을 추진하면서 돈과 우정 · 건강을 잃고, 그 과정 중에서 숱한 세월을 허비하여 인생 자체가 실패한 경우다.

당신은 얕은 위험들을 자주 겪어야만 한다. 얻을 것은 많지만 잃을 것은 하나도 없기 때문이다. 또한 최악의 시나리오가 펼쳐질 경우에 살아남으려면, 깊은 위험들도 겪어야만 한다.[76] 그런 중에 두려움을 없애려면 가능할 때마다 위험을 완화시키도록 노력해야 한다.[77]

당신이 직업을 버릴 계획이라면, 우선 얼마간의 돈을 저축해라! 일이 계획대로 되지 않을 경우에는 6개월 동안 거실 소파에서 잠을 자게 해달라고 친구들에게 사정해라. 모든 것이 실패로 끝날 때 지원받을 수 있는 곳이 있을지에 대해 미리 아는 것은 좋은 일이다. 이것을 당신의 결정 과정에 포함시켜라. 생존을 위해서는 그리 많은

---

76) 당신이 실패한다 해도 깊은 위험들은 자주 막대한 보상을 해준다. 바로 그 이유 때문에 이것들은 가치가 있다.

77) 안전망이 없다는 것을 시작조차 하지 않는 것의 구실로 삼지 마라. 그런데 매우 많은 사람들이 그렇게 한다. 그것은 책임회피의 구실일 뿐이다.

것이 필요하지 않다는 사실을 깨달으면서 그렇게 해라. — MVP, 즉 최저 생존 제품에 관한 논의를 기억하는가? 당신이 새로운 사업을 시작하려면 적어도 3만 달러는 있어야 하고, 이후에도 추가로 자본을 조달할 수 있는 상황을 만들어야 한다.

위험을 부담한다는 것은 물불 가리지 않고 덤빈다거나 낙하산도 없이 스카이다이빙을 한다는 것이 아니라, 당신 한계의 끝까지 가는 것, 새로운 것들을 시도하는 것 그리고 계산된 결정을 대담하게 내리는 것을 의미한다.

보노보스Bonobos의 창업자이자 최고경영자인 앤디 던 Andy Dunn은 위험부담을 '하지 않는 것'의 위험에 관해 놀라운 글을 썼다. 그는 가장 큰 위험은 회피된 위험이라고 주장한다. 만약 아직도 그의 글을 읽지 않았다면, 반드시 읽어보라고 권하고 싶다.[78] 그의 글 중 내가 좋아하는 구절이 있는데, 앤디는 자기 자신이 생각한 모든 위험을 부담하는 것이 왜 후회 없이 살아가는 비결인지에 대해 탁월하게 설명해 준다.

> 사람들의 의사결정과 행복에 관한 연구를 보면 분명한 것이 거의 없다. 증명된 것이 거의 없다는 말이다. 한 가지 증명된 것은 이것이다. 즉 80대의 노인들이 하는 유일한 후회는 그들이 취하지

78) http://medium.com/i-m-h-o/40cf0a8919cb

않았던 위험부담에 대한 것이라는 사실이다.

그 이유는 이러하다. 위험을 부담했는데, 그것이 성공하면 좋다. 그러나 그렇지 않다면 — 여기에 핵심이 있지만 — 우리는 그 위험부담을 학습이라고 합리화하는 길을 찾아야 한다.

학습은 공허한 합리화가 아니다. 이 말은 상투적인 것이다. 하지만 학습은 인생 전체를 구성한다. 우리가 이것을 되돌아본다면 개인적 성장이 학습에서 온다는 것을 알게 되고, 학습은 위험부담에서 온다는 것을 알게 된다. 그리고 위험부담이 커넥션 알고리듬의 핵심이 되는 이유라는 것을 깨닫게 된다.

**관계들(re)**

공식과 관련해서 볼 때 '관계'란 당신과 연결자 사이의 진정한, 양방통행식의 연결이다. 관계가 의미 있는 것이 되기 위해서는 당신이 상대방을 진정으로 보살피지 않으면 안 되고, 상대방도 당신을 진정으로 보살피지 않으면 안 된다. 관계는 목적을 위한 수단이 아니라, 목적 그 자체이기 때문이다. 그렇다고 해서 연결자와 관계를 구축하기 이전에는 그의 도움을 받을 수 없다는 말이 아니다. 당신은 어디선가 시작을 해야 하는데, 대부분의 경우 관계들은 최초의 호의에서 형성된다.

관계 형성이 중요한 이유는 그것들이 새로운 기회들을 제공함과 동시에 당신이 난관을 극복하고 실패에서 초래된 위험으로부터 벗어나 다시 도약할 수 있도록 돕는 지원체계를 제공하기 때문이다. 공식이 많은 관계의 구축이 적은 관계의 구축보다 더 낫다는 의미를 내포한다 해도, 그것은 옳지 않다. 왜냐하면 무한한 수효의 '진정한' 관계를 유지하기란 불가능하기 때문이다. 또한 그것이 진정한 관계들이라 해도 추가되는 관계들의 효과가 개인적 성장을 무시해도 좋을 만한 기준점이 될 수도 있다. 이것을 아래 항목에서 더 자세히 논하려 한다.

### 그래프와 다른 요소들

앞에 제시된 공식은 단순화된 것임을 명심해라. 이제 좀 더 깊이 파고들어 제외되었던 요소들을 살펴보자. 이 요소들은 매우 중요하다.

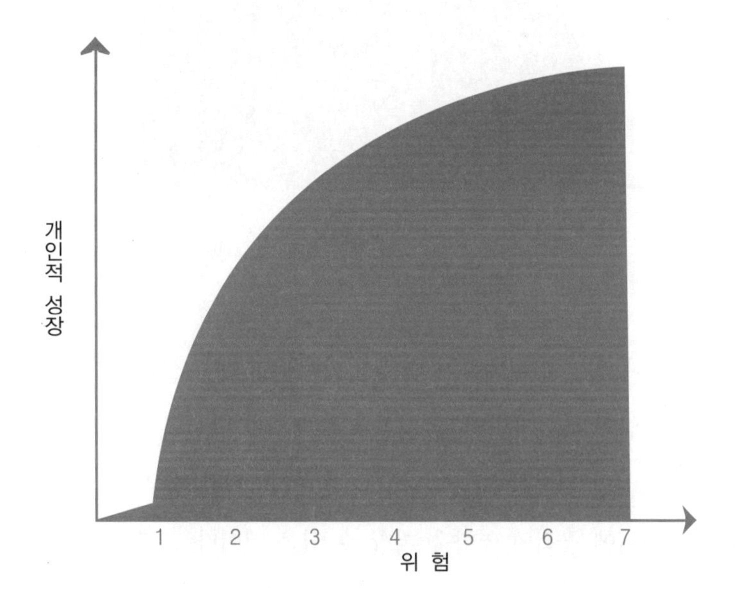

'첫 단계는 도약이다.'

당신이 부담하는 최초의 커다란 위험은 그 영향이 매우 크다. 뒤따르는 위험들도 여전히 의미가 있지만, 효과는 점차 줄어든다.

이것은 관계들의 경우에도 마찬가지다.

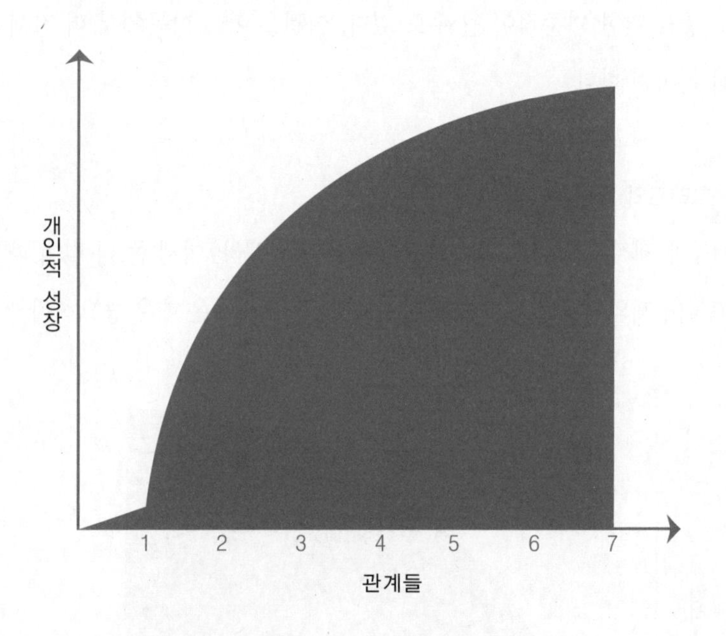


왜 이렇게 되는지 이해하기 위해서 가상적인 예를 살펴보자. 당신이 중소기업의 소유자인데, 유명한 언론매체가 당신의 회사 발전에 관해 우호적인 기사를 보도했다고 가정하자. 이럴 경우 그 보도는 당신의 회사에 극적인 영향을 미칠 수 있을 것이다. 그것은 당신이

추가로 자본을 조달하거나, 당신이 추진하고 있던 동업자 계약을 성사시키거나, 당신이 애써서 확보하려고 하던 인재를 채용하는 계기가 될 수도 있을 것이다.

그런데 당신의 회사에 관한 특집보도를 한 언론매체가 하나가 아니라 둘이라고 치자. 그것이 무엇을 더 달라지게 만들 것인가? 분명히 도움은 될 것이다. 그러나 특집보도를 위해 한 매체를 확보하는 것이 둘째 또는 셋째 또는 넷째 매체를 확보하는 것보다 훨씬 더 중요하다. 결과의 거의 대부분은 최초의 돌파구에서 나오니까 말이다. 나머지는 군더더기다.[79] 이것이 바로 '시작' 이 그토록 중요한 이유다.

'각 단계는 모두 독특한 것이다.'

위험과 관계의 효과는 각각 다를 것이다. 당신이 개인적 성장의 정의에 직접 포함시키지 않은 작은 위험을 부담한다면, 그 효과는 그다지 크지 않을 것이다. 반면 당신이 자신이 일하고 있는 업계에서 가장 막강한 사람과 관계를 구축한다면, 당신의 개인적 성장은 하늘을 찔러 성장 포물선은 앞 페이지의 그래프가 제시하는 것처럼 반드시 완만하지만은 않을 것이다. 그것은 동일한 일반 곡선을 따르겠지만, 몇몇 불규칙한 산 모양과 함께 더 느린 성장 기간들도 포함하기 때문이다.

---

79) 이것은 80/20 규칙이 다시금 작용된 것이다.

영화 산업에서 예를 찾아보자. 당신이 남자배우 또는 여배우 지망생이라고 가정해 보면, 당연히 당신은 자신의 분야에서 연결자들을 만나고 싶을 것이다. 대형 영화의 낮은 수준의 배역을 위한 오디션에서 당신이 최고 에이전트 가운데 하나를 우연히 만났다면, 그는 의심할 나위 없이 연결자다. 그리고 당신이 그 에이전트와 긴밀한 관계를 구축하면, 그는 당신을 성장할 수 있도록 이끌어주는 최초의 통로가 될 수 있는 것이다. 몇 달 후 그가 당신을 영화사상 가장 성공적이고 가장 영향력 있는 감독들 가운데 하나인 마틴 스콜세지 Martin Scorsese에게 소개한다면, 이보다 좋은 소식이 어디 있겠는가. 게다가 스콜세지가 당신을 좋아해서 당신의 친구가 된다면, 이제 당신은 A 명단의 연결자와 관계를 구축했다고 볼 수 있는 것이다.

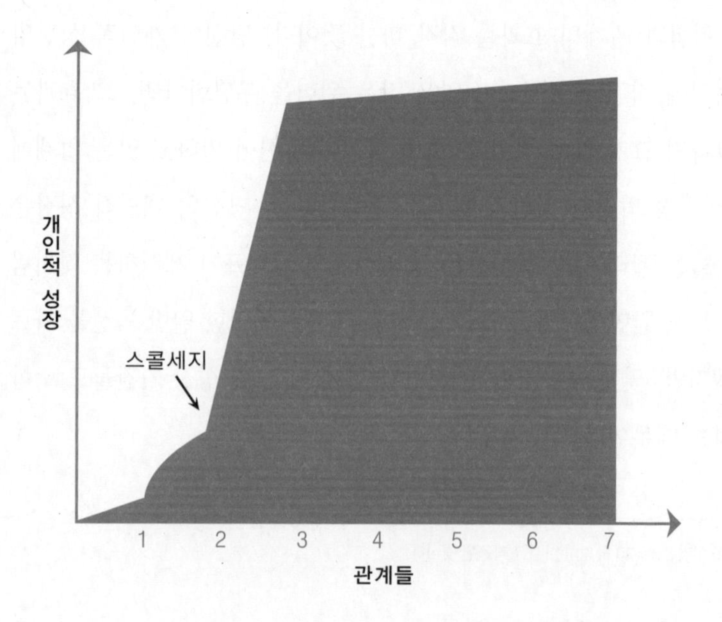

이 예에서는 스콜세지가 비록 최초의 연결자는 아니라 해도 그와 맺은 유대는 에이전트와 맺은 유대보다 훨씬 더 중요하다. 이 경우, 당신의 개인적 성장 그래프는 앞 페이지에 있는 것처럼 그려질 것이다.

에이전트와 맺은 최초의 연결은 당신을 잘 밀어 올린다. 하지만 스콜세지와 맺은 두 번째 연결은 당신을 거의 절정에 이르도록 도와준다. 그 이후에는 많은 이들이 당신의 성장을 돕지만, 그것은 무시할 만한 것이다.

이 이야기의 교훈은 당신이 선택하는 특정 위험부담과 함께 '관계' 라는 것이 엄청나게 중요하다는 것이다.

이제 당신은 무제한적인 시간을 가지고 있다. 그러니까 바로 최고의 상대방들을 발견하고, 가능한 한 빨리 그들에 대해 행동을 취하라는 것이다.

'깊이가 중요하다.'

당신의 위험들과 관계들이 가지는 깊이도 역시 중요하다. 앞에 든 예에서 만일 당신이 스콜세지와 처음 인사를 한 것 이상으로 관계가 발전하지 못한다면, 당신의 성장 그래프는 결코 하늘을 찌르지 못할 것이다. 등식의 위험 쪽에서 공통적인 요소는 시간과 인내다. 당신이 시간과 노력을 위험에 투입하지 않는다면, 초래되는 이익은 감소하거나 완전히 소멸될 것이 분명하다. 왜냐하면 분량보다는 깊이와 품질이 항상 가장 좋은 접근방법이기 때문이다.

'시간이 중요하다.'

시간은 공식에 포함되어 있지 않지만, 현실 세계의 등식에서는 결정적 요소가 된다. 이 말의 요점은, 시간이 당신의 성장을 촉진한다는 것이다.

당신은 이 지구상에서 유한한 시간을 가지고 있다. 그러니까 당신의 목표는 가능한 한 빨리 전진하는 것이 되어야만 한다.

촉진을 극대화하려면 다음 사항을 유념해라!

1. 지금 당장 시작해라. 4단계의 C와 공식을 오늘 당장 시행해라. 당신에게 자녀들이 있다면 그들도 이 비밀에 끌어들여라. 일찍 시작할수록 더욱 좋기 때문이다.
2. 정상을 향해 곧장 가라. 위험을 부담하면서, 당신의 성장에 직접 관련되는 관계를 구축해라. 다시 말하지만, 분량보다는 깊이와 품질이다. 높은 곳을 겨냥해라.

## 연결되는 경로

내 생애에서 가장 영향력이 큰 연결자들은 데이비드 코헨 David Cohen과 브래드 펠드 Brad Feld다. 그들은 컴퓨터 신규회사 업계에서 A 명단의 투자가들이다. 또한 우리가 영화계에 관해 계속 이야기를 나눈다면, 그들은 톰 행크스 Tom Hanks와 덴젤 워싱턴 Denzel Washington과 어깨를 겨룬다. 당신도 상상할 수 있겠지만, 이런 인물들은 개인적인 소개나 특별한 매력 없이는 접근하기가 극도로 어렵다.

나는 필요할 때마다 데이비드와 브래드에게 의지하여 그들의 지원과 충고 그리고 격려를 받을 수 있기 때문에 참으로 든든하다. 우리는 수백 번의 이메일을 주고받았고, 무수히 많은 전화 통화를 했으며, 함께 술도 마셨고, 함께 식사도 했고, 함께 파티도 열었다. 나는 그들을, 이 탁월한 일류 투자가들을 친구라고 여긴다.

이러한 종류의 관계는 어느 날 당신의 무릎에 그냥 툭 떨어지는 것이 아니다. 그러면 나는 어떻게 이러한 관계를 구축했던가? 우연히 그랬던가? 단순한 행운이었던가? 그럴지도 모른다. 그러나 무엇인가가 있었다면? 그것이 행운 그 이상의 것이었다면? 이 질문에 대답하려면, 추억의 길을 따라 과거로 여행할 필요가 있다.

나는 메릴랜드 주의 작은 마을에서 성장했다. 나는 고등학교 때 레슬링, 합창단, 라크로스 게임 등 많은 과외활동에 참여했다. 대부분의 다른 학생들과 마찬가지로 나도 나 자신이 어른이 되었을 때 무엇을 할 것인지에 대해 생각해 본 적이 없었다. 나는 그냥 재미있게 지내기만 했다. 졸업할 때가 되자, 나는 졸업 이후에 흔히 선택하는 단계에 따라 대학에 진학했다. 그러나 대부분의 친구들처럼 주립대학에 진학하지는 않았다. 나는 나의 지평선을 확장하고 무엇인가 새로운 것을 시도해 보고 싶었다.

어느 대학교를 선택할 것인가는 생각 외로 어려운 문제였다. 고려해야 할 요소가 매우 많았다. 나는 체육이 강하고 학부가 우수하며 규모가 큰 대학교를 원했지만, 그런 학교가 어디에 있는지는 몰랐다. 우리 부모는 집에서 가까운 곳에 머물라고 강요하지는 않았지만, 멀리 떠나가라고도 하지 않았다. 그 결정은 전적으로 나의 선택에 달린 것이었다.

나는 100개가 넘는 대학들을 조사한 다음, 내가 방문하고 싶은 대학을 열 개 골랐다. 듀크 대학교, 버지니아 대학교, 미시간 대학교는 내가 선호하는 대학교들 가운데 포함되어 있었다. 미시간 대학교를 방문했을 때, 나는 무엇인가에 매혹되었다. 공기도 상쾌했고, 캠퍼스도 마음에 들었으며, 사람들도 친절하고 건물들도 아름다웠다. 무조건 좋다는 인상이었다. 또한 미시간 대학교는 우연하게도 우리 집에서 가장 먼 곳에 있었지만, 그것은 내가 입학을 지원하는 데 문제가 되지 않았다. 미시간 대학교는 나의 선택에서 우선순위 1번이었고, 결국 나는 거기 입학했다.

미시간 대학교 등록은 내 인생에서 최초의 대담한 결정이었다. 그것은 내가 내린 결정들 가운데 가장 잘한 것으로 나중에 드러났지만, 입학 당시에는 그렇게 보이지 않았다. 아버지가 차로 나를 거기까지 태워다주고 떠난 뒤, 나는 사실 겁에 질려 있었다. 그곳은 여태껏 내가 알고 지냈던 모든 것에서 800㎞나 멀리 떨어져 있었기 때문이다.

첫 일 년은 무척 힘들었다. 좋은 일들도 많았지만, 나는 참기 힘들 정도로 집이 그리웠다. 1학년과 2학년 기간 동안에 나는 주립 메릴랜드 대학교로 전학을 할까도 심각하게 고민했지만, 결국 미시간 대학교를 더 다녀보기로 했다. 그래서 그 후 3년 동안 나는 나 나름대로 살아가게 되었다. 새로운 친구들을 사귀고, 교내 동아리에 가입도 했고, 합창단에서 노래도 불렀고, 아카풀코와 토론토로 여행도 갔고, 미시간 대학교 축구 팬이 되기도 했고…… 그 외에도 예를 들자면 끝이 없다. 이 모든 것을 거치고 났을 때, 나는 두려움이 있음에도 불구하고 활동하는 것의 장점을 알게 되었다. 위험부담은 분명 두려운 것이지만 앞으로 도약하기 위해서는 반드시 필요한 것이라는 사실을 깨달았다!

4학년 초에 나는 건축학의 학위 과정에 들어갔다. 강의를 이틀 듣고 난 뒤 나는 밤늦게까지 연구실에 앉아 판지 조각을 자르곤 했다. 그 조각들을 하나씩 포개어 3차원의 모델을 만들기 시작했던 것이다. 작업을 하고 있을 때, 내 머릿속에서 "이것이 정말로 네가 하고 싶어 하는 일이야?" 하는 불안한 목소리가 들렸다. 건축학은 어려운 학과였다. 석사 학위를 받으려면 대학원에서 2년을 더 공부해야만 했다. 나는 건축학을 전반적으로 좋아했지만, 날마다 고되게 반복하는 학습과제 또는 졸업 후에 그런 종류의 일을 할 것이라는 전망은 마음에 들지 않았다.

몇 가지 이유 때문에 나는 사업 아이디어들과 컴퓨터 신규회사,

그리고 언젠가 나의 회사를 설립할 가능성에 관해 생각하기 시작했다. 그러한 생각이 좀처럼 떨쳐지지 않았기 때문이다. 그 충동이 하도 강해서 나는 며칠 동안 경영학 과정의 강의를 들었는데, 즉시 빠져들고 말았다. 그로부터 또 며칠이 지난 뒤, 건축학 과정을 포기하고서 그날 밤 엉엉 울었던 기억이 난다. 나는 이때도 집을 떠나 대학에 왔던 때처럼 겁에 질렸던 것이다.

게다가 내가 경영학 과정에 들어가서 제때 졸업하기는 이미 늦은 상황이었다. 나는 대학 과정을 4년 이상 다닐 형편이 못 되었다. 미시간 대학교는 그 주에 거주하지 않는 학생들에게는 터무니없이 학비가 비싸서, 내가 학비로 대출받은 금액은 이미 천문학적이었다. 나는 이때 미시간 대학교에서 가능한 모든 학위 과정을 살펴보았는데, '기업 · 경제 · 사회와 관련된 사회학' 이라고 하는 사회학 과정을 발견했다.

그 과정에는 몇 가지 초보 경영 코스가 포함되어 있었다. 또한 다른 일을 접고 필요한 강의에 집중하면 제때에 졸업하는 것도 가능했다. 됐다! 3주 후 나는 학습과제와 씨름하면서 경영과 관련되는 비공식 학위를 얻는 과정에 들어갔다. 경영대학원에 정식으로 등록된 것은 아니었다. 그러나 초보 경영학 코스들은 시장개척과 같은 일들을 폭넓게 이해하도록 만들어 주었다. 또한 사회학의 모든 코스는 나름대로 경영이나 경제학과 연결이 잘 되었다. 자신감이 생긴 나는 가능할 때마다 더 높은 수준의 경영학 강의를 듣기도 했다.

4학년 후반기에는 컨설팅 회사들과 인터뷰를 시작했다. 나는 경영 대학원의 일원이 아니었는데도 불구하고 모든 취업 행사에 참여했다. 그래서 취업 담당자들은 내가 그 프로그램에 속해 있다고 단정했다. 나는 최상위 회사들의 대부분과 인터뷰를 했다. 임원들을 만나기 위해 비행기를 타고 뉴욕 시와 시카고에 갔고, 다른 입사 후보들과 함께 고급 호텔의 방을 배정받았다. 나에게 자리를 제의한 회사는 하나도 없었지만, 그래도 나는 귀중한 교훈을 얻었다. 즉 경계선들을 돌파하려고 시도하기만 하면 돌파구를 찾을 수 있다는 것, 그리고 주요 장애물은 바로 나의 의지라는 사실을 깨달았다.

어쨌든 많은 회사들이 나의 입사를 불허한 것은 문제였다. 나는 졸업과 동시에 실업자가 되었으니까 말이다. 다시금 겁에 질렸다. 당연히, 나는 다른 위험부담을 결정했다. 집으로 돌아가는 대신에 나는 뉴욕으로 이사했다. 메릴랜드 교외보다는 맨해튼이 거절하기 어려운 취업 기회를 더 많이 제공할 것이라고 알고 있었기 때문이다. — 또한 당시에 나는 맨해튼 북동쪽에 거주하던 여학생과 데이트 중이었다는 사실도 언급해야만 한다. 그것이 나의 결정에 지대한 역할을 했다는 것도 인정하지 않으면 안 된다.

석 달 뒤 나는 내 여자 친구 어머니의 아파트에서 살게 되었는데, 여전히 미친 듯이 일자리를 찾고 있었다. 내가 찾아낼 수 있는 모든 회사에 이력서를 디밀었지만, 취업할 가망이 보이지 않았다. 절망감에 사로잡힌 나는 식당에 취업하려고 알아보기 시작했다. 그러다가 드디어 수입이 좋은 해산물 식당의 빈자리를 발견했다.

일주일이 지났을 때 나는 와일리Wiley라고 하는 사람의 전화를 받았다. 그는 온라인 식품주문 서비스의 컴퓨터 신규회사인 심리스 웹SeamlessWeb의 부사장이었다. 당시에 그러한 분야는 새로운 개념에 속했다. 그곳은 약 50명 정도의 종업원이 있는 비교적 소규모 회사였지만, 급속도로 성장하고 있었다. 낮고 탁한 목소리의 와일리는 에너지가 넘쳐흘렀다. 그는 빠른 속도로 말했다. 인터뷰를 하러 자기 회사에 오라고 나를 설득했다. 나는 주말에 그를 만났다. 그리고 와일리와 그 회사가 무척 마음에 들었다. 그러나 불행하게도 그는 나를 채용하지 않았다. 그는 모든 사람이 나를 좋아하지만 나를 필요로 하지는 않는다고 말했다. 그들은 정규직 사원보다는 훨씬 적은 금액으로 부리는 인턴들을 무더기로 고용하고 있었다. 그 후 몇 주 동안 와일리에게 좌우지간에 나를 채용해 달라고 간청하는 이메일을 끊임없이 보냈다. 결국에는 그가 수락했다. 그래서 나도 놀랐다. 나의 위험한 결정과 끈질긴 인내가 '마침내' 결실을 맺은 것이다. 그리하여 나는 뉴욕 시의 컴퓨터 신규회사에서 근무하게 되었다. 그

---

80) 심리스 웹은 내가 그만둔 직후에 아라마크Aramark가 인수했다. 몇 년 뒤 심리스 웹은 그러브허브.Grubhub Inc.,와 합병했는데, 2014년에 주식을 신규 공개했을 때의 시장가격은 거의 30억 달러였다. 나는 그 회사가 1999년에 설립된 지 6년 후에 입사했지만, 내가 입사할 당시만 해도 그 회사는 여전히 컴퓨터 신규회사나 다름없었다. 나는 그 회사의 주식을 보유하지 못했지만, 결국에는 대성공을 거둘 신규회사의 초창기 단계를 경험했으니 다행한 일이었다. 그 성공은 다소 엉뚱한 행운이었지만, 나는 그 회사가 무엇인가를 겨냥하고 있다는 것을 그곳의 팀과 만나는 순간부터 느꼈다. 와일리는 나중에 싱글 플랫폼 Single Platform이라는 회사를 설립했는데, 2012년에 1억 달러의 가격으로 콘스탄트 콘택트 Constant Contact에 팔렸다.

것은 내가 맛본 최초의 성공이었다.

나는 심리스 웹에서 약 6개월가량 일했다. 그 무렵 다른 신입사원 채용 담당자가 내 문을 두드렸다. 내가 보기에는 인력 시장이 다시 달아오르고 있었다.[80] 그 채용 담당자는 키노트 시스템즈 Keynote Systems를 위해 일을 했는데, 이 회사는 닷컴 거품이 꺼지기 전에는 매우 인기가 높고 주식이 공개된 기술 컨설팅 회사였다. 그 주식은 2000년 초에 154달러로 최고치를 기록했다가 2001년에는 14달러까지 곤두박질쳤다. 그 주식 가격은 결코 회복되지 못했지만 회사는 영업을 계속했고, 나는 2005년에 입사했다. 내 월급도 상당히 많이 올랐지만, 웹사이트의 유용성에 관한 통찰력을 얻는 것 그리고 기술 회사가 어떻게 운영되는지를 배울 수 있다는 것에 대한 기대 — 그것이 그 회사에 들어간 주요 동기였다. — 가 더욱 컸다. 나는 언제일지 모르지만, 그것이 나 자신의 컴퓨터 신규회사를 운영할 때 도움이 될 것이라고 생각했다.

키노트 회사는 컴퓨터 신규 회사 운영에 관해 나를 훈련시켜 주지는 않았지만, 그렇게 해줄 수 있는 어떤 사람에게 나를 소개해 주기는 했다. 2006년 여름, 와튼 스쿨 Wharton School의 학부 재학생이 여름 인턴을 뽑는 인터뷰를 하기 위해 우리 사무실에 왔는데, 그의 이름은 조Joe였다. 우리가 인터뷰 질문들을 던지는 동안, 그는 의자에 몸을 비스듬히 기댄 채 알파벳을 읊어대기라도 하듯 태연한 태도로 대답했다. 그는 놀라울 정도로 시종일관 침착했고 자신만만했으며 예리했다. 그에게는 인턴 자리가 필요하지 않다는 것이 분명했다. 그의 자격이 월등하게 뛰어났기 때문이다.

그럼에도 불구하고 그는 어쨌든 취업을 했고, 우리는 친구가 되었다. — 1년 후 그는 나의 공동창업자가 되었다. — 조는 내가 만난 사람들 가운데 가장 영리했다. 내가 그를 만나게 된 것은 내가 마침 키노트에서 근무하고 있었고, 그가 마침 그해 여름에 인턴 자리를 수락했기 때문이다. 우리의 융합은 철석같았다. 우리는 필연적으로 사업을 함께할 운명인 듯이 보였다.

2007년 4월, 조와 나는 사업 아이디어를 컴퓨터 신규회사의 액셀러레이터인 테크스타즈에 제출했다. 테크스타즈의 창업자이자 최고경영자인 데이비드 코헨이 우리에게 연락을 취해, 콜로라도 주의 보울더에서 열리는 최초의 여름 과정 참가자로 우리가 선발되었다고 말했다. 나는 조금도 주저하지 않았다. 그다음 날 직장을 그만두었다. 짐을 싸서 산속으로 들어갈 때가 되었던 것이다. 그리고 그것은 우리를 완전한 원의 궤도에 다시 올려놓는 과정이었다.

나는 데이비드와 브래드를 우연히 만나지 않았다. 내가 그들을 만나게 된 것은 내가 거주하던 주의 주립대학 대신에 미시간 대학에 진학했기 때문이고, 내가 전학을 거부했기 때문이고, 내가 전공과목을 막판에 가서 바꾸었기 때문이고, 내가 졸업 후 아무런 직업도 없이 뉴욕 시로 이사했기 때문이고, 심지어는 거절당했는데도 심리스웹에 취직하겠다고 버텼기 때문이고, 내가 나 자신의 신규회사를 설립하려고 추구하는 동안 여러 직업을 전전했기 때문이고, 그리고 내가 조를 만났기 때문이고, 우리가 테크스타즈에 신청을 했기 때문이다. 우리의 아이디어는 당시로서는 완전히 새로운 것이었지만 입증되지는 않은 것이었다.

이쯤 되면 내가 운명론을 설교하는 것처럼 들리겠지만, 사실은 그렇지 않다. 이렇게 되도록 운명이 결정되어 있지는 않았다. 이것은 믿을 수 없을 정도로 위태로운 일련의 결정들이 초래한 결과였다. '나의 결정들' 이 나를 놀라운 사람들과 만나도록 이끌었는데, 그것은 결코 우연의 산물이 아니었다.

## 일찌감치 참여해라

연결되는 가장 좋은 길 가운데 하나는 일찍 참여하는 것이다. 나의 컴퓨터 신규회사는 2007년에 테크스타즈에 참여했는데, 테크스타즈는 바로 그해에 활동을 개시했다. 그 당시의 테크스타즈는 지금과 전혀 달랐다. 콜로라도 주의 보울더에는 프로그램이 단 하나밖에 없었고, 참가 회사들의 수도 비교적 적었다. 그렇게 느슨한 여건인데도 불구하고, 나는 우리 회사가 맨 마지막에 선발된 것이라고 확신했다. 우리는 표준제품은 고사하고 선전용 견본조차 없었으며, 우리의 최초 아이디어는 쓸모없는 것이었다. 그래도 우리가 선발되었으니 감사할 뿐이었다.

어쨌든 참여하게 된 뒤 우리는 고문들과 이사들로부터 많은 주목을 받았고, 그것은 우리에게 엄청난 도움이 되었다. 나는 테크스타즈의 고문들이 지금도 여전히 일류라고 확신하지만, 그들은 결정적인 그 첫해에 창업자들과 관계를 구축하는 데 더욱 각별한 열성을 쏟아 부었다. 테크스타즈 경영진은 그 회사의 성공 여부가 자신들의 네트워크와 평판의 힘에 달려 있음을 알고 있었다. 우리는 첫해에 그 프로그램에 참여함으로써 특별대우를 받았다.

나의 신규회사가 출범했을 때 우리는 페이스북 플랫폼을 위해 제품들을 만들었다. 그 플랫폼을 만든 것은 페이스북이 개설된 직후였다. 그것은 새로운 개척지였기에, 우리는 그것을 이용했다. 그 플랫폼이 너무나도 새로웠기 때문에 페이스북 이용자들은 새로운 앱들을 시험해 보고 광고들을 클릭하면서 흥분했다. 우리는 그 초창기에 방대한 이용자 베이스를 축적하고 막대한 광고 수익을 얻었는데, 그 이유는 오직 플랫폼이 참신한 것이었기 때문이었다. 여러 해가 지난 뒤, 시장이 성숙되고 경쟁이 더 치열해졌기 때문에 더 이상 페이스북 플랫폼에서 번성하는 것이 쉽지 않았다. 플랫폼에 대한 사용자들의 관심도 전반적으로 줄어들었는데, 그 이유는 제3자 앱을 사용하는 것이 더 이상 참신하지 않았기 때문이다.

결국에는 시장이 모바일 플랫폼들 쪽으로 이동되었다. 그렇다 하더라도 우리는 일찌감치 참여했기 때문에 페이스북의 제의를 이용할 수 있었고, 이것은 우리의 신규회사 개설의 발판이 되었다. 진가 Zynga, 주스크Zoosk와 같은 몇몇 주목할 만한 다른 회사들의 경우도 이와 마찬가지다. 이 두 회사는 처음 출발할 때 페이스북 플랫폼에 전적으로 의존했고, 모두 10억 달러 규모의 회사로 성장했다.

내가 거둔 성공의 많은 부분은 일찌감치 참여한 데서 비롯되었다. 그것은 위태로운가? 그렇다. 잠재적으로 삶의 대전환인가? 그렇다. 다만 내가 좋아하는 식으로 그렇다는 것이다.

### 멩 토우의 기본 계획

테크스타즈와 같은 조직에 일찌감치 참여하는 것은 유익하지만, 필수적인 것은 아니다. 이것은 새로 발전하기 시작하는 시장을 상대하고 있을 때 특히 그러하다. 그러한 시장이 즉시 성장할 수 있도록 역할을 하는 경우가 많기 때문이다. 당신이 시장을 일찍이 상대할 수 있다면 외부의 도움이 필요하지 않을지도 모르지 않는가.

제3단계 — 창조해라. — 를 돌아다본다면, 우리의 캄보디아 친구 멩 토우는 거의 15년에 걸친 부수적 계획들, 자유 계약 직업, 임시 직업들, 그리고 여러 번의 사업 실패에서 얻은 경험과 지식을 이용하여 ≪디자인 플러스 코드≫라는 전자책을 만들어내고 있었다. 그는 4단계 C 가운데 세 가지, 즉 '선택해라, 몰두해라, 창조해라.' 의 단계들을 거쳤다. 그리고 드디어 모든 분투가 그에게 보상을 해오기 시작했다. 멩 토우는 디자인과 프로그래밍이 교차하는 지점에서 시장의 수요를 발견했다. 그는 스케치를 선두로 해서 돌아가는 추세를 이용했다. 그 수요는 멩 토우가 온라인으로 구축한 청중들과 짝을 이루어 즉각적인 판매가 가능하다는 것을 의미했다. 전자책을 처음 출시한 이후 단기간에 재정적 자유를 얻은 그는 계속해서 자신의 열정을 한층 더 멀리까지 뻗칠 수 있었다.

멩 토우는 이제 ≪디자인 플러스 코드≫에 모든 시간을 집중하고 있다. 그가 하는 일은 그것이 전부다. 당연히 다음 단계는 자기가 만들어낸 공동체와 연결하는 것이다. 그는 전 세계의 수많은 도시들을 아울러서 직접 스케치 코스들을 가르치며 활동 영역을 넓히고 있다.[81]

멩 토우는 우리의 논의 과정에서, 비록 친숙한 것이기는 하지만 상당히 탁월한 충고를 해주었다. 그것은 당신이 만나는 모든 연결자로부터 듣는 충고와 비슷하겠지만, 여기서 반복할 가치가 충분하다. 멩 토우는 이렇게 말한다.

"당신은 자신의 결정들에 관해 언제나 잔소리를 들을 것이며, 당신의 결정들에 관한 쑥덕공론은 언제나 있게 마련이다. 내가 스케치

---

81) 멩 토우가 자기 여자 친구와 함께 여행하면서 보낸 그해를 기억하는가? 자, 이제는 이익을 낳을 때다. 멩 토우는 경험이 풍부하고 세상 물정에 밝은 여행가이다. 그 덕분에 스케치 코스를 가르치기 위해 전 세계의 많은 도시들을 여행할 때 많은 도움을 받는다. 이것은 점들을 나중에 연결하는 것의 예가 된다. 당장에는 전혀 짐작할 수 없을 정도로 불확실하게 보이더라도, 당신의 체험이 미래에 도움이 될 것이라고 믿어라.

에 관해 처음 글을 썼을 때 수많은 사람들이 '이 사람은 누구냐? 그는 왜 스케치에 관해 떠들고 있느냐? 이 새로운 앱은 뭐냐?' 라고 말했다. 또한 책을 집필하는 것에 대해 사람들은 '당신은 작가도 아니다. 심지어 영어 실력조차 형편없다!' 고 폄하하기까지 했다. 이런 종류의 비판에 대한 나의 적절한 대꾸는 '그래서 어쨌다는 거냐?' 라고 하는 것뿐이라고 생각한다."

멩 토우는 잠시 말을 멈춘 다음에 다시 입을 열었다.

"그래서 어쨌다는 거냐? 또한 사람들은 무슨 일이든 실제 상황보다 더 비현실적인 것으로 받아들이는 경향이 있다. 사실, 당신이 결정을 내릴 때 자신이 무엇을 정말로 하려고 하는지는 그다지 분명하지 않다. 지금의 나는, 일을 이루었기 때문에 타당성이 있다고 말할 수 있지만 말이다. 그러나 과거를 돌이켜보면, 나는 다만 내가 중요하다고 생각하는 것을 디자이너들이 배우도록 도와주겠다는, 그리고 내가 할 수 있는 한 최선의 방법으로 그 일을 하고 싶다는 일반적인 아이디어만 가지고 있었다. 내가 생각한 것은 그것이 전부였다. 나는 가르치는 일은 생각하지도 않았고, 지금과 같이 직업적으로 여행하는 것도 생각하지 않았다. 책을 집필하기 전에는 책을 쓰겠다는 생각조차 하지 않았다. 물론 당신이 10여 편의 논문을 쓴 경우라면 책의 저술 또한 타당성이 있는 일이다. 왜냐하면 그 논문들이 모여서 결국 책이 될 수 있기 때문이다. 하지만 무슨 결정이든 그 결정을 내릴 당시에는 일이 너무나도 촉박하여, 당신은 그저 '일을 하고 있을 뿐' 인 상태에 있을 것이다."

"당신은 자신의 계획에 대해 막연한 개념만 품고 있다. 그것을 어떻게 실행할지에 대한 정확한 계획은 없다. '나는 몇 달 동안 여행을 할 것이다. 나는 이 사람을 만날 것이다. 이것이 내가 글로 다루고 싶은 주제다. 이것들은 내가 해결하고 싶어 하는 문제들이다. 그리고 나는 이것을 내가 제일 잘하는 방식으로 포장하고 싶다.' 는 것과 같은 막연한 아이디어를 가지고 있다. 물론 당신은 이 모든 자질구레한 것들을 알고 있다. 그러나 이 모든 것이 어떻게 하나로 합쳐질 것인지, 그리고 그것이 정확하게 어떤 형태를 취할 것인지는 모르고 있다."

내가 멩 토우를 인터뷰했을 때 그는 — 물론 스케치 코스를 가르치기 위해 — 밀라노에 있었고, 나는 로스앤젤레스에 있었다. 하지만 나는 내 컴퓨터 스크린에서 그의 얼굴 표정을 명확하게 볼 수 있었다. 그는 현명한 사람처럼 보였다. 그리고 사물의 이치를 깨달은 사람처럼 보였다. 가난한 캄보디아 출신의 이민 소년이 이제는 행복하고 부유한 어른이 되어 있었다. 그는 자신이 나아갈 목적의 아크를 발견했고, 4단계 C — 즉 선택해라, 몰두해라, 창조해라, 연결해라. — 의 과정을 따라갔다. 멩 토우는 선천적으로 그 공식을 알고 있는 것처럼 보이기도 했는데, 이제는 자신의 꿈을 현실로 실현시키면서 전 세계를 여행하고 있다.

## 도움을 요청하지 마라?

대부분의 시나리오는 멩 토우의 이야기와 다르다. 혼자서는 동아리를 이루기 어렵다. 당신이 목표를 달성하는 데 추가적인 원천들과 기술이 필요하다면, 그것은 문제될 것이 전혀 없다. 하지만 반드시 올바른 방법으로 달성할 필요는 있다!

그러니까 연결의 목적은 도움을 얻는 것이 아니라는 원칙을 나는 당신의 뇌리 속에 한층 더 깊이 새겨주고 싶다. '연결의 목적은 관계를 구축하는 것이다.' 관계가 구축되고 나면, 그것은 더 이상 도움의 통로로만 그치는 것이 아니라 서로 지원하는 친구의 관계가 되는 것이다. 진정한 가치는 가끔 베푸는 호의가 아니라 이러한 관계 안에 있으니까 말이다. 이것은 당신이 누군가의 도움을 필요로 하기에 앞서 '그 이전에' 일찌감치 관계를 구축해 놓아야 한다는 의미다.

그러기 위해서 당신은 당신과 다른 사람을 함께 모으는 공동의 광장을 발견하고, 그 수준에서 먼저 연결해야 한다. 관계는 디지털 세계에서도 발전될 수 있지만, 그렇다 하더라도 최초의 연결은 오프라인으로 또는 실생활의 현장에서 이루어지는 것이 가장 좋다.

서카Circa의 최고경영자이자 테크스타즈의 동료인 매트 갤리건Matt Galligan은 연결을 이루는 것을 데이트와 관련해서 이렇게 설명한다.

당신의 목표가 경력이라면, 당신의 목표가 네트워크라면, 당신은 그것이 데이트하는 것과 똑같다는 사실을 이해할 필요가 있다. 그리고 하루가 끝날 때의 당신 목표는 단순히 연결되는 것만이 아니라 한 번 더 데이트하는 것이 되지 않으면 안 된다.[82]

## 도움을 요청해라

모든 도움은 원래부터 동등한 것이 아니다. 고위층과 연결된 사람에게 관계를 구축할 의향도 없이 엄청난 호의를 요청하는 것은 말할 수 없이 잘못된 아이디어지만, 사소한 지원을 요청하는 것은 탁월한 아이디어다.

나는 노숙자들을 볼 때마다 '맙소사! 분명히 힘들 거야.' 라고 속으로 생각한다. 노숙자의 삶이 실제로 힘들다고 확신하기 때문이다. 그러나 노숙자가 계속 돈을 구걸하는 것은 실제로 어느 정도 구걸이 통하기 때문이다. 나는 노숙자들 중에서 가장 부지런한 사람이 가장 게으른 사람보다 1년에 얼마나 더 많은 돈을 구걸해서 버는지 알고 싶다는 호기심에 사로잡혔다. 단언하지만, 그 차이는 대단히 크다. 노숙자의 구걸 성과에 영향을 미치는 변수는 여러 가지이지만, 가장

82) http://tinyurl.com/qaam9pg

중요한 것은 아마 사람들의 왕래의 빈도(즉 그가 자리하고 있는 위치)일 것이다.

근본적으로 그것은 숫자의 게임이다. 어떤 사람들은 가난한 사람에게 돈을 주지만, 어떤 사람들은 그렇지 않다. 내가 5명에게 기부를 요청할 때보다는 10명에게 요청할 때 기증받을 확률이 더 높다. 100명에게 요청한다면 확률이 그보다 훨씬 더 높을 것이다. 1천 명에게 요청한다면 아마 나는 돈방석에서 뒹굴 것이다. 물론 돈방석에서 뒹굴지 못할지도 모르지만, 대신 나는 아이디어를 얻게 된다. 만일 당신이 합리적인 어떤 것을 많은 수의 사람들에게 요청한다면, 심지어는 대가가 전혀 없는 것이라고 해도 결국에는 그것을 얻을 것이다. 타임스퀘어에 있는 노숙자가 범블퍼크의 메인 스트리트에 있는 노숙자보다 현금 적선을 더 많이 받고 있다는 것은 거의 확실하다.

노숙자들이 적선의 최소한을 정해서 그것을 요구하는 것이 아니라는 점에 주목해라. 그들은 무엇이든 주는 대로 받고 고맙게 여긴다. 융통성 있는 이 사고방식을 당신도 일상생활에서 활용할 필요가 있고, 실제로 활용하지 않으면 안 된다.

최고경영자는 아무런 대가 없이 당신에게 자신의 두 시간을 내주지는 않을 것이다. 그러나 2분은 내줄지도 모른다. 그가 거절하면 다시금 요청해라. 그래도 거절하면 몇 번 더 요청해라. 그런 다음에 다른 최고경영자에게 요청해라. 그러고는 또 다른 최고경영자에게 요청해라. 그런 다음에는 2분 대신에 1분을 요청해라. 당신은 아이디어를 얻을 것이다. 충분히 시도하고 졸라대기를 한 끝에 마침내는 당신을 도울 누군가를 만날 것이다.

### 전화 또는 메일로 자신의 일에 대해 알리기

전화로 무엇인가를 권유하는 것은 당신이 생각하는 것보다 더 큰 효과를 발휘한다. 당신이 의미 있는 일을 하고 있다면, 사람들은 놀라울 정도로 잘 받아들여줄 것이다.

내가 나의 신규회사를 떠난 다음 무엇을 할지 궁리하고 있을 때, 나에게는 두 가지 선택이 가능했다. 하나는 이 책을 집필하는 것이었다. 또 하나는 모바일 앱이었다. 나는 이 두 가지를 모두 실험했다.

여러 주가 지났을 때 나는 내가 고려하고 있던 앱의 원형을 얻었다. 그 원형은 포토샵에서 디자인된 하이파이 모형의 세트였다[83]—. 나는 그 모형을 인비전InVision이라고 불리는 프로그램에 도입했다. 디자인된 것들을 소프트웨어에 연결하게 해주었는데, 그것은 예술작품에 불과했는데도 불구하고 마치 작동하는 제품처럼 느껴졌다. 그다음에 나는 비디오를 무료로 공유하는 사이트인 비미오Vimeo를 이용하여 그 제품의 선전용 견본 비디오를 제작했다. 그리고 나는

83) 나는 회사에 근무하는 동안 와이어프레임과 모형 만드는 것을 배웠다. 그것은 매우 유용한 기술임에 틀림없다. 이것은 부산물, 그리고 점들을 나중에 연결하기의 단적인 예다.

반응을 살펴보았다.

반응은 매우 복합적인 것이어서, 결국은 나로 하여금 이 책에 집중하도록 만들었다. 하지만 원형을 제시하는 일은 매우 흥미로운 체험이었다. 내가 접촉했던 개발회사들에서 모두 회신을 보내왔다. 그것은 예상된 일이었다. 왜냐하면 나는 잠재적 고객이었기 때문이다. 그렇다 해도 '모든' 회사로부터 회신을 받은 것은 매우 놀라운 일이었다. 나의 고문들도 모두 답해 왔다. 나는 이미 그들 대부분을 알고 있었기 때문에 그것 역시 예상된 일이었다.

가장 놀라운 것은 포스퀘어 Four Square라고 하는 회사의 공동창업자들 가운데 하나인 네이빈 셀바두라이 Naveen Selvadurai에게서 온 응답이었다. 나는 그에게 말을 건 적이 전혀 없다. 친분이 전혀 없는 사이였다. 나는 그가 재주 있는 사람이라는 것은 알아차렸다. 내가 수집할 수 있었던 정보에 따르면, 그는 매우 현실적이지만 호감을 주면서도 영리한 사람이었다. 나는 페이스북에서 네이빈을 찾아낸 다음 그에게 메시지를 보냈다. 그 메시지는 매우 간단했다. 인사말에 이어서 나는 내가 작업하고 있던 것에 관해 설명하고, 선전용 견본 비디오를 보냈다. 며칠 후 그는 답장을 보내왔고, 우리는 제품에 관해 대화를 나누었다. 그는 나에게 몇 가지 유용한 식견마저 제공해 주었다. 나는 네이빈이 연락을 주리라는 것을 전혀 예상하지 못했다. 그러나 그가 보여준 관심과 친절은 나를 압도했다.

다른 사람들과 접촉이 불가능하다고 지레 단정하지 마라! 심지어 당신이 그들에게 말을 건 적이 전혀 없다고 해도, 심지어 그들이 창업자들 또는 최고경영자들 또는 백만장자들이라 해도, 지레짐작으로 불가능하다고 단정하지 마라.[84]

## 눈덩이처럼 언덕을 굴러 내려가라

'눈덩이 표본 추출'[85]은 사회학적 · 통계학적 연구에서 자주 사용되는 조사 방법론이다. 이것은 매우 간단한 개념이다. 조사자는 목표가 되는 표본을 확인하고, 그다음에는 그 공동체 안에 있는 사람들에게 접근한다. 그들에게 연구에 참여할 동기를 자주 부여하면서 접근하는 것이다. 어떤 사람과 연결을 한 다음, 조사자는 그에게 목표 표본의 요건에 적합한 다른 사람과 개인적으로 접촉해 달라고 요청할 것이다. 참여자들은 연구 과정을 통해서 이런 식으로 확보되는데, 이것은 눈덩이가 언덕을 굴러 내려가면서 다른 눈을 추가하는 방식과 유사하다. 이 기법은 '연쇄 표본 추출' 또는 '위탁 표본 추출'이라고도 알려져 있다.

---

84) 내가 접촉한 사람들 가운데에는 전혀 응답하지 않은 사람들도 물론 있다. 모든 사람들이 다 응답할 것이라고 단정하지 마라. 그것은 사사로운 일이 전혀 아니다.

85) http://en.wikipedia.org/wiki/Snowball_sampling

나는 결국 나의 학위 논문이 될 사례 연구를 위해 대학에서 화이자Pfizer 회사 종업원들을 인터뷰할 때 이 방법을 사용했다.

눈덩이 표본 추출은 마약 거래자들 또는 포르노 배우들처럼 숨겨져 있거나 눈에 잘 띄지 않는 집단과 관련되는 연구에 자주 사용된다. 이러한 사람들은 접근하기가 매우 어려우므로, 개인적 연결선을 통해 그 집단에 침투하는 것이 그들 모두를 개별적으로 접촉하는 것보다 더 효과적이다. 당신이 만일 많은 마약 거래자들이나 포르노 배우들과 연결되기를 바란다면, 이제 그 공식을 얻은 것이나 다름없다. 그러나 이 표본 추출 기법은 비밀집단에 대해서는 그다지 유용하지 않고, 정상적인 집단이지만 접근이 어려운 사람들을 만나는 데 효과가 있는 탁월한 공식이다.

이 과정에서 가장 중요한 단계는 최초의 연결이다. 당신은 반드시 최고 우두머리를 만날 필요가 있는 것이 아니다. 다만 그 집단과 선이 닿고, 그 선을 통해서 파고들기 시작할 필요가 있을 뿐이다. 최고 우두머리를 전혀 만나지 못한다 해도 당신은 그 과정에서 모든 종류의 다른 놀라운 사람들을 만날 것이다. 최초의 연결을 이루는 데 있어서는 대개 동기 부여가 유리하다는 점을 명심해라.

테크스타즈에 신청할 때, 나의 공동창업자와 나는 어떤 공동체에 접근하는 동기를 실제로 제시했다. 우리는 우리 자신을 소개했고, 우리 아이디어를 제시했으며, 그것이 어떻게 번창하는 사업이 될 수 있는지도 설명했다. 테크스타즈는 우리의 계획을 검토했고, 자기들의 시간을 거기 투입할 가치가 있다고 판단했다. 그들은 그 대가로 자기들이 무엇인가 얻을 잠재력이 있다고 믿었다. 그래서 우리를 자기들의 네트워크에 끌어들인 것이다.

바로 그 시점부터 나는 다른 식으로는 접근이 거의 불가능했을 수많은 벤처 자본가들, 최고경영자들, 그리고 컴퓨터 신규회사의 권위자들에게 소개되었다. 나는 나 자신도 모르는 새 눈덩이 표본 추출을 하고 있었다. 물론 나는 조사 연구를 위한 표본 하나를 만드는 대신에 개인적 관계들을 구축하고 있었다. 나의 삶에 중대한 의미를 부여해 줄 수 있는 대단한 인물들과 연결을 하고 있었으니까 말이다.

이것을 네트워킹이라고 생각하지는 마라. 대신에, 유용한 공동체들을 발견하는 일이라고 생각해라. 이 공동체들에 당신을 연결하고, 탐색을 시작해라. 그리고 눈덩이처럼 언덕을 굴러 내려가기 시작해라.

## 어디에서 연결할 것인가?

연결은 당신이 위치하고 있는 곳과 긴밀한 관련이 있다. 당신이 사는 곳은 시골 마을인가, 아니면 도시인가? 당신은 직장 밖의 다른 활동들에 참여하는가, 아니면 그저 텔레비전을 보다가 잠이나 자는 일을 반복하는가? 당신은 다른 영리한 사람들이 모여들 가능성이 많은 행사에 참석하는가, 아니면 술집에 가서 홀짝거리며 술을 마시거나 노닥거리는 것을 일삼는가? 당신이 줄기차게 교제해 온 친구들은 당신보다 더 맥 빠진 사람들인가, 아니면 야심만만한 사람들인가?

이 선택들은 당신이 누구를 만날 것인지, 그리고 당신이 어떤 인물이 될 것인지에 대해 막대한 영향을 미친다. 대단한 인물들을 만나기에 좋은 장소들 가운데 몇 가지 예를 들면 아래와 같다.

### 과외활동들

당신이 만일 자신의 열정을 추구하고 있다면, 그것을 독자적으로, '그리고' 사회적으로 하고 있어야만 한다. 당신의 관심을 끌고 있고 또한 당신이 가입할 수 있는 그러한 클럽이 있는가? 없다면, 당신이 하나 설립할 수 있는가? 이것은 현실 세계 또는 가상 세계에서 이루어질 수 있다.

링크드인LinkedIn에 그룹을 만들어라. 미디엄Medium에 글을 올려서 지지 세력을 규합해라.[86] 미트업Meetup을 계획해라. 당신의 관심거리들을 사회 무대에 옮기기 위한 선택은 많다. 당신의 열정을 제시하기 위해 공동체에 접근할 때, 당신은 동일한 열정을 공유하는 사람들을 자연스레 끌어당길 것이다. 사람들은 약간 흥미를 느낀다고 해서 클럽과 그룹에 가입하지는 않는다. 그들은 '엄청난' 흥미를 느

86) 멩 토우는 이 접근법을 사용하여 대성공을 거두었다.

낄 때만 가입하는데, 당신이 만나고 싶어 하는 것은 바로 이런 사람들이다.

- 링크드인 : https://www.linkedin.com/
- 미디엄 : https://medium.com/
- 미트업 : http://www.meetup.com/

### 인턴이 되는 것

나의 공동창업자와 내가 만나게 된 것은, 그 이전에 나를 고용한 회사에서 그가 인턴이 되기로 결정했기 때문이다. 인턴이 되면 당신은 자신의 경력과 삶을 위해 멋진 일을 할 수 있다. 인턴이 된다는 것은, 그 주요 목적이 재정적 이득이 아니라는 면에서 액셀러레이터 프로그램의 개념과 유사하다. 그 주요 목적은 체험, 연결, 그리고 당신이 받을 자문이다.

당신이 인턴이 되겠다고 한다면, 그러한 정신자세로 일을 시작해야만 한다는 것을 명심해라. 그리고 가장 탁월한 사원들과 친분을 쌓아라. 당신의 모든 것을 투입해라. 돈이란 몇 달이 지나면 바닥나는 것이지만, 연결과 체험은 평생 동안 지속되는 것이다.

### 대 학

대학은 연결자들 — 또는 미래의 연결자들 — 을 발견하고 그들과

의 관계를 구축하는 가장 좋은 온상들 가운데 하나다. 대학 캠퍼스는 우수한 인재들로 가득 차 있다. 교수들, 학부 재학생들, 대학원생들 — 이들은 모두 당신을 위해 대학의 관계부서가 사전 심사를 끝낸 사람들이다. 또한 대학에서는 일과표를 융통성 있게 조절할 수도 있으므로 그룹 프로젝트에서 일하는 것이 더 쉽다.

내 생각이긴 하지만, 대학에서 강의를 들음으로써 얻는 이익은 탁월한 사람들과 연결되는 것, 그리고 우정을 지속시키면서 그들과 돈독한 관계를 만들어 가는 등의 이익에 비하면 이차적인 것이다. 그렇다고 당신에게 강의를 모조리 외면하라고 말하는 것이 아니다. 다만 당신 주위의 공동체를 잘 활용하라고 말하는 것이다. 오로지 학위를 얻기 위해서만 대학에 다니고 있다면, 당신은 정말 아까운 기회를 놓치고 있다는 사실을 유념해라!

### 액셀러레이터들

테크스타즈와 같은 컴퓨터 신규회사 액셀러레이터들은 새로운 종류의 대학이다. 나는 이들을 대학의 대체기관이나 보조적인 교육기관으로 적극 추천한다. 액셀러레이터들은 극도로 경쟁적이고 집중적이다. 최고의 대학과 같은 이것들이 협동적이고 지원적이며 단단하게 뭉쳐진 공동체가 된 것은 극히 당연하다.

테크스타즈에서 내가 겪은 체험은 참으로 놀라운 것이었다. 그 프로그램을 마친 지 7년이 지난 지금도 여전히 나는 거기서 만났던 고문들과 친구들을 접촉하고 있다. 그 네트워크 내부의 역량과 우정은 내가 체험했던 모든 것과 전혀 달랐다. 이메일과 테크스타즈 특유의 다른 통신 도구들을 통해 나는 최고경영자들끼리의 상호 연결, 구글과 페이스북 같은 선두 회사들과 맺는 독점적 동업관계, 그리고 테크스타즈만이 제공할 수 있는 특수한 거래관계와 특권을 목격했다.

당신은 액셀러레이터 프로그램에 참여함으로써 당신의 삶을 변화시킬 수 있다. 그런 의미에서 보면 '촉진자' 라는 호칭이 적절하다. 이것은 당신을 탁월한 사람들과 연결하고, 그다음에는 당신의 직업적 · '그리고' 개인적 발전 속도를 증가시킨다. 하지만 당신은 반드시 회사의 자격으로 액셀러레이터 프로그램에 참여할 필요는 없다. 사원 또는 인턴의 자격으로도 신청할 수 있으니까 말이다. 그 생태계에 당신 자신이 들어가는 것이 모든 면에서 가치 있는 일이다.

### 컴퓨터 신규회사들 Startups

컴퓨터 신규회사들은 원래부터 연결자들로 가득 차 있다. 이 연결자들은 일을 자발적으로 하는 사람들과 위험을 부담하는 사람들이다. 당신이 신규회사를 설립하거나 거기서 일을 할 때에는 당신만큼 열정적이고 희망에 찬 사람들의 클럽에 가입한 것이나 마찬가지다.

신규회사는 종점이 될 수 있는 한편, 미래를 위한 새로운 기회들을 만들어낼 수도 있다. 페이팔Paypal의 최초의 핵심 팀은 일반적으로 페이팔 마피아 Paypal Mafia라고도 호칭되는데, 그 이유는 페이팔

이 이베이eBay에 팔린 뒤 초기 사원들의 대부분이 다른 회사들을 설립했기 때문이다.

페이팔 마피아의 구성원들 가운데 가장 잘 알려진 인물들을 일부 소개하면, 피터 틸 Petr Thiel(페이스북 초기 투자가, 팔란티르Palantir 창업자, 파운더스 펀드Founders Fund 운영 파트너), 리드 호프먼 Reid Hoffman(링크드인LinkedIn 창업자), 맥스 레브친 Max Levchin(슬라이드Slide 창업자), 룰로프 보타 Roelof Botha(세쿼이아 캐피털 Sequoia Capital 파트너), 데이비드 삭스 David Sacks(제니 · 야머 Geni and Yammer 두 회사의 창업자), 채드 헐리 Chad Hurley(유튜브 YouTube 창업자), 엘론 머스크 Elon Musk(스페이스엑스SpaceX, 테슬라모터스 Telsa Motors 두 회사의 창업자), 제리 스토플먼 Jerry Stoppleman(옐프Yelp 창업자), 데이브 맥클루어 Dave McClure(500 스타트업스 Startups 창업자) 등이다.

페이팔의 초기 팀 구성원들 가운데 이토록 많은 사람이 놀라운 일들을 이룩하게 된 것은 우연의 일치인가? 나는 그렇게 생각하지 않는다. 그들은 모두 후속 벤처를 시작할 때 그 분야에 관해 이미 알고 있었다. 그들은 페이팔에서 이미 숙달되어, 모든 준비가 되어 있었던 것이다.

### 온라인 포럼들 / 블로그들 / 앱들

인터넷의 코멘트 구역에 매달리는 논객들은 수도 없이 많다. 블로그 전문 플랫폼들과 통신 앱들이 유사한 환경을 제공하기 때문에 이러한 경로를 통해 공통된 관심을 가진 사람들을 찾아내는 것이 어렵지 않다. 그것들은 대개 주제별로 특화되어 있고, 검색이 가능하다.

나는 내 회사를 떠난 다음 새로운 사업계획을 궁리하는 중에 위치기반의 새로운 채팅 앱, 즉 '리플Ripple'을 발견했다. 그 앱은 3명이 한 팀을 이룬, 하찮은 신규회사가 만든 것이었다. 나는 창업자와 비교적 쉽게 접촉했고, 그는 자기가 리플에 매달려 바쁘기 때문에 다른 계획들에 시간을 낼 수 없다고 친절하게 설명해 주었다. 그의 응답은 충분히 납득이 가는 것이었다.

그러나 온라인 조사를 해보고 나서 나는 그의 삶이 '커넥션 알고리듬'의 원칙들을 유감없이 반영하고 있다는 것을 발견했다. 그는 리플을 창업한 데 이어서 '스케치Sketch'라고 불리는 새로운 소프트웨어 프로그램에 관한 책을 집필하고 있는 중이었다. 그의 이름은? 바로 멩 토우 Meng To였다! 나는 그의 이야기를 나와 함께 공유할 의향이 있는지 물었고, 물론 그는 동의했다.

채팅 앱을 내려받는 단순한 행동이 — 나중에 이 책의 필수불가결한 일부분이 된 — 동료 연결자를 만나도록 나를 인도한 것이다. 세상은 이러한 기회들로 가득 차 있다. 나는 반드시 연결을 찾겠다고 기를 썼던 것은 아니다. 나는 그냥 눈을 뜨고 있었을 뿐이다.

### 코멘트 시스템들

디스커스Disqus와 같은 통합된 코멘트 시스템들, 또는 쿼라Quora

같은 단독 코멘트 서비스들도 연결을 이루는 멋진 장소들이다. 인터넷에서 코멘트를 하는 영리한 사람들은 매우 많다. 그 이유는 그들이 그렇게 해서 자신의 신빙성을 증가시키기 때문이다. 몇 시간 동안 여기저기 파고들다 보면 최상위층의 연결자들에게도 도달할 수 있다.

당신의 흥미를 끄는 누군가를 발견하면, 그의 정보에 표시를 해두어라. 당신이 제3단계 — 창조해라. — 를 마친 다음에 그에게 메시지를 보내라.

### 미트업 Meetups

당신이 이미 눈치를 챘겠지만, 미트업Meetups은 사람들을 만나는 멋진 장소가 될 수 있다. 나는 여러 해 전에 나의 신규회사에서 일할 지역 인재를 채용하기 위해 www.meetup.com을 통해서 몇몇 미트업에 참여했다.

미트업에 참여하는 경우, 당신은 자기 속을 털어놓지 않으면 안된다. 만약 낯선 사람들에게 자기 이야기를 하고 싶지 않다면, 거기 가지 마라. 그것은 시간 낭비가 될 것이다.

미트업은 사람들이 자주 의도적으로 네트워킹을 하기 때문에 불편할 수도 있다. 나는 이것이 불쾌하게 여겨져, 수많은 사람들의 폭격을 받을 우려가 없는 여건을 더 선호한다. 어쨌든, 미트업에 참여하면 목표 그룹의 사람들과 단기간에 연결되는 것이 허용된다.

## 회 의

회의는 스테로이드 성분의 미트업 같은 것이다. 나는 회의에 참석한 적이 별로 없지만 더 많이 참석하려고 계획하고 있고, 당신도 그래야만 한다. 당신이 적당한 시기에 열정 넘치고 가치 있는 사람들의 모임에 참석한다면, 가치 있는 연결들이 회의를 통해 이루어질 수 있다.

내가 아는 가장 큰 규모의 회의에는 SXSW(South by Southwest), 99U, 테크크런치TechCrunch, 디스럽트Disrupt, 론치 페스티벌Launch Festival 등이 포함되어 있다. 이것들은 대개 기술과 디자인 중심의 회의지만, 수도 없이 많은 각양각색의 회의가 있다.

당신의 관심 분야를 전문으로 다루는 회의를 찾으려면 단순한 구글 검색을 실시해라. 그리고 최소한 한 가지 회의에는 참석해라. 나도 나 자신의 충고를 따를 계획이다. 어쩌면 당신을 거기서 만나게 될지도 모른다.

## 단골손님

끝으로 한마디 하겠는데, 이것의 중요성은 결코 적은 것이 아니다. 당신은 단순히 단골손님이 되는 것만으로도 탁월한 사람들을 만날 수 있다. 물론이다! 그렇기에 당신은 적절한 그룹과 어울리는 단골이 되어야만 한다.

지난 주말에 나는 해변에서 모래밭 배구를 했다. 그다음에는 바에

갔다. 이 두 군데에서 나는 사업가들을 만났다. 그 가운데 한 사람은 오스트레일리아에서 부동산 회사를 경영하는데, 미국에서 새로운 사업을 시작하려고 물색 중이었다. 그의 친구들은 각각 맥주 회사를 경영하고 있었다. 모두 사업 수완이 좋았다. 나는 처음부터 우리 집에서 가까운 곳에 사는 대학 친구 사이먼Simon의 초청을 받았기 때문에 그들을 만났다. 사이먼은 미시간 경영대학원을 졸업했고, 기술 판매에 종사하고 있다. 그는 많은 사람들을 안다.

영리한 사람들은 영리한 다른 사람들을 안다. 그러니까 그들 그룹의 단골이 되어, 그들과 어울려라. 그리고 어떻게 되는지를 살펴봐라.

## 개인적 가치와 습관

신규회사를 운영하고 있을 때 내가 맡은 책임 가운데 하나는 우리 회사의 가치들을 문서로 정리하여 간결하고 편리하게 압축하는 것이었다. 그것은 우리 회사와 직원 전체에 대해 정의하는 것을 의미했다. 그것은 근본적으로 우리의 헌장이었다.

대부분의 회사들은 이와 유사한 헌장 또는 일련의 헌장을 가지고 있다. 그 명칭은 '핵심 가치', '문화적 관습', '회사 핸드북' 등 다양하다.

이러한 문서들의 목적은 회사의 문화적 · 운영상의 신념들을 정의

하는 것이다. 이것은 회사 이미지에 도움이 된다. 그 이유는 이것이 행동양식을 지도하고, 의사결정을 도우며, 모든 사람이 계속 집중할 수 있는 공동 목표를 만들 수 있기 때문이다. 회사의 가치들을 확립한 다음, 나는 그 가치들이 — 심지어 우리가 원래 회사에 대해서만 적용하려고 의도했다 해도 — '개인적' 가치들이 될 수도 있다는 것을 깨달았다.

개인의 입장에서는 자신의 가치를 이토록 엄격하게 고려해서 표출하는 것이 쉽지 않다. '어떤 조직에서 그 조직의 가치들이 팀 전체에 전파될 수 있도록 통합적 문서를 작성하는 것은 이치에 맞는 일이지만, 개인의 경우에는 자신의 가치를 원래부터 '알고 있는 것' 아닌가?' 나는 이 질문을 스스로 해보았다. 그런데 실상은 내가 나의 가치들을 모르고 있다는 사실을 깨닫고는 무척 놀랐다. 넓은 의미에서는 느끼고 있었지만, 명확하게 인지하고 있는 것은 하나도 없었으니까 말이다. 그래서 우리 회사의 문서들에서 '많은' 암시를 받으며, 나의 가치들을 적어 내려갔다. 그것들은 아래와 같다.

**가치들**

1. 나는 나 사신의 '지도자'다.
2. 나는 나의 노력에 관해 '열정적'이다.
3. 나는 '품질'을 높이 평가한다.
4. 나는 '탐색'하기를 좋아한다.

5. 나는 '개혁적' 이다.

6. 나는 '정직' 하게 소통한다.

7. 나는 '상냥' 하다.

8. 나는 다른 사람을 '존중' 한다.

9. 나는 '자신감' 이 있지만 겸손하다.

10. 나는 '현실' 에 근거를 둔다.

우리 회사는 조직이 갖고 있는 습관들의 목록도 만들었다. 아래에 나의 목록을 적어 봤는데, 역시 회사의 목록을 참고한 것이다.

**습관들**

1. 의미를 찾아라.
2. 이기적이 되라.
3. 건강해져라.
4. 결정들을 내려라.
5. 생산적이 되라.
6. 거시적으로 생각해라.
7. 미니멀리즘minimalism(최소주의)을 포용해라.
8. 가치를 창조해라.
9. 관계들을 구축해라.
10. 재미를 즐겨라.

위의 두 목록은 의도적으로 짧게 만들었다. 왜냐? 그것이 기억하기가 더 쉽기 때문이다. 그것들 뒤에는 여전히 많은 생각이 도사리고 있으니까 안심해라. 위 목록들을 확대하면 아래와 같은 것이 된다.

## 가치들

### 나는 나 자신의 '지도자' 다

나는 언제나 나 자신을 위해서 생각한다. 이것은 내가 다른 사람들을 추종할 수 없다거나, 팀의 일원이 될 수 없다거나, 동정심을 품을 수 없다는 말이 아니다. 다만 나는 세파에 휩쓸려 정처 없이 떠내려가서도 안 되고, 정신을 차린 채 뚜렷한 의도를 발휘하여 모든 결정을 내릴 필요가 있다는 의미다.

### 나는 나의 노력에 관해 '열정적' 이다

나는 언제나 열정과 목적을 추구한다. 내가 만일 오로지 다른 이유 — 돈 · 명성 · 권력 등 — 때문에만 어떤 일을 하고 있다고 깨닫는다면, 그것을 중지하고 다른 것을 하지 않으면 안 된다.[87]

---

87) 이것은 내가 돈 · 명성 · 권력을 위해 일을 할 수 없다는 뜻이 아니다. 다만 열정이 언제나 본질적인 힘이 되어야만 한다는 뜻이다.

### 나는 '품질' 을 높이 평가한다

나는 고정되기를 바라지 않는다. 나는 내가 하는 것, 말하는 것, 굳게 믿는 것을 자랑스럽게 여기고 싶다. 그렇게 되려면, 나는 내가 하는 모든 것에서 높은 품질을 의식적으로 찾아내야만 하고, 높은 품질을 구성하는 것에 관한 안목을 길러야만 한다.

### 나는 '탐색' 하기를 좋아한다

나는 언제나 호기심을 품고, 더 많이 배우려고 추구하고, 새로운 것을 시도한다. 그렇기에 나는 나의 체험들에 대해 반성해야만 한다. 그렇게 하지 않는다면 나는 성장하지 못한다.

### 나는 '개혁적' 이다

나는 사물들의 현재 상태에 대해 의문을 던지고, 그것들을 증진시키고 개선하고 재발명하기 위해 노력한다.

### 나는 '정직' 하게 소통한다

소통은 사회생활의 핵심이다. 나는 평소에 개방적이지만, 정직해지는 것이 어려울 때에도 그렇게 하려고 노력한다. 정직함은 나의 고결함 · 인격 · 평판에 기여하기 때문이다.

나는 '상냥'하다

나는 세상에서 홀로 사는 것이 아니다. 그렇기에 나는 다른 사람들의 정서를 존중하고, 그들의 말에 귀를 기울이고, 가능한 한 동정심을 베풀려고 애쓴다. 다른 사람들을 이해하는 것은 우리 자신을 이해하는데도 도움이 되기 때문이다.

나는 다른 사람을 '존중'한다

나는 편견 없이 다른 사람들을 존중한다. 사람은 누구나 자기 자신의 이야기, 자기 자신의 투쟁, 그리고 자기 자신의 승리를 지니고 있기 때문이다. 무조건적인 존중은 상호주의를 증진시킨다.

나는 '자신감'이 있지만 겸손하다

자신감이 없다면, 이 세상이 나를 통째로 삼켜버릴 것이다. 그러나 겸손한 자세를 유지하는 것도 그에 못지않게 중요하다고 생각한다. — '나는 상냥하다'와 '나는 다른 사람을 존중한다'를 참조해라.

나는 '현실'에 근거를 둔다

인생은 산꼭대기들과 계곡 밑바닥들을 두루 여행하는 과정이다. 그 여행 과정에서 장애물들, 성공들, 실패들을 만날 것이다. 그러나 나는 침착함을 유지한 채 나 자신의 삶을 즐기면서, 삶이란 일련의 실험일 뿐이라는 사실을 깨달아 갈 것이다. 삶의 목적은 그 과정을 즐기는 것이니까 말이다.

## 습관들

### 의미를 찾아라

나는 내가 하는 모든 것에서 의미를 찾으려고 한다. 물론 그것은 '나 자신에게' 의미가 있어야만 한다. 그렇기에 다른 사람들이 생각하는 것은 전혀 문제가 되지 않는다.

### 이기적이 되라

나는 나의 가장 큰 이익을 염두에 둔 채 인생을 살아가려고 한다. 다른 사람들을 희생시키는 식으로 이기적이 되어서도 안 되지만, 나 자신을 희생시키는 식으로 이타적이 되어서도 안 된다고 생각한다.

### 건강해져라

건강이 없다면 아무것도 없는 것이나 다름없다. 나는 다른 모든 것에서 월등해지기 위해 건강을 최우선으로 삼으려고 한다.

### 결정들을 내려라

나는 결정들을 '내려야만 한다.' 결정들이 나를 마비시키게 해서는 안 된다. 나는 나의 인생이라고 하는 배에서 단순한 승객이 되기를 바라지 않는다. 나는 그 배를 조종하는 항해사가 되고 싶어 한다.

### 생산적이 되라

가끔 게으른 것은 문제가 아니다. 그러나 나는 생산성을 위해 애쓰려고 한다. 지나간 삶을 돌아다볼 때, 그러한 노력 덕분에 나는 더 행복해질 것이라고 단언한다.

### 거시적으로 생각해라

세부 사항들에 얽매이지 않으려고 애쓴다. 불운한 하루 또는 실패한 계획이 때로는 지구의 종말처럼 보일 수도 있지만, 그것은 지구의 종말이 아니다. 인생이란 직선 위의 점 하나가 아니라 긴 포물선이기 때문이다.

### 미니멀리즘minimalism(최소주의)을 포용해라

우리 사회는 불필요한 것들을 우리에게 자주 강요한다. 나는 이러한 것을 모조리 벗어던지려고 노력한다. 거의 언제나, 불필요한 것이 적을수록 명료함 · 단순함 · 아름다움이 드러나기 때문이다.

### 가치를 창조해라

나는 가치를 창조하기 위해 애쓴다. 나는 이 세상을 잠식하는 것이 아니라, 거기에다 실체를 추가하고 싶기 때문이다.

### 관계들을 구축해라

관계들은 삶의 불가결한 일부분이라고 생각한다. 우리는 사회적 존재이기 때문이다.

우리는 진공 속에서 살 수 없다. 새로운 관계가 생길 때마다 나의 삶은 더 풍부해진다. 나는 트위터 추종자들과 페이스북 친구들에 관해서 말하고 있는 것이 아니다. 나 자신과 다른 사람을 형성하는 깊은 연결들에 관해 말하고 있는 것이다. 그렇기에 나는 물질적인 것의 획득보다는 친구들과 함께하는 체험들을 더 중요하게 여긴다.

### 재미를 즐겨라

인생은 달리기 경주가 아니다. 저 멀리에 결승선이 있는 것도 아니다. 나는 나의 여행이 언제 끝날지 모른다. 그래서 내가 할 수 있는 것이라고는 삶을 '지금 여기에서' 즐기는 것뿐이다. 그래서 나는 나의 실패들은 받아들이고, 나의 성공들은 축하한다. 이 모든 것을 통해서 나는 나의 주위를 감상하고, 숨을 깊이 들이쉬고, 재미를 즐기도록 최선을 다하려고 애쓴다.

이 목록들은 나의 행동양식을 이끌어주는가 하면, '나에게' 진정으로 중요한 것에 계속적으로 집중하도록 해준다. 이것들을 당신 삶에서 마음대로 이용해라. 또는 당신이 적절하다고 보는 대로 그것들을 수정해라. 이 모든 것 — 자기회의, 태도 문제들, 유해한 관계들,

그리고 영감의 장애물 등 — 에 대해서는 당신의 행동을 이끌어주는 가치들의 단단한 기초를 동원하여 더욱 효과적으로 대처할 수 있다.

좌절감을 느낄 때마다 나는 이 목록들을 다시 들여다본다. 그것들을 읽고 나면, 나는 자주 다시 중심을 잡았다는 느낌을 받는다.[88]

## 신임투표에서 얻는 한 표

'커넥션 알고리듬'의 원칙들에 따라 사는 것은 매우 벅찬 일일 수 있다. 우리는 자신의 한계선까지 밀고 나갈 때 실패의 가능성을 우리 삶에 불러들인다. 반면, 좀비나라에 머물러 있게 되면 우리는 영원히 성취하지 못한다는 위험을 안을 수밖에 없다. 어느 쪽이든 삶은 험난하다. 그래서 나는 양쪽에서 우울증을 경험했던 것이다. 특히 부정적인 어떤 것 — 사랑하는 사람을 잃는 일, 직장에서 또는 나의 개인 생활에서 닥치는 엄청난 실패, 실패한 관계 등 — 에 직면할 때마다, 나는 자주 삶의 가치가 제로까지 떨어지는 듯한 느낌을 받았다. 결국은 시간이 치유해 주겠지만, 그것은 '매우

88) 나는 때로 이 가치들과 습관들을 지키지 못한다는 사실을 스스로 인정하곤 한다. 그것은 불가피하다. 그럴 경우 나는 솔직하게 시인하고, 가능한 한 빨리 교정하려고 노력한다. 그것은 어려운 일이지만, 그렇게 노력할 만한 가치가 분명히 있다.
당신의 가치들을 정의하는 것은 당신이 언제 그것들에서 벗어났는지 깨닫는 데 도움이 된다. 바로 그 점이, 이러한 훈련이 매우 중요한 이유인 것이다.

오래' 걸릴 수 있다. 때로는 여러 해가 지나야만 벗어나기도 한다. 다행스럽게도 나는 그 과정의 속도를 상당히 촉진시키는 촉매를 발견했다. 즉 그것은 당신의 가족이 아니면서도 당신의 존경과 신뢰의 대상이 되는 사람들의 진정한 지원이다.

나는 내 회사에서 공동창업자의 지위를 잃었을 때 엄청난 타격을 받았다. 그러나 완전히 좌절한 후, 나는 고맙게도 브래드 펠드에게서 신임투표 한 표를 얻었다. 그것은 30초 동안의 전화 통화로 가능했지만, 그것으로 모든 것을 역전시켰다. 나의 두려움은 자신감으로 변했다. 긴장은 사라지고, 나는 편안해졌다. 마음의 평정이 온몸에 스며들었다. 나는 행복해지고, 변화를 초래하고, 단순하게 '살아갈' 힘이 있다는 것을 갑자기 깨달았다.

브래드는 그 30초 동안의 통화가 나에게 얼마나 많은 충격을 주었는지 전혀 알지 못할 것이다. 그는 다만 지원하고, 적극적인 태도를 취했을 뿐이니까.

만일 당신이 좌절의 구덩이에 처박혀 있다면, 당신이 존경하는 한 사람을 찾아내고 신임투표 한 표를 얻어라. 그것은 모든 변화를 가능케 할 테니 말이다. 가족은 의미가 없다. 따라서 근본적으로 당신의 가족에게 요구되는 무조건적인 지원과 반대되는, 객관적으로 지원을 해줄 수 있는 어떤 사람을 찾아내야 한다. 만일 당신이 등식의 반대편에 있다면, 즉 다른 사람에게 자신감을 불어넣어줄 힘이 있다면 그렇게 해라! 그것은 겨우 30초밖에 걸리지 않을 테니 말이다.

## 감사하는 태도

얼마 전에 나는 미니멀리스츠에서 멋진 인용문을 보았다. 그것은 '사람들을 사랑하고 사물들을 활용해야 한다는 것을 언제나 명심해라. 왜냐하면 그 반대로 행동하는 것은 아무런 효과도 없기 때문이다.' 라는 것이었다.

사람들은 원천이 아니라는 사실, 즉 그들은 사람일 뿐이라는 사실을 아는 것은 매우 중요하다. 그렇기에 당신은 자신을 지원하는 모든 사람을 고맙게 여기고, 그들에게 감사해야만 한다.

고문들의 공동체, 특히 컴퓨터 신규회사 생태계 안에서는 아무런 대가도 바라지 않은 채 지원해 주는 추세가 증가하고 있다. 사업가가 되기에 이 얼마나 멋진 시기인가! 회사 — 또는 다른 어떠한 종류의 계획 — 를 시작할 때 부딪치는 장벽은 그 어느 때보다도 낮고, 지원체계는 날로 더욱 강력해지고 있다. 때문에 당신은 자기를 지원해 주는 사람들에게 진심으로, 무조건적으로 감사하는 마음으로 이러한 생태계를 이용할 수 있다. 당신의 감사는 이 체계를 계속해서 가동시키는 연료이고, 그것은 고문에게 필요한 보상의 전부다.

## 정직한 사람이 되라

연결자들은 당신과 마찬가지로 사람이다. 그들은 대개 대부분의 사람들보다 좀 더 동정심이 많다. 그 이유는, 그들이 당신과 마찬가지로 자기 자신에 대해 회의를 품었고, 실패도 해봤으며, 믿기 어려울 정도로 스트레스와 우울증에 시달렸기 때문이다.

당신이 기분을 완전히 잡쳤을 때, 그 마음 상태를 다른 사람들에게 털어놓는 것은 쉽지 않다. 그들은 당신을 비난할까? 당신에 대한 그들의 평가가 줄어들까? 그 대답은, 거의 언제나 '아니다' 라는 것이다.

공동창업자들, 파트너들, 또는 투자가들에게 말할 때, 당신은 난처한 위치에 있을지도 모른다. 하지만 허약한 면을 보여주는 것은 잘못된 행동처럼 보일 수 있다. 특히 사람들이 당신을 신임했을 때, 또는 당신을 믿고 대단히 많은 돈을 투자했을 때에는 더욱 그러하다. 나는 당신이 느끼는 것을 있는 그대로 그들에게 말해 주라고 권유한다. 당신 자신이 그렇게 할 수 없다면, 경영 또는 지도력의 코치를 불러라. 당신은 자기 자신을 보다 당당하게 드러낼 필요가 있는 것이다! 문제를 곪도록 내버려 두는 것은, 아마 그리 멀지 않은 장래에 닥칠 재앙의 지름길일 테니 말이다.

경영 코치 분야에서 내가 끊임없이 반복적으로 들어온 이름이 있다. 그 이름은 제리 콜로나 Jerry Colonna 다. 나는 그를 직접 만난 적이 없지만, 우리는 이메일을 교환했다. 그리고 나는 '당신 머릿속의 괴물'[89] 이라고 하는 그의 블로그를 통해 그에 관한 많은 것을 알았다. 그는 브래드의 좋은 친구이고, 지상에서 가장 잘 알려진 VC 가운데 하나인 프레드 윌슨 Fred Wilson과 예전에 긴밀하게 일한 적도 있었다. 당신에게 누군가 의논할 상대가 필요하다면, 나는 제리에게 전화를 걸라고 권유한다.

## 남의 지식을 흡수하는 스펀지가 되라

연결자의 말에 귀를 기울이는 것이 그에게 직접 말하는 것보다 더 낫다. 연결자들은 대개 극도로 뛰어난 안목을 구비하고 있다. 그들은 아마 당신보다도 더 많이 지겹고 힘든 시기를 겪었을 것이다. 사람들은 경험의 가치에 관해 날이면 날마다 이야기하지만, 미경험자들은 실제로 경험을 해보지 못했기 때문에 그것을 믿는 것이 쉽지 않다. 이것은 너무나도 골치 아픈 역설이다.

내가 해줄 수 있는 가장 좋은 충고는 입을 다물고 가만히 있으라는 것이다. '그 일' 이 무엇이든 간에 '그 일' 을 이미 해낸 사람들의 말에 귀를 기울이고, 그들의 지식을 스펀지처럼 빨아들이라는 말이다.

---

89) http://www.themonsterinyourhead.com/

내가 나의 신규회사에서 배운 것이 한 가지 있다면, 그것은 당신이 옳다고 생각하는 것이 무엇이든 간에 그것이 어쩌면 틀렸을지도 모른다는 것이다. 어떤 일을 처음 시작하는 사람들은 사사건건 넘어지게 마련이다. 그러니까 배우는 데 가장 좋은 길은 이미 넘어져 본 사람들의 말에 귀를 기울이는 것이다. 그들은 완전히 과거로 돌아간 것처럼 여겨지는 말로 당신에게 충고를 해줄 것이다. 바로 그렇기 때문에 당신은 그들의 말에 귀를 기울여야 할 필요가 있는 것이다.

옳은 것은 직관과 반대되는 경우가 많다. 남의 말에 귀를 기울인다 해도 당신은 여전히 넘어질 것이다. 그러나 넘어지는 횟수가 줄어들 것이다!

### 긴밀한 연결들

"당신은 가장 많은 시간을 함께 보내는
다섯 사람의 평균치이다."

— 짐론 Jim Rohn

긴밀한 연결들을 가질 때는 현명하게 선택해라! 긴밀한 연결들은 우리 삶의 기본적인 관계를 형성하는 데 매우 중요한 영향을 미치기 때문이다. 분명한 것은, 다수의 가벼운 연결들보다

소수의 긴밀한 연결이 더 유익하다는 것이다.

최우수 선수들은 자기 팀의 다른 선수들을 향상시킨다고 한다. 하지만 그 향상을 스타 선수가 만들어내는 것은 아니다. 그것은 그 팀 전체가 우수한 데서 나오는 '효과'인 것이다.

그 팀의 나머지 선수들이 향상되는 이유는 스타 선수로부터 자극을 받기 때문이다. 그들이 향상되는 이유는 상대팀 선수가 스타 선수에게 집중할 때 그들 각자의 상황이 더 쉬워지기 때문이다. 그들이 향상되는 이유는 스타 선수가 좋은 선생이 되기 때문이다. 그들이 향상되는 이유는 스타 선수가 연습과 시합의 경쟁 수준을 위로 끌어올리기 때문이다. 그들이 향상되는 이유는 스타 선수가 그들의 실수들을 만회하고, 그 팀이 승리의 위치를 다시 확보하게 만들기 때문이다. 그들이 향상되는 이유는 스타 선수가 그들을 신뢰할 때 그들도 자기 자신을 신뢰하게 되기 때문이다.

이기는 팀에 소속되어 있다면 당신은 승리를 거두고 있는 것이다. 진공 속에서는 삶의 체험이 거의 불가능하다. 그래서 탁월한 인물들에게 둘러싸여 있는 것이 좋단 말이다. 스타 선수들은 힘들이지 않고도 당신을 위로 들어 올릴 것이다. 그들은 그렇게 하지 않을 수가 없는데, 그것이 그들이 해야 하는 일이기 때문이다.

모든 사람과 긴밀하게 연결되는 것은 불가능하다. 당신이 맺는 연결이 많으면 많을수록 그것들을 유지하기는 더욱 어렵다. 따라서 모든 연결을 긴밀하게 만들려고 애쓰지 마라. 당연히 긴밀한 연결들에 우선권을 부여하고, 나머지는 가벼운 연결들로서 내버려 둬라. 가벼운 연결들은 여전히 가치가 있지만, 그것들 때문에 매우 중요한 소수의 연결들을 방치해 둬서는 안 된다. 당신이 바닥 모를 심연 아래로 떨어지고 있을 때, 잘 가라고 손짓하는 100명의 친구보다 당신을 구출해 줄 수 있는 한 명의 친구를 두는 것이 더 낫다는 말이다.

## 연결자의 자질

- 데이비드 코헨 David Cohen
- 브래드 펠드 Brad Feld
- 팀 페리스 Tim Farriss
- 리오 바바우타 Leo Babauta
- 토니 호튼 Tony Horton

위에 열거한 연결자들은 끊임없이 영감을 주고, 많은 경우에는 직접적인 지원을 제공하면서 오랜 기간에 걸쳐 나를 어마어마하게 도와주었다. 흥미롭게도, 그들 대부분은 자신이 나의 삶에 미친 영향을 전혀 의식하지 못한다. 나는 데이비드와 브래드를 잘 알고 있는 반면 토니하고는 잠시 대화한 것뿐이고, 팀이나 리오는 만난 적도 없다. 당신은 연결자들로부터 영감을 얻기 위해 반드시 그들을 개인적으로 알아야 할 필요는 없다는 점을 명심해라.

내가 선호하는 연결자들 몇 사람과 그들이 그토록 특별한 이유 등을 아래와 같이 간략히 소개한다.

**데이비드 코헨** David Cohen

데이비드는 테크스타즈의 창업자이자 최고경영자다. 또한 그는 두 개의 사설 보통주 시드 펀드를 운영하고 여러 개인회사의 경영진에 속한다. 보울더 기술 공동체에서 자기 세력을 형성했으며, 박식하고 경험이 풍부한 투자가로 미국 내에 널리 알려져 있다.

내가 데이비드를 만난 것은 그가 테크스타즈를 도약시키고 있을 때였다. 당시에 그는 이미 몇몇 컴퓨터 신규회사들을 거느리고 있었지만, 테크스타즈는 전혀 검증이 되지 않은 상태였다. 테크스타즈를 설립할 때 데이비드는 브래드 펠드에게 자기 아이디어를 지원해 달라고 손을 내밀어 기회를 잡았다. 브래드는 그 아이디어가 마음에 들어서 공동창업자가 되었다.

나는 테크스타즈가 발전하는 것을 여러 해에 걸쳐서 관찰했다. 지속적인 성장과 성공이 눈부시게 전개되었다. 나는 최초의 졸업생으로서 그것을 자랑스럽게 생각한다. 뿐만 아니라 나 자신이 신규회사를 설립하는 과정을 거쳤기 때문에 데이비드를 더욱 존경한다. 우리의 교류 과정에서, 나는 그가 언제나 침착하고 분별이 있다는 데 주목했다. 그는 목소리가 부드러웠고, 겸손하지만 자신감이 넘쳤다.

말을 지나치게 많이 하지도 않았는데, 그가 하는 말은 대개 가치 있는 것들이어서 듣는 사람들이 주의 깊게 듣지 않을 수 없었다.

데이비드는 탁월한 재능을 알아보는 안목이 뛰어났고, 그러한 인재들을 끌어당기는 능력이 있었다. 이것이 그의 자질들 가운데 가장 높이 살 만한 점이다. 브래드를 테크스타즈에 합류하도록 설득한 것은 빙산의 일각이다. 그는 콜로라도 주에 있는 자기 회사의 본부에 놀라운 팀을 구성하기도 했고, 미국과 전 세계에 걸쳐서 독자적으로 운용되는 추가적 프로그램들을 통합하기도 했다. 그러다 보니 테크스타즈는 제국이 되었다. 나는 명석한 인재들을 끌어당기는 데이비드의 능력을 천부적인 것이라고 믿지만, 어느 정도는 기교라고 생각한다. 침착함과 자신감이 이루는 그의 후광은 동일한 사고방식을 지닌 사람들에게 호소력을 발휘하니까 말이다.

내가 가장 최근에 데이비드를 만났을 때, 그는 두건이 달린 두터운 스웨터와 진 바지 차림에 멋진 테 안경을 끼고 있었다. 두 눈은 광채로 번득였다. 자기 자신은 아마도 모르겠지만, 그는 이제 한층 더 뽐내며 걸어 다닌다. 나는 그의 사업의 번창을 알아챌 수 있었다. 테이블을 사이에 두고 마주 앉았을 때, 나는 데이비드가 거물이 된 데 대해 놀라지 않을 수 없었다. 나는 그가 전성기에 있다고 확신한다. 아울러 그의 제국이 계속해서 발전할 것임을 의심하지 않는다.

### 브래드 펠드 Brad Feld

브래드는 미국에서 가장 존경받는 벤처 자본 회사들 가운데 하나인 파운드리 그룹의 사장이자 창업자다. 그는 콜로라도 주 보울더에 살고, 미국 전역에서 가장 강력한 벤처 자본가다. 브래드는 일반적으로 투자가로 알려져 있지만 마라톤 주자, 지독한 독서가, 다작하는 집필가도 된다. 그는 '펠드의 생각' 이라는 인기 높은 블로그를 유지하는데, 여기에 벤처 자본, 컴퓨터 신규회사, 그리고 각종 개인적 관심사에 관한 글을 올린다. 또한 그와 유사한 주제를 다루는 책을 여러 권 출간했다.

브래드는 나의 최대 아이돌들 가운데 하나이고, 더할 나위 없이 멋진 내 친구다. 나는 2007년 테크스타즈에 참여했을 때 그를 처음 만났다. 그가 하는 말을 듣는 순간부터 나는 그와 연결되기를 바랐다. 그가 기업의 마술 그리고 우리 모두 앞에 놓인 기회에 관해 설명할 때, 나는 눈물이 날 지경이었던 것을 지금도 기억한다. 나는 나중에 그와 대화를 나누기로 결심했다. 그래서 그에게 다가갔고, 나 자신을 소개했으며, 그 프로그램에 참여해서 내가 얼마나 흥분했는지를 털어놓았다. 그는 웃으면서 자기도 흥분했다고 말했다. 그가 응답하는 태도가 너무나도 자연스럽고 진심에서 우러나오는 것이었기 때문에 나는 오히려 당황했다. 나는 이름도 없는 젊은 풋내기였다. 그런데도 브래드는 흥분과 관심으로 충만했다. 그는 완전히 몰두해 있었던 것이다.

브래드는 내가 아는 범위에서 가장 정직한 사람이다. 그는 자기의 성공 '그리고' 실패에 관해서 솔직하게 말하고 글을 쓴다. 그의 경력을 훑어보면 특히 우울증과 씨름하던 부분에 관해서 아무것도 숨기는 것이 없다. 그렇게 크게 성공한 사람이 그토록 정직하고, 겸손하게, 그리고 무방비 상태로 다른 사람과 소통하는 것을 보면 참으로 깊은 인상을 받지 않을 수 없다. 그것은 브래드의 성격을 보여주는 것으로, 그는 초인적 영웅들마저도 그들의 갑옷에 취약한 틈이 있다는 것을 사람들에게 알려준다. 이러한 내면 성찰적 정직함은 비즈니스 공동체가 얻는 선물이다.

내 생애에서 브래드와 같은 사람을 알게 된 것은 은총이다. 그는 나에게 엄청난 영감을 제공하는 원천이다.

그는 진심으로 말하고, 다른 사람들을 보살피고, 일을 놀랍게 잘한다. 그는 연결자들의 원형이다.

### 팀 페리스 Tim Farriss

팀은 베스트셀러 작가, 사업가 그리고 투자가다. 프린스턴 대학교를 졸업했고, 회사를 설립했다가 팔았고, 그다음에는 만년 베스트셀러의 하나인 ≪주 4시간 노동 The Four-hour Workweek≫이라는 책을 저술했다. 그 후 ≪4시간 바디 The 4 – Hour BODY≫, ≪4시간 셰프 The 4 –Hour Chef≫를 비롯하여 다른 베스트셀러들을 출간했다. 그 밖에도 그의 성취는 너무나도 많아서 일일이 열거하기도 힘들다.

몇 가지만 예를 들면, 그는 현재까지는 6개 외국어를 말하고, 중국에서 킥복싱 선수권을 보유하고, 부에노스아이레스에서 개최된 세계 탱고 선수권 대회에서 준결승까지 진출했다. 그는 자기 자신을 여러 분야에서 능력을 시험해 보는 '인간 기니피그'라고 여긴다.

절찬받는 그의 베스트셀러 ≪주 4시간 노동≫은 당신이 다음에 읽어야만 하는 책이다. 이미 읽었다면 다시 읽어라. 그 정도로 좋은 책이다. 내 책은 당신을 거창한 일을 하는데 필요한 사고방식으로 무장시키고 그 일을 시작할 도구들을 제공하는 반면, 팀의 책은 이 모든 것의 핵심을 훨씬 더 깊이 파고 들어간다. 그것은 놀라운 자료다.

팀은 권위적인 목소리를 갖고 있다. 그에 관해서 내가 조사한 모든 자질 가운데 이것이 가장 두드러지는 것이다. 물론 그는 지능이 매우 높다. 자연스럽고 효과적으로 소통하는 그의 능력은 다른 사상적 지도자들과 비교도 안 될 만큼 탁월하다. 팀은 자기 주위의 세계를 단순화하는 데 모든 시간을 바쳐왔다. 그는 군더더기를 잘라버리고 핵심에 곧바로 도달하는 길들을 찾아낸다. 무엇에 관해서 공부하든 상관없이 그는 항상 그러한 접근법을 사용한다. 그래서 자연히, 그것은 그의 집필 방식과 남을 가르치는 스타일에도 흘러들어간다.

팀의 가장 좋은 점들 가운데 하나는 다른 사람들과 공유하려는 그의 성향이다. 그는 자기 지식을 공유하지만, 다른 사람들의 지식도 역시 공유한다. 그의 블로그는 전 세계에서 가장 강력한 플랫폼이고, 그는 자기 친구들과 동료들이 그 블로그에서 그들의 아이디어를 공유하도록 지속적으로 허용한다. 나는 팀이 '가치'의 중요성을 이해하기 때문에 그렇게 한다고 본다. 중요한 것은 바로 '가치'다. 그것이 전부다. 그는 자기 이익만 챙기는 데 매달리지 않는다. 오히려 자기 주위의 다른 모든 사람들(몽상가들을 포함)에게, 그리고 가장 중요하게는 자기 청중에게 가치를 제공하는 데 집중한다. 그는 이것이 제로섬 게임이 아니라는 것을 안다. 모든 사람이, 누구나 이길 수 있다.

팀은 너무나도 많은 방면에서 탁월하다. 그의 성취를 살펴볼 때 나는 속으로 '그는 알고 있다.'고 생각한다. 기업, 시장개척, 관계들, 행복, 성공, 인생 등 — 그는 이 모든 것을 '알고 있는' 것이다.

**리오 바바우타** Leo Babauta

리오는 저술가다. 괌 출신인데, 현재 아내와 자녀 6명과 함께 샌프란시스코에서 살고 있다. 2005년에 그는 자유 계약으로 일했는데, 가족을 부양할 수 없는 형편이었다. 그는 흡연과 비만의 포로가 되어 건강과 행복과는 거리가 멀었다.

그런데 모든 상황이 변했다.

리오는 담배를 끊었다. 줄기차게 달리기 시작했다. 하프 마라톤, 마라톤, 그리고 울트라 마라톤(80㎞) 코스를 달렸다. 심지어 3종 경기마저 해냈다. 그는 채식 위주로 식사를 했고, 그다음에는 절대 채식주의자가 되어 몸에서 30㎏의 지방분을 줄였다. 또한 '참선 습관들 Zen Habits' 이라는 블로그도 시작했는데, 이것은 인터넷에서 가장 인기 있는 블로그들 가운데 하나가 되었다. 내가 이 책을 집필하고 있는 오늘 현재 이 블로그의 가입자는 백만 명이 넘는다. 이것에 이어서 그는 여러 권의 책을 펴냈다. 그다음에는 '바다 변화 프로그램 Sea Change Program' 이라고 불리는 자기 자신의 회원제 프로그램을 창설했다. 이것은 사람들이 자기 습관을 바꾸고 좀 더 나은 삶을 살도록 도와주는 프로그램이다.

이 모든 것을 통해 그는 자기 생활양식을 점차 단순화했다. 빚진 것을 모조리 청산했고, 재정적으로 자립했으며, 비상용으로 적지 않은 자금까지 모아 뒀다. 그는 절대적으로 필요한 것만 남기고 자기 주변에 널려 있는 잡동사니들을 완전히 털어버렸다.

리오의 변모와 그 이후에 이룬 성취는 참으로 놀라웠다. 그는 열정으로, 오로지 열정만으로 살았다. 그 열정은 그가 바라는 삶을 살 수 있도록 해주었다. 흥미롭게도 그는 규범들이나 관례들을 따르지 않는다. 그 대신에, 자기 자신과 자기의 서비스를 받는 사람들을 위해 무엇이 가장 좋은지를 결정한다. 그런 다음에는 조금의 머뭇거림도 없이 시행한다. 당신은 리오의 블로그에서 광고를 전혀 보지 못했을 것이다. 왜냐? 광고는 귀찮은 것이기 때문이다. 광고는 정신을 분산시키고 독자에게 유용한 것을 별로 제공하지 않는다. 다른 사람이 모두 그것을 한다는 이유만으로는 그것이 유일한 해결책이 되지는 않는다.

리오의 책들은 모두 저작권이 없다. 왜냐고? 왜냐하면…… 아니,

저작권이 없으면 뭐가 어때서? 저작권이 없으니까 누구나 리오의 글을 퍼서 자기가 원하는 모든 곳에 그것을 올릴 수 있다. 그것은 그의 메시지가 널리 전파되는 데 도움이 된다. 그가 원하는 것은 바로 그것 — 그가 자기 책들에 대해 저작권을 설정하거나, 사람들이 그 내용을 공유하려고 억지로 허술한 틈을 비집고 들어가게 만들 필요가 없다는 것 — 이다.

리오는 자기 블로그의 자료들과 자신의 전자책에 수록된 내용의 일부를 무료로 제공한다. 그는 다른 방식으로 보상받을 것이라는 것을 알기 때문에 자기 지식을 공유한다. 2005년부터 그는 직업이 없다. 그는 자기가 좋아하는 일, 즉 생각하기 · 꿈꾸기 · 달리기 그리고 글쓰기 등을 하면서 자기 삶을 지탱한다. 리오는 매달 나의 삶을 포함하여 백만 명의 삶과 접촉한다. 나는 그가 일종의 연결자라고 말하고 싶다. 리오의 블로그에서 아래 글을 인용한다.

> 그래서 당신은 당신의 목표들을 어떻게 달성할 것인지, 그리고 돈은 어떻게 저축할 것인지, 또는 운동을 어떻게 할 것인지, 또는 어떻게 일찍 잠자리에서 일어날 것인지 등에 관해 내가 올린 글을 읽으면서…… 내가 구비한 자격은 정확하게 무엇인지, 그것을 궁금하게 여기고 있다.
>
> 나의 대답은 내가 공식적인 자격이 하나도 없다는 것이다. 나는 전문가도, 의사도, 코치도 아니다. 수백만 달러를 벌지도 않았고, 세

계에서 가장 탁월한 운동선수도 아니다.

현재의 나 자신은 정상적인 남자, 여섯 자녀의 아버지, 남편, 괌 출신의 작가 — 현재 샌프란시스코에서 거주 — 일 뿐이다. 그러나 나는 지난 2년 동안에 많은 것을 성취했고, 또한 많은 실패도 했다. 그리고 그 과정에서 많은 것을 배웠다.[90]

리오는 그토록 많은 장애물을 극복했음에도 불구하고 자기가 배워야 할 것이 훨씬 더 많다는 사실을 겸손하게 시인한다. 그는 진정한 지상의 학생이다. 또한 그의 글이 하나의 지표가 된다면, 그는 당신이 만날 수 있는 가장 친절한 사람들 가운데 하나일 것이다. 그의 성취가 참으로 놀라운 것이라 해도 그는 슈퍼맨이 아니다. 그는 다만 연결자의 삶을 살아갈 뿐이다.

당신이 아직 그의 블로그를 체크하지 않았다면, '참선 습관 Zen Habits' 이라고 하는 그의 블로그 http://zenhabits.net/ 를 체크해 봐라. 그 콘텐츠는 참으로 대단할 뿐만 아니라, 블로그에 담긴 철학 전체가 제품들을 만들어내고, 사람들과 연결하고, 일반적으로 당신의 삶을 통제한다는 측면에서 커넥션 알고리듬의 원칙들과 일치하기도 한다.

나는 깊은 침체기에 빠져 있을 때, 리오의 블로그를 발견했다. 그의 말은 내가 그늘에서 빠져나오는 데 큰 도움이 되었다.

---

90) http://zenhabits.net/my-story/

"리오, 고마워요."

**토니 호튼** Tony Horton

토니는 지금까지 제작된 체력단련 DVD 프로그램에서 가장 성공적인 것들 가운데 하나인 P90X의 호스트이자 창시자다. 또한 토니는 파워 90, 파워 30분, 10분 트레이너, P90X One-on-One, P90X2, P90X3 등을 비롯하여 다른 DVD 프로그램들도 많이 만들어냈다.

그는 수많은 저명인사들의 트레이너였다. 그 가운데 일부만 이름을 소개한다면, 톰 페티 Tom Petty, 빌리 아이들 Billy Idol, 린제이 버킹햄 Lindsey Buckingham, 스티브 닉스 Stevie Nicks, 셜리 맥클레인 Shirley MacLaine, 숀 코너리 Sean Connery, 애니 레녹스 Annie Lennox, 로브 로우 Rob Lowe, 안토니오 반데라스 Antonio Banderas, 브루스 스프링스틴 Bruce Springsteen, 어셔Usher, 이완 맥그리그 Ewan McGregor 등이다. 또한 그는 오즈 박사(Dr.Oz) 쇼, 그리고 인기 높은 여러 TV 프로그램에도 출연했다.

토니의 가장 탁월한 특징 가운데 하나는 그의 소탈한 성품이다. 그는 극도로 호감을 준다. 초창기에 그는 배우가 되겠다는 생각도 했고, 짧은 기간이었지만 1인 코미디언으로 활동한 적도 있다. 무대에 대한 그의 애착은 체력단련 분야에서 그에게 많은 것을 보상해 주었다. P90X의 DVD 시리즈, 그리고 그의 다른 모든 비디오에서 그는 자기 자신을 농담과 조롱의 대상으로 삼는다. 그는 자기 프로그램들을 쾌활하고 재미있는 것으로 만드는, 격의 없는 해설을 통해서 시청자들과 즉시 연결된다. 또한 토니는 놀라울 정도로 긍정적인 태도를 취한다. 자기를 칭찬하는 데는 느리고, 남을 칭찬하는 데는 재빠르다.

그러나 그의 '가장 좋은' 태도는 열정이다. 자기 학생들이 좋은 결과를 얻을 때 그는 진심으로 흥분한다. P90X의 가장 최신 제품을 위한 정보 광고가 있다. 나는 토니가 우는 장면을 선호한다. 그는 예전에 건강 문제로 시달렸지만 P90X3으로 건강증진의 길을 발견한 사람들에 관해 말하고 있다. 그 광고 중간쯤에서 그는 문자 그대로 울기 시작한다. 분명히 그것은 미리 계획된 것이 아니었다. 그것은 토니는 토니일 뿐이기 때문에 그런 것이다. 그는 자기의 기교에 관해 참으로 열정적이고, 그것은 잘 드러난다.

토니는 '커넥션 알고리듬' 의 원칙들을 철저히 따랐기 때문에 오늘날의 그의 위치에 도달했다. 그는 '선택해라, 몰두해라, 창조해라, 연결해라.' 라고 하는 4단계 C를 잘 활용했다.

그는 연기와 코미디에 대한 자신의 열정을 추구하기 위해 위험을 부담하는 '선택' 을 했다. 대학을 졸업하는 대신에 거의 무일푼으로 캘리포니아로 이사했다. 연기의 기회를 더 많이 얻기 위해서 체력단련을 시작했고, 그 분야에서 성공을 거둔 다음에는 직업적인 트레이너가 되었다. — 즉 그는 돈을 잘 버는 목적의 분출을 발견해서 그것을 물고 늘어졌다. — 자신의 열정이 드러나자, 그는 그것에 100%

'몰두' 했다. 그는 대단히 중독성이 강하고 또 매우 효과적인 체력단련 과정을 '창조' 했고, 그것은 그가 저명한 고객들과 '연결' 되는 데 도움이 되었다. 이윽고 그의 성공을, P90X를 배급하는 회사인 비치 버디가 주목하게 되었다.

그렇다고 모든 일들이 토니를 위해 언제나 잘 풀려가기만 한 것은 아니었다. 그는 실패도 많이 했다. 배우가 되려고 캘리포니아로 처음 이사를 했을 때 그는 음식을 살 돈조차 아껴야 할 정도였다. 심지어 산타 모니카 부두에서 무언극 배우의 연기를 한 적도 있다. 당신은 그것을 상상할 수 있는가? 유명한 체력단련 스타인 토니 호튼이 가상의 상자에서 벗어나 팁을 구걸한다고? 그것이 진정한 성공을 발견해 가는 과정의 현실이다. 그것은 배짱 · 희생 · 결의를 요구한다. 그 길은 언제나 평탄한 것도 아니고, 언제나 멋진 것도 아니다.

이 과정이 어떻게 해서 반복되고 또 반복되는지 놀랍기만 하다. 이것은 내가 지금까지 연구해 온 모든 성공적 연결자들의 이야기인데, 결코 우연의 일치가 아니다. 현실에서 작용하고 있는 '성공 커넥션 — 4단계 알고리듬' 일 따름이다.

## 연결자가 되려면?

당신은 연결자인가? 또는 연결자가 되는 과정 중에 있는가? 그렇다고 한다면, 이 항목은 당신이 어떻게 해야만 가장 우수한 연결자가 될 수 있는지를 가르쳐 줄 것이다.

여기에 당신이 해야만 하는 것들의 간단한 목록이 제시되어 있다.

- 사람들을 연결해라!
- 그들이 조금이라도 젊을 때 확보해라!
- 수습기간 중에 지원해라!
- 대가로 아무것도 기대하지 마라!
- 가치를 창조해라!
- 항상 당신의 출발점을 명심해라!

### 사람들을 연결해라!

자기 분야에서 전문가가 되면, 당신은 영향력 있는 인물로 보일 것이다. 그래서 사람들은 자기를 다른 사람들에게 소개해 달라고 당신에게 접근할지도 모른다. 별로 힘들이지 않고도 소개해 줄 수가 있다면, 소개해 줘라. 당신이 도와줄 수 있는 사람들이 많을수록 더 좋다. 그렇다고 해서 소개의 범위를 지나치게 넓게 펼쳐놓지는 마라. 그렇게 하면 당신은 초점을 잃은 사업가처럼 제품에 지쳐 쓰러지고 말 것이다.

### 그들이 조금이라도 젊을 때 확보해라!

젊은이들은 인상을 더 쉽게 받고 적응도 더 쉽게 하는 경향이 있다. 그들에게는 제지하는 장애물이 더 적고, 잃을 것도 별로 없고, 모든 것이 획득의 대상이 되기 때문이다.

두려움과 자기회의와 같은 장애물이 뿌리내리기 전에 열정의 유능한 추구자로 빚어내는 일은 아무래도 젊은 사람인 경우가 좀 더 쉽다. 마찬가지로, 자녀들을 거느린 부모들은 그들이 젊을 때 그런 위치에 분명히 놓여 있었다.

당신의 어린 자녀들에게 거창한 꿈을 꿀 용기를 심어줘라. 그들의 등을 떠밀어라. 넘어져도 내버려 둬라. 그러고 나서 그들을 거들어 일으켜 세워라.

### 수습기간 중에 지원해라!

벤 프랭클린 Ben Franklin, 반 고흐 Vincent van Gogh, 헨리 포드 Henry Ford는 자신의 최고 업적을 달성하기 전에 모두 수습기간을 거쳤다. 그들은 가족들, 친구들, 동료들에게서 지식을 얻었다. 당신에게 전도유망한 젊은이를 가까이서 지도할 기회가 있다면, 당신은 그것을 행운이라고 여겨야만 한다. 대단한 집중이 필요한 일이 될지도 모르지만 보상도 뒤따르는 일이다.

이런 경우에는 까다롭게 대해라! 수습기간 중에 있는 그는 틀림없이 특별할 테니까 말이다. 그는 이 책에서 설명된 모든 자질 — 즉 위험을 부담할 용의, 끈질긴 인내와 결의, 아무것도 없는 데서 의미 있는 어떤 것을 창조할 능력, 그리고 관계들의 가치에 대한 진정한 이해 등 — 을, 당신의 지도를 받아 구비해야 할 필요가 있는 상태다!

### 대가로 아무것도 기대하지 마라!

지나치게 부유해지면 사람들은 자주 자선사업에 기부한다. 대부분의 기부자는 기부를 할 때 어떤 종류의 인정 이외에는 아무런 대가도 기대하지 않는다. 기부자는 자기가 단순히 주기 위해서 주고 있다는 것을 이해하고 있기 때문이다.

무조건적으로 주는 것은, 사업과 고문 역할을 하는 사람의 경우에는 어떤 이유에서든 매우 드물다. 투자가들과 고문들이 자신의 전문적 기술과 교환하는 조건으로 이사회의 한 자리 또는 보통주의 몇 %를 요구하는 것은 일반적이다. 하지만 당신이 투자가라면, 이러한 접근은 그 어느 때라도 절대로 '해서는 안 된다.'

경우에 따라서 당신은 자신의 시간과 지혜를 무료로 기부해야만 한다. 이것은 연결이 미미한 사람들을 연결하는, 그리 많지 않은 방법들 가운데 하나다. 그로 인해 당신은 자기실현으로 보상을 받을 것이다. 그리고 당신이 또 다른 리차드 브랜슨 Richard Branson을 달나라에 보내게 될지 누가 알겠는가?

### 가치를 창조해라!

가능할 때마다 가치를 창조해라. 당신은 다른 사람의 경력을 밀어줄 수 있는 원천에 접근할 수 있을지도 모른다. 약속의 말이나 글을 통해서 당신의 지혜를 전파하는 것도 유익할 수 있다. 심지어 당신이 무심코 해주는 충고와 격려마저도 당신이 생각하는 것보다 더 큰 가치가 있다.

가장 우수한 연결자들은 다른 사람들의 인생을 변화시킨다. 그들은 자기 것을 다른 이들에게 되돌려주면서 시간을 보낸다.

### 항상 당신의 출발점을 명심해라!

연결자로서의 당신이 '자신이 어디서 출발했는지'를 명심하는 것은 중대한 임무다. 당신은 현재의 처지처럼 언제나 행운아였던 것은 결코 아니다. 과거의 어느 한 시기에는 당신도 여전히 자신의 기술을 연마하는 중이었고, 새로운 사람들을 만나고 있었으며, 세상을 탐색하고 있었다. 그러다가 우연히 어떤 사람을 만났고, 그가 당신의 삶을 새로운 포물선 위에 올려놓았으며, 그 덕분에 당신은 현재의 위치에 서게 된 것이다.

세상에는 무수한 사람들이 있다. 그들은 당신이 지금보다 더 젊고 성공도 더 적게 거두었던 시절, 즉 과거의 당신 모습과 똑같은 사람들이다. 그들은 성장에 굶주리고 배우는 것에 굶주려 있다. 그들은 아직 꽃을 활짝 피우지 못했지만 자기 능력을 최대한으로 발휘할 준비가 되어 있고, 또한 그럴 의욕도 있다. 그들 가운데 일부는 탁월한 지도자, 영향력이 큰 사상가, 발명가, 과학자, 작가, 예술가, 그리고 최고경영자가 될 것이다. 그러나 그들은 당신의 도움이 필요하다.

그들은 자신이 앞으로 불가피하게 직면할 치열한 싸움들과 실패들을 극복하기 위해서 추가로 밀어주는 힘, 추가적인 자신감, 추가적인 영감을 필요로 한다. 이러한 싸움들 가운데 어느 한 가지라도 당신이 전폭적으로 지원을 해준다면, 그것은 자기회의를 자신감으로 전환시키는 기폭제가 될 수 있을 것이다.

이 새로운 스타들이 일어설 수 있도록 만들어주는 일의 중요성을 많은 사람들이 깨달을수록 우리 사회는 그만큼 더 튼튼해질 것이다. 우리는 다른 사람들이 현상유지를 위해 애를 쓰고, 더 높은 곳을 겨냥하며, 실패의 위험을 부담하는 것을 허용해 줄 필요가 있다.

내일의 지도자들을 만들어내는 힘이 당신의 두 손에 달려 있다. 그 힘을 헛되게 하지 마라!

# 결론적 생각들

"그날, 나는 별다른 이유도 없이 달리기를 하러 나가기로 결정했다.
그래서 길이 끝나는 곳까지 달렸다. 그리고 그곳에 도달하자,
마을의 끝까지 달려야겠다는 생각이 들었다. 그리고 그곳에 도달하자,
그린보우 카운티를 가로질러서 달리기를 해보는 것도 좋겠다는 생각이 들었다.
그러고 나서는, 내가 여기까지 멀리 달려왔으니
드넓은 앨라배마 주를 가로질러서 달리기를 해보는 것도 좋겠다고 생각했다.
그리고 나는 그렇게 했다.
나는 앨라배마 주를 가로질러서 완주했다.
특별한 이유도 없이 나는 계속해서 달렸다.
나는 달려서 바닷가에 이르렀다.
그리고 거기 도달하자, 내가 여기까지 멀리 달려왔으니
뒤로 돌아서 다시금 계속해서 달리기를 해보는 것도 좋겠다고 생각했다.
그리고 다른 바닷가에 도달했을 때, 내가 여기까지 멀리 달려왔으니
다시금 뒤로 돌아서 달리기를 계속하는 것도 좋겠다고 생각했다."

— 포레스트Forrest, 〈포레스트 검프 Forrest Gump〉에서

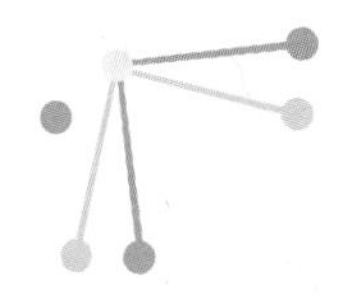

≪성공 커넥션 — 4단계 알고리듬≫은 블로그에 올린 한 메시지에서 영감을 받은 것이었다. 현재로서는 이것이 가장 인기 높은 나의 이야기다. 인기가 상당히 높다!

내가 처음 그 메시지를 썼을 때에는 아무런 계획도 없었다. 나는 그것이 결국에는 책이 될 것이라는 생각도 하지 못했다. 나는 글을 쓰고 싶었기 때문에 글을 쓰고 있었을 뿐이다.

이 책을 쓰기 시작하게 만든 그 메시지로 이 책을 마무리하는 것이 적절할 듯하다. 그래서 여기 그 메시지를 소개하려 한다.

### 승리의 여신처럼 되라 : 무조건 실행해라!

나는 해냈다! 나는 행복을 연장시키는 비결을 발견

했다. 그렇다! 그것을 발견하는 데 30년이 걸렸고, 지금도 나는 끊임없이 그것을 상기해야만 한다. 하지만 결국 발견해 낸 것이다!

당신은 준비가 되었는가? 행복해지는 비결이 여기 있다.

### 당신이 좋아하는 일을 해라!

바로 이것이 그 비결이다. 좋다. 나는 이것이 더럽게 명백하다는 것을 안다. 그러나 때로는 그 명백한 진실들이 제일 눈에 띄지 않고, 가장 잘 간과된다.

일반적으로 우리는 즐거움을 추구하다가 우리의 열정을 발견한다. 글쓰기, 영화 관람, 제품 생산, 낚시, 그림 그리기, 대수 방정식 풀기 등 — 무슨 일이든지 간에, 우리는 각종 활동들을 탐색해 보고, 그다음에는 자기가 가장 좋아하는 것에 매달리는 경향이 있다. 그러나 성장을 계속하는 과정의 어느 시점에서는 우리가 학교 숙제, 경력, 청구서, 직업, 저당물 등에 얽매이고 만다. 숨을 돌릴 틈도 없이 우리는 자기가 좋아하는 일을 더 이상 할 수 없다는 사실을 깨닫는다. 진퇴양난에 빠진다. 삶이란 그런 것이다. 그렇지 않은가? 천만에! 그렇지 않다!

당신의 삶이 미리 정해진 포물선 위에 있다고 단정하지 마라! 현실은 그와 정반대다. 당신은 언제나 자기 삶을 통제한다. 나의 지난 삶을 되돌아보면, 가장 적극적이고 중요한 나의 결정들은 내가 무엇인가를 변화시키고 싶을 때 거의 바보처럼 일부러 위험을 부담했기 때문에 내려졌다는 걸 깨닫게 된다. 과거에는 그러한 경우에, 앞으로 닥칠지도 모르는 도전이나 결과는 고려하지도 않은 채 새로운 어떤 것을 추구했다. 그것이 여자 친구든, 직업이든, 새로운 친구든 상관없이 나는 무조건 그것을 추구했다. 당신도 그렇게 해야만 한다. 너무 많이 생각하는 짓은 집어치우고, '가서 잡아야만 한다.' 당신을 계속해서 행복하게 만들 수 있는 것은 엄청나게 많지만, 당신은 그것들을 추구하지 않으면 안 된다.

내 책상 위의 작은 쪽지에 아래와 같은 구절이 인용되어 있다.

"살아 있어야 할 유일한 이유는
삶을 즐기는 것이라는 사실을,
나는 드디어 알아냈다."

— 리타 메이 브라운 Rita Mae Brown

나는 이 사실을 끊임없이 명심해야만 했다. 그렇기 때문에 내 책상 위에 놓아둔 것이다. 또한 이것은 내 책상에 놓인 유일한 인용문이기도 하다. 솔직히 말하자면, 이것 이외에 명심해야 할 것이 또 있겠는가?

나는 내 삶의 많은 시간을, 참으로 오랜 기간을 기다리면서 보냈다. 터널 저 끝에 무엇인가 있다고 생각했기 때문에 어떤 특별한 일이 일어나기를 기다린 것이다. 결과는? 터널 저 끝에는 아무것도 없었다. 인생은 터널이 아니기 때문이다.

인생은 사방이 툭 터진 들판이다. 매 순간마다 우리는 자기가 원하는 것을 무엇이든 결정할 수 있다. 우리가 걸어가고 있는 길에는 마지막 종점이 없다. 사실은 길도 없다. 우리가 어느 방향을 택하든 상관없이 우리를 기다리고 있는, 단 한 가지 확실한 것은 죽음이다. 당신이 길을 걸어가고 있다고 스스로 다짐하는 짓은 집어치워라. 당신은 길을 걸어가고 있지 않다. 당신은 오직 어느 시점에 놓여 있을 뿐이고, 다음 순간에는 당신이 선택하는 방향으로 나아갈 뿐이다. 이것은 두려운 진실이지만, 당신을 자유롭게 만들 것이다.

우리는 자기 자신을 막다른 구석으로 내몰고, 자기 자신을 속여서 '나는 별로 우수하지 않다. 나는 그리 현명하지 않다. 결의가 부족하다. 너무 늙었다. 너무 젊다. 너무 지쳤다. 너무 허약하다.'는 식으로 생각하는 경향이 있다. 또는 자기 자신이 무엇인가 좋은 것으로 향하는 길에 이미 들어섰고, 결국에는 그것에 도달할 것이라고 믿기도 한다. 그러나 이런 것은 모두 개떡 같은 것이다. 우리가 이런 생각을 하는 이유는 너무나도 겁에 질려서, 그런 것 가운데 어느 것이 사실인지의 여부를 알아낼 수 없기 때문이다.

나는 글 쓰는 일을 오래전부터 하고 싶어 했지만, 글을 써서는 안 되겠다는 생각이 들었다. 그 이유는 내가 속한 직업과 다른 사회계층의 사람들이 그것을 좋아하지 않거나, 나를 어떤 식으로 평가할지도 예상할 수 없었기 때문이다. 드디어 용기를 내어 공개적으로 글을 쓰게 된 것은 나의 삶을 획기적으로 전환시키는 일대 사건이었다. 지금도 글을 쓰고 있으니 그저 놀라울 뿐이다. 기분이 무척 좋고, 살맛이 난다. 다음에는 무엇을 쓰고, 내가 어떻게 독자들과 연결이 될 수 있을지를 떠올리다 보면 힘이 저절로 솟는다. 글쓰기에서 내가 얻은 행복은, 글쓰기에서 초래될지도 모르는 모든 부정적 결과를 능가하는 가치가 있다. 글쓰기를 시작하기 전에 느낀 초조와 불안은 나 자신의 자아회의가 만들어낸 장벽이었다.

단순한 진리는 '당신이 좋아하는 것을 하지 않을 이유란 없다.'는 것이다. 당신의 머릿속에 어떠한 장애물이 들어 있든 그것은 모두 개떡 같은 것이다. 당신은 초조와 불안 때문에 그런 허무맹랑한 것을 만들어냈다.

시간이 없다고? 헛소리다. 시간을 만들어라. 진지하게 말하지만, 당신이 보는 TV 쇼나 드라마 가운데 한 가지를 줄여라. 청구서들이 아직 밀려 있다고? 공연한 핑계다. 첫째, 당신이 시간을 만들면 자기가 좋아하는 것을 과외활동으로 할 수 있다. 둘째, 당신은 자기가 좋아하는 일을 하면서도 얼마든지 청구서들을 정산할 수 있다. 그러기 위해서 당신은 다만 창조적인 사람이 되고, 끈질기게 인내하고, 몰두하기만 하면 되는 것이다.

가족들이나 친구들이 그것을 지원하지 않는다고? 이것도 헛소리다. 그것은 그들의 선택이 아니라 당신의 선택이다. 그들이 당신을 지원하지 않는다면, 당신은 자기가 누구와 함께 시간을 보내고 있는지를 다시 생각해라. 가끔 사람들은 자신의 계획에 따르는 잠재적 장애물을 스스로 예견하기 때문에 누군가가 당신을 돕고 있다고 생각한다. 그러나 그러한 생각을 가치 있다고 여기지도 말고, 당신의 능력에 대해 회의를 품지도 마라. 이런 것들은 다른 사람들에 의해 강화된, 당신 자신의 내면적 두려움과 똑같은 것이다. 그것은 오직 문제를 복잡하게만 만들고, 우유부단하게 구는 당신의 구멍에 스스로를 보다 깊이 처박을 뿐이다. '앞을 향해 달려라!'

당신을 거스르는 이 모든 세력을 극복하는 것은 쉽지 않다. 그것은 내가 잘 안다. 내 말을 믿어라. 그러나 평범하고 단순한 문제다. 또한 그 극복은 가치가 있다. 나는 이것을 깨닫는 데 30년이 걸렸지만, 극복할 가치가 있다는 것은 사실이다!

당신은 어쩌면 닥치지도 않을, 잠재적으로 부정적인 결과를 회피하기 위해 영원히 우울하게 지내는 것을 선호하겠는가? 아니면, 영원히 행복해질 당신의 가능성을 한없이 발전시키는 것을 선호하겠는가? 이러한 시각에서 당신 자신을 바라본다면, 선택은 분명해진다. 우리 모두가 선택해야만 하는 것은 위험부담이다.

그러므로 당신은 당신 자신을 소중하게 여기고 스스로 즐기기 시작해라. 당신이 가장 두려워하고 있는 일, 즉 당신이 언제나 하고 싶어 하는 그 일을 해라. 모든 장애물들을 제거해라. 관계를 단절해라. 직장을 그만두어라. 그리고 당신이 듣고 싶어 하던 강의를 위해 등록해라. 텔레비전을 시청하는 대신에 새로운 기술을 배우기 위해 계속해서 밤을 새워라. 그리고 당신 자신을 속여 가면서 자기가 좋아하지도 않는 어떤 것을 좋아한다고 생각하지 마라. 당신은 건강에 해로운 지방 성분의 음식을 정말로 좋아하는가? 현재의 직업을 정말로 좋아하는가? 아니면, 생계를 유지하기 위한 수단으로 그 직업에 종사하고 있을 뿐인가? 이런 종류의 일들에 대해 심각하게 생각해 봐라. 당신 자신을 속이기는 쉽다.

살아 있는 유일한 이유는 삶을 즐기기 위한 것이라는 말을 명심해라. 나는 당신이 무슨 일을 좋아하든, 무엇을 즐기든 상관하지 않는다. 그것은 당신의 인생이다. 나의 관심은 당신이 그 일에 관해 생각만 하는 짓은 그만두고, 바로 행동을 취하기 시작하라는 것에 있을 뿐이다.

승리의 여신처럼 되라. 무조건 그 일을 실행해라! 당신은 그렇게 한 것을 기쁘게 여길 것이다.

## 감사의 말

내가 감사해야 할 대상이 참으로 많습니다. 그 누구보다도 제일 먼저 나의 부모님에게 감사해야 합니다.

어머니, 아버지! 저는 두 분의 도움 덕분에 현재의 제가 되었습니다. 저는 일 년 이상을 아무런 직업도 없이 이 책을 집필하는 데 보냈는데, 두 분은 저에게 실질적인 직업을 가지라고 재촉하지 않았습니다. 단 한 번도요……. 오히려 모든 수단을 동원하여 저를 지원해 주셨습니다. 저의 지속적인 위험부담에 대해 두 분이 해주신 용인과 지원은 제가 '성공 커넥션 — 4단계 알고리듬'을 직접 체험하게 된 가장 큰 이유일지도 모릅니다. 두 분께 진심으로 감사드립니다.

벤Ben과 라헬Rachel (그리고 꼬마 오웬Owen), 노라Nora, 크리스티Kristy, 헤일리Hayley, 그리고 케빈Kevin! 나는 여러분이 곁에 있어 얼마나 든든한지 모릅니다. 여러분 모두와 갖게 된 인연이야말로 제 인생의 행운이 아닐 수 없습니다.

조Joe와 리안Ryan에게도 감사드립니다. 험난하기 짝이 없는 인생길에서 나와 동반해 준 데 대해, 그리고 젊은 시절의 미숙한 나를 여러 해에 걸쳐 보살펴준 데 대해 진심으로 감사드립니다. 나는 당신들을 언제까지나 잊지 못하고 존경할 것이며, 모든 면에서 탁월한 당신들과 함께 일했다는 것을 영광으로 여깁니다.

데이비드David와 브래드Brad! 미래로 향하는 점들을 연결하기는 불가능하지만, 과거로 향한 점들은 분명히 연결할 수 있습니다. 당신들은 2007년에 나의 삶을 변화시켰고, 그 이후에 나에게 베풀어준 충고와 기회들은 잊을 수 없을 만큼 대단한 것이었습니다. 당신들이 거둔 성공에 비춰볼 때, 나는 당신들이 어떻게 나 같은 사람과 대화할 시간을 낼 수 있는지 의아할 때도 있지만, 당신들은 의미 있는 지원을 지금도 계속해서 해주고 있습니다. 당신들이 내 삶의 일부분을 차지하고 있음에 진심으로 감사드립니다. 당신들은 나의 고문이지만, 더 중요한 것은 나의 친구들이라는 사실입니다!

사이먼Simon과 릴리Lily, 매트Matt와 줄리아Julia, 로빈Robyn과 차드Chad, 그리고 토리Tori에게도 감사드립니다. 내가 이 책을 집필하는 데 있어서 당신들이 나의 지원 그룹과 현지 팀이 되어준 것은 크나큰 행운이 아닐 수 없습니다. 사이먼, 당신은 나의 의욕을 북돋아주었을 뿐만 아니라 당신이 제공한 독특한 아이디어들은 언제나 나에게 도움이 되었습니다. 그리고 매트, 당신의 탁월한 통찰력과 사려 깊은 코멘트가 방향을 잘 잡아주었기 때문에 나는 나에게 편집자가 실제로 필요한지 가끔 의문이 들 정도였습니다. 내가 돈이 거의 떨어졌을 때, 당신들의 소파에서 잠을 자도록 허락해 준 데 대해서도 감사드립니다. 그리고 내가 다른 사람들의 소파에서 잠을 자는 동안에도 돈을 벌게 해준 에어비엔비AirBNB, 진심으로 감사합니다.

동료 작가이자 오랜 기간에 걸쳐 나의 가장 친한 친구들 가운데 하나인 케이시Casey에게도 감사드립니다. 나는 당신의 의견을 당신이 아는 그 이상으로 존중합니다. 시간을 내서 잡다한 나의 생각들을 일관성 있는 문장으로 정리해 준 고마움을 잊지 않겠습니다.

켈Kel에게도 감사드립니다. 내가 식사를 할 때 당신의 이야기를 듣느라 식사가 중단되는 일도 적지 않았지만, 당신의 관심과 지원은 언제나 든든했습니다.

나의 가장 절친한 친구 재크Zach! 멀리서 격려해 주고 킥스타터 Kickstarter 캠페인을 도와준 데 대해 감사드립니다. 또한 이 책의 초고를 읽어준 나의 가족들과 친구들에게도 감사드립니다. 당신들이 비록 피드백을 해주지는 않았지만, 나의 초고를 다른 사람들 손에 넘겨주었기에 나는 문제점을 고쳐 나갈 수 있었습니다.

이 책의 집필을 위해 즉흥적 고문이 되어준 도나 펜 Donna Fenn, 그리고 내 모습이 이토록 멋지게 보이도록 만들어준 PJ 러스Russ에게 진심으로 감사드립니다. — 이것이 진짜 내 모습이란 말입니까? — 아담 패치 Adam Patch와 알렉산더 브랜던 Alexander Brandon,

당신들은 록스타들입니다. 특별한 브랜드와 최고의 판촉 자료들을 합쳐준 데 대해 감사드립니다. 나는 트레일러를 볼 때마다 흥분한답니다. 당신들이 정말로 해냈습니다.

나에게 절실히 필요한 원고 편집을 해준 새러 링리 Sarah Lingley, 그리고 미셸Michelle과 댄Dan! 이 책이 최종적으로 근사하게 나올 수 있었던 것은 바로 당신들 덕분입니다. 아울러 이 책의 제작팀 모두에게 감사드립니다. 당신들의 멋진 작업이 증명하는 바와 같이 당신들은 모두 자기의 열정에 따라 살고 있습니다. — 그러니까…… 내 생각에 당신들은 이 책을 읽을 필요가 없습니다.

내가 이미 언급한 모든 연결자들, 즉 37시그널스Signals, 알렉시스 오하니언 Alexis Ohanian, 앤디 던 Andy Dunn, 바트 로랭 Bart Lorang, 벤 호로위츠 Ben Horowitz, 브래드 펠드 Brad Feld, 데이비드 코헨 David Cohen, 엘론 머스크 Elon Musk, 에릭 리스 Eric Ries, 플로이드 메이웨더 Floyd Mayweather, 게리 베이너척 Gary Vaynerchuk, 조 에이그보보 Joe Aigboboh, 리오 바바우타 Leo Babauta, 말콤 글래드웰 Malcolm Gladwell, 마커스 클라이유어 Marcus Kleiewer, 마크 주커버그 Mark Juckerberg, 매트 갤리건 Matt Galligan, 멩 토우 Meng To, 내빈 셀바두라이 Naveen Selvadurai, 라

이언 코모리 Ryan Komori, 세스 고딘 Seth Godin, 스튜어트 버터필드 Stewart Butterfield, 더 미니멀리스츠 Tha Minimalists, 팀 페리스 Tim Ferriss, 토니 호튼 Tony Horton, 타일러 워드 Tyler Ward, 와일리 체릴리 Wiley Cerilli……! 진정한 선구자이자 열정의 리더들인 당신들에게 진심으로 감사드립니다. 당신들은 자신들도 모르는 사이에 나에게 이 책을 집필하는 데 필요한 청사진과 영감을 주었습니다. 나는 당신들의 지도 아래 앞으로도 계속해서 지혜를 찾고 동기부여를 해가면서 살아갈 것입니다.

토니 호튼, 당신의 책 ≪큰 그림 The Big Picture : 당신의 인생을 변화시키는 11가지 법칙≫을 읽은 덕분에 나는 내 원고의 마지막 손질을 하는 데 많은 도움을 받았고, 당신과 나눈 대화는 당신이 아는 그 이상으로 나에게 큰 영향을 미쳤습니다. 그것은 나의 주제 전체를 입증했습니다. 또한 '성공 커넥션 — 4단계 알고리듬' 이 실제로 작동한다는 것도 증명했습니다. 당신은 내가 나의 육체뿐만 아니라 나의 정신과 영혼도 변화하도록 도와주었습니다. 내가 항상 최선을 다하고, 나머지는 잊어버리고, 그리고 '달성하도록' 가르쳐 준 데 대해 진심으로 감사드립니다.

끝으로, 독자들이여! 나는 여러분에게 진심으로 감사드립니다. 여러분이 없다면 이 책의 그 어느 부분도 의미가 없을 테니 말입니다. 아울러 이 책을 읽는 위험부담을 기꺼이 감수해 준 데 대해서도 감사드립니다. 그것은 얕은 위험이지만, 여러분이 기꺼이 그것을 부담했기에 이에 대해 감사드리는 것입니다.

자, 이제는 거기서 벗어나 활동을 시작하십시오!

만약 당신이 이 책을 즐겁게 읽었다면, 또는 단순히 연결되기만 바란다면, 나에게 트위트하기 바랍니다.

: @jtevelow

옮긴이 이동진

황해도 신천에서 태어났으며, 서울대학교 법과대학을 졸업한 후 외교관이 되어 참사관(이탈리아, 네덜란드, 바레인), 총영사(일본), 공사(벨기에)를 거쳐 주 나이지리아 대사를 역임했다. 미국 하버드대학교 국제문제연구소의 연구위원(Fellow)을 거쳐 국방대학원을 졸업했다.
1970년 〈현대문학〉으로 등단했으며, ≪韓의 숲≫ ≪내 영혼의 노래≫ ≪사람의 아들은 이렇게 말했다≫ 등 21권의 시집을 출간했다. 영문판 시집 ≪Songs of My Soul≫을 독일 Peperkorn사에서 발행했다.
≪금관의 예수≫ ≪누더기 예수≫ ≪독신자 아파트≫ 등의 희곡집과 ≪우리가 사랑하는 죄인≫ ≪외교관≫ 등의 장편소설을 출간했으며, ≪장미의 이름≫ ≪걸리버 여행기≫ ≪천로역정≫ ≪제2의 성서≫ ≪링컨의 일생≫ ≪아우렐리우스 명상록≫ ≪악마의 사전≫ 등 수십여 권의 번역서를 펴냈다.
가난하고 소외된 환자들을 무료로 치료하는 '요셉의원' 을 돕기 위한 목적으로 월간 〈착한 이웃〉을 창간하여 활동했다.

**초판 1쇄 발행** | 2015년 12월 10일

**지은이** | 제시 워렌 티블로우
**옮긴이** | 이동진

**발행처** | 이너북
**발행인** | 김청환

**책임기획편집** | 이선이, 한성희

**등록** | 제 313-2004-000100호
**주소** | 서울시 마포구 독막로 27길 17(신수동)
**전화** | 02-323-9477, **팩스** 02-323-2074
E-mail | innerbook@naver.com
블로그 | http://blog.naver.com/innerbook
페이스북 | https://www.facebook.com/innerbook


ISBN 978-89-91486-84-3 03320

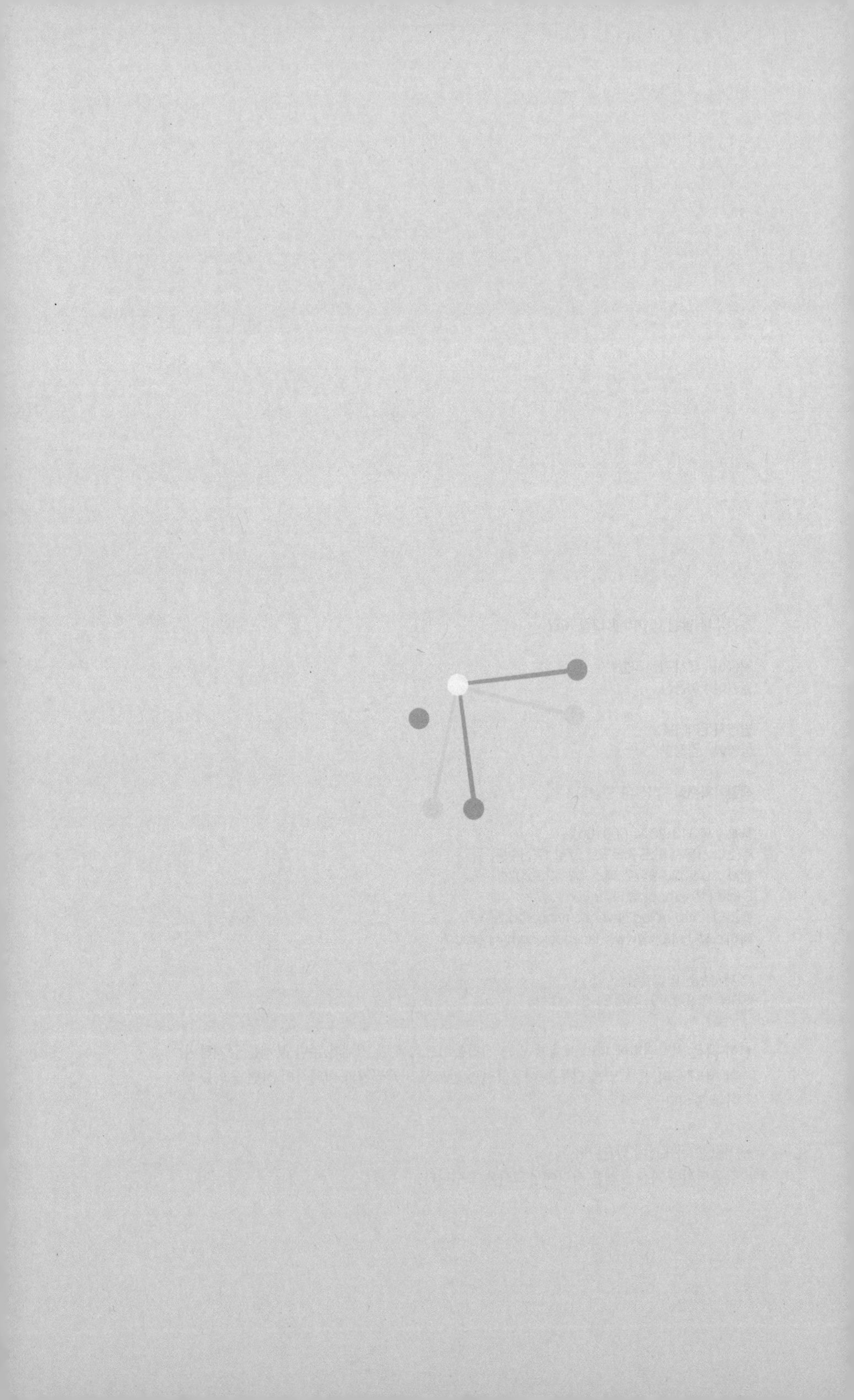